苏德 林玲 袁梅 张莞 等 著

少数民族双语教育
理论与实践新论

A New Dicussion on the
Theory and Practice of Chinese Minzu
Bilingual Education

社会科学文献出版社
SOCIAL SCIENCES ACADEMIC PRESS (CHINA)

序 新时代科学正确的民族教育观

民族教育观是指人们对民族教育这一事物以及对民族教育与其他事物之间关系的根本看法。作为一种价值导引,民族教育观在很大程度上影响着民族教育实践的进取方向。可以说,民族教育观的科学正确与否,决定着整个民族教育事业的兴衰成败,也决定着民族地区的繁荣稳定和国家的长治久安。然而,作为一种主观价值,民族教育观总会因为社会主体的立场、视角不同而存在差异,要纠正偏颇、规避误区,统一共识、凝聚力量,加深对民族教育的本质体认和规律把控,则有必要对民族教育观进行前提思辨。有鉴于此,笔者提出了"新时代科学正确的民族教育观"这一概念,以期为民族教育的超越发展提供应然的理论指导。

一 新时代科学正确的民族教育观的时代价值

习近平总书记在十九大报告中提出要"引导人们树立正确的历史观、民族观、国家观、文化观"。这为我们在理论上阐明民族教育的发展与改革提供了重要指导。所谓新时代科学正确的民族教育观,即是指在马克思主义的指导下,对我国新时代背景下民族教育诸要素的属性、关系以及对其作用、功能、目标等要素的理性认识,是与封闭僵化、陈旧狭隘的民族教育观相对应的一种应然性、合理性的民族教育观。作为一种价值导引,民族教育观并不是一成不变的。面对中国社会发生的巨大变革,民族教育也面临着新的问题和挑战,推进民族教育观的与时俱进,保障民族教育事业健康、快速、长效发展,则具有重要的理论意义和时代价值。

首先，新时代科学正确的民族教育观关系到马克思主义思想的指导权威。直面鲜活的实践问题，是马克思主义崇高的理论品质。随着我国社会主义实践的不断推进，马克思主义理论得以持续性地完善和升华，并日益呈现出独具个性魅力的"中国特色"。新时代背景下，我国社会出现的民族人口流动、民族经济发展等一系列新问题、新矛盾，亟待全新的、与时俱进的民族教育理论予以密切关照，而民族教育理论的这种革新和超越，无疑是马克思主义经典理论的又一次自觉升跃。

其次，新时代科学正确的民族教育观关系到我国民族教育理论与实践的发展。教育观既是教育实践遵循的逻辑起点，也是教育实践指向的终极旨归。面对纷繁的民族教育理论、民族教育政策及其共同指导下的民族教育实践，要实现理性评判、科学反馈，做好群众疑虑消解和诉求满足工作，则亟须建构一个科学的评价体系。

再次，新时代科学正确的民族教育观关系到我国各民族的未来走向。长期以来，境外敌对势力对我国民族地区的"西化"和"分化"阴谋从未间断，教育领域更是他们抢占意识形态的"主阵地"。同时，社会转型期产生的各种问题泛化到了民族教育场域，一些边疆民族地区的教育领域出现了稳定与发展的双重矛盾，并呈现出日益复杂的局面。因此，树立新时代科学正确的民族教育观，并以其为指导，有效推动民族平等、团结、互助、和谐，则显得刻不容缓。

最后，新时代科学正确的民族教育观关系到我国社会主义现代化建设的顺利进行。国家的发展，是指包括汉族在内的所有民族的全面均衡的发展。在具体的社会建设中，各民族群众对国家的价值认同和群体行为不仅影响到民族地区的和谐稳定，更直接关系到中华文化的统整和国家的持续发展。而树立新时代科学正确的民族教育观，可有效加强民族教育政策的执行，把各民族群众团结在党和政府的周围，凝聚各方力量全面建成小康社会。

二　新时代科学正确的民族教育观的基本内涵

对"新时代科学正确的民族教育观"的内涵解读，需要基于对民族教育本质的把握。归根到底，民族教育是以双语教育为手段，以民族团结融合为平台，以民族区域和整个国家发展为旨归的一种社会实践活动。为此，探究新时代科学正确的民族教育观，就必须对上述维度予以整体观照。

首先，新时代科学正确的民族教育观是一种"大教育观"。民族教育场域内的问题，不单单是民族教育的专有矛盾，更是民族区域社会发展在教育场域内的一种投射反映。譬如，由于社会经济发展不平衡而造成的民族地区和汉族地区之间的教育差别、由于城乡发展不平衡而造成的城区与牧区民族教育的差别等。要对这些问题进行思考，就必须将民族教育问题放置在整个国家和民族的大背景下进行探讨，而不能仅仅把目光局限在学校教育场域，也不能仅仅把民族教育放在教育学、民族学、社会学、经济学等学科的概念范畴下抽象地谈问题。唯有如此，才能有效规避"只见一斑"的狭隘民族教育观念，并从整体性的视角对民族教育问题予以系统消解。

其次，新时代科学正确的民族教育观是一种"大发展观"。"发展"不仅是民族教育的终极旨归，也是解决民族教育矛盾、实现民族教育自我超越的重要途径，更是衡量民族教育效果的唯一准绳。所谓"大发展观"，就是以超常规的发展理念、超常规的政策支持、超常规的发展措施来加快民族教育的发展。它不仅强调对民族教育的"大发展"，更强调民族区域社会和整个国家的均衡进步。在发展的不同阶段，民族教育所面临的实践问题不断变化，需要我们采取与时俱进的发展策略，发掘臻于完备的民族教育规律，并在准确把握民族教育矛盾的基础上，进行适度的引领和超越，进而以民族教育的进步来带动民族社会的发展。

再次，新时代科学正确的民族教育观是一种"大团结观"。团结是一切民族活动开展的关键前提，是民族教育实践和民族地区社会进步的重要平台，更是国家和谐发展、社会恒久安泰的基本保证。随着社会的持续进步，各民族间的交流频率不断增大，对彼此民族习俗文化的悦纳就必然要由"浅层认同"升至"深度接受"。要"尊重差异、包容多样，让各民族在中华民族大家庭中手足相亲、守望相助"①，"要将民族团结作为各族人

---

① 《中央民族工作会议暨国务院第六次全国民族团结进步表彰大会在北京举行》，《人民日报》2014 年 9 月 30 日。

民的生命线，像爱护眼睛一样爱护民族团结、像珍视生命一样珍视民族团结，坚决反对大汉族主义，同时也要反对狭隘的民族主义"①。

最后，新时代科学正确的民族教育观是一种"大文化观"。民族之间的团结交融，在很大程度上取决于彼此间的文化尊重和文化融合，是一种文化博弈后的文化共生、文化重构。文化并未有尊贵优劣之分，少数民族在长期的个性化的生产生活中，形成了适合自身发展的独特文化，这些文化资源，是我们开展少数民族教育的逻辑起点和平台载体。各民族"交错杂居，文化上兼收并蓄、情感上相互亲近、经济上相互依存，形成了你中有我、我中有你的多元一体格局"②，共同开发了祖国的大好河山及悠久灿烂的中国历史和中华文化。只有充分挖掘各民族的文化资源，整合各民族的文化优势，促进各民族的文化交流，才能进一步地加强民族间的团结融合，为民族教育的实施扬帆助力、保驾护航。

三　新时代科学正确的民族教育观的指导思想

新中国成立 70 多年来的实践证明，中国共产党的民族理论和方针政策是科学正确的，解决民族问题和发展民族经济的理路抉择是科学合理的，这也再一次证明，"要做好民族教育工作就要坚定不移走中国特色解决民族教育问题的正确道路，从实际出发，顶层设计要缜密、政策统筹要到位、工作部署要稳妥，让各族人民增强对中华民族和中华文化的认同"③。

作为统一的多民族国家，中国社会各项事业的发展基于科学正确的理论指导。尊重民族文化平等，倡导民族文化多元，其重要前提是必须认同马克思主义的指导地位，坚持指导思想的一元和各民族文化的多元相统一。因此，树立新时代科学正确的民族教育观，就必须准确把握新时期民

---

① 《中央民族工作会议暨国务院第六次全国民族团结进步表彰大会在北京举行》，《人民日报》2014 年 9 月 30 日。

② 杨胜才：《增强中华文化认同是民族院校的核心使命》，《中南民族大学学报》（人文社会科学版）2015 年第 2 期，第 156 页。

③ 《中央民族工作会议暨国务院第六次全国民族团结进步表彰大会在北京举行》，《人民日报》2014 年 9 月 30 日。

族教育的指导思想，高举中国特色社会主义伟大旗帜，以邓小平理论、"三个代表"重要思想、科学发展观和习近平新时代中国特色社会主义思想为指导，全面贯彻党的十九大精神和习近平总书记系列重要讲话精神，"以立德树人为根本，以服务改善民生、凝聚民心为导向，保障少数民族和民族地区群众受教育权利，提高各民族群众科学文化素质，传承中华民族优秀传统文化，大力培育和弘扬社会主义核心价值观，维护民族团结和社会稳定"①。

可以说，马克思主义一元指导思想的确立，是有着深厚的理论基础与现实意蕴的。从马克思主义自身的特点来看，实践性和与时俱进性是其重要的理论品质。新时代科学正确的民族教育观坚持以马克思主义为指导，必然强调直面不断嬗变的民族教育矛盾，强调建构日趋完备的理论体系，强调在消解民族教育问题的基础上，不断推进民族教育的发展。从我国多民族的实际情况来看，"存异"必有"大同"。这里面的"同"就是指统一的指导思想和各民族共同的价值信仰。"人类社会发展的历史表明，对一个民族、一个国家来说，最持久、最深层的力量是全社会共同认可的核心价值观"②。而倡导马克思主义思想的指导，就是对共同价值信仰的统一构筑，是为多元习俗、多元文化的融合寻求共同的实践契合点。

综上可见，新时代科学正确的民族教育观是中国共产党民族理论的重要组成部分，是马克思主义民族理论中国化的智慧结晶。民族教育工作应该高举民族团结的旗帜，全面贯彻党的民族政策，自觉维护国家最高利益，促进各民族和睦相处、和衷共济、和谐发展，牢记我国是统一的多民族国家这一基本国情，维护平等、团结、互助、和谐的民族关系，构建和谐、团结的中华民族。

四　坚持新时代科学正确的民族教育观的原则

教育是"以文化人"促进个体社会化的实践活动，民族教育则是促进

---

① 《国务院关于加快发展民族教育的决定》，《中国民族报》2015 年 8 月 18 日。

② 蒋光贵：《习近平论社会主义核心价值观思想探析》，《福建省社会主义学院学报》2016年第 3 期，第 17 页。

个体民族化、国家化、现代化的多重意义的活动。这其中，就涉及民族个体、民族文化、民族认同和国家认同等要素。坚持新时代科学正确的民族教育观，就必须把民族教育中存在的对抗、偏离等要素统整起来，在动态中找到各要素关系的平衡点，形成"你中有我、我中有你"的互补互生关系。

（一）坚持民族文化传承与更新相统整的原则

文化总是在"物竞天择"的运动中，实现着自我更新与发展。在这个彼此博弈与自我革新的动态过程中，总有一部分文化被长期留存，也有一部分文化被重构甚至被遗忘。作为一种民族个性的外在表征，民族文化总是扮演着民族灵魂的角色，彰显着本民族的别具一格。坚持新时代科学正确的民族教育观，首先就必须坚持正确的民族文化发展观。面对新的时代背景，是将民族传统文化执拗地封闭保留，还是对其进行决绝的革故鼎新，这些都是"以文化人"所必须进行的前提性批判。

事实上，这种看似相悖的两种观念，存在着内在的必然联系。希尔斯认为："每一代人都需要其前辈和祖先的帮助。他们不仅需要其血缘上的祖先的帮助，同时还需要其精神和文化上的祖先，即以往世代的社会习俗、信仰、准则和典章制度等方面的文化遗产的帮助。"① 由此可见，对民族传统文化的发展，必须采取批判性的扬弃。在保留民族文化精髓的基础上，依据民族发展的矛盾，开展民族文化的革新。而民族教育，恰恰是链接二者的绝佳纽带，发挥着传承和创新的双重功效。尤其是针对部分"自给自足"的民族地区，民族教育必须承担着如下的几重任务：一是要促进该地区由传统的农牧、农林文化向现代的工商业文化转型，二是要促进传统民族文化向现代信息文化迈进，三是要促进部分带有极端宗教色彩的民族文化向现代的"人本位"民族文化转变。

（二）坚持双重语言和双重文化相统整的原则

语言是民族文化的物化表征，是开展民族教育的重要工具。坚持语言

---

① 刘鸿鹤：《试论传统与现代性》，《辽宁大学学报》（哲学社会科学版）2002 年第 6 期，第 121 页。

与文化的统整，首先，要坚持少数民族语言和少数民族文化的统整。部分民族地区开展功利性导引，出现了弱化民族语言和民族文化的现象，这种去民族化的教育，势必导致民族语言和文化的淡化，进而消退了我国多民族文化的斑斓色彩。因此，民族教育绝不能以"淡化"或者"代替"某一民族的语言文化为代价。对于少数民族而言，他们与自己的语言文化有着天然的"血肉"联系，民族语言文化的消失、消减，会给其带来沉重的心理危机，并进一步滋生"国家离心力"，久而久之将直接危害民族团结、社会稳定和国家统一。

其次，要坚持汉民族语言和汉民族文化的统整。语言是民族间交流融合的重要工具，而文化理解则是民族间深度融合的重要前提。历史地看，无论是汉唐的"和亲会盟"还是元代的"崇儒兴学"，都彰显了民族之间的相互交流与深度交融。而开展汉语教育和包括汉文化在内的多民族文化教育，无疑是民族深度融合的重要前提和基本保障。

最后，要坚持民汉双重语言和文化的统整。双语教育是促进各民族交往和理解的重要纽带，它一方面具有少数民族文化的传承功能，另一方面具有国家宏观政策的宣传与实施功能。双语教育并非单纯的民族教育工具，而是要在"共语"交流的前提下，强调对跨文化能力的掌控和对包括汉文化在内的整个中华民族文化的整体内化。也只有打破民汉之间、民族之间的语言和文化隔阂，方能科学建构中华民族共同体，才能长久持续地发挥各民族文化相互激发砥砺的文化功效。

（三）坚持"民族性"和"国家性"相统整的原则

"民族性是指某一个民族在其共同语言、共同地域、共同经济生活、共同文化及共同心理素质基础上形成的，区别于其他民族的、特有的认知思维、情感习俗和行为方式。"[1] 是一个民族在特定的历史、自然、社会环境中经过锤炼而产生的独特品质。丧失了民族性的民族，无异于游荡在水面的浮萍，失去灵魂的根基而无所归依。可以说，民族性是民族教育的基

---

[1]　李太平、黄岚：《论教育的民族性》，《高等教育研究》2012年第11期，第14页。

石，是保障一个民族区别于他族、成为其自己的"个性化"因素，是民族教育理论和实践必须观照的文化基因。

"国家性"是指在一定的地理辖区内，由于历史的原因，共同生活于其中的单一民族或多民族社会群体，基于共同利益而结成水乳交融的命运共同体，并在保留本民族个性的前提下，逐渐产生具有统一性的价值观、义利观和文化观。它既是一个地理概念，也是一个历史概念；既是一个文化概念，也是一个政治概念。事实上，"国家性"也是"民族性"，是一种整合各民族利益和价值的"多民族性"。在开展民族教育时，必须以"国家性"来整合"民族性"，以"国家性"来增进个民族间的团结融合，砥砺超越。

综上，坚持新时代科学正确的民族教育观，就必须统整"民族性"与"国家性"的关系，既要尊重各民族的"异"，更要强调各民族的"同"。要深入发掘各民族的价值交叉点，让各民族在教育的平台上，"各美其美，美人之美，美美与共，天下大同"。

五 新时代科学正确的民族教育观的践行理路

新时代科学正确的民族教育观的践行，是一个系统化的工程。它既不能一蹴而就，也不能避繁就简，需要牢牢地扎根传统文化，从纵向的历史中发掘自身的个性基因；需要理性地借鉴外域文明，从横向的参照中反思自身的嬗变轨迹；需要严谨地直面实践矛盾，从问题的视角进行应然性的理论建构；需要立体地推进观念落地，从多维的方向统筹系统化的迈进策略；需要科学地健全政策法规，从宏观的层面完善规约性的制度保障。

（一）中华文化：新时代科学正确民族教育观的扎根基壤

文化是一个国家和一个民族的灵魂，它影响者人们的行为习俗，导引着人们的价值观念。而"民族教育观"本身就隶属文化范畴，是一个国家和民族在长期的教育实践过程中孕育出来的，反映着国家和民族的文化积淀与当代智慧。践行新时代科学正确的民族教育观，就必须扎根于中华文化的土壤，传承各民族文化的价值精华，把包括各民族文化在内的中华民族优秀文化传统作为底色，把新时代对文化的新诉求作为民族教育观的新内涵，保障民族文化对新时代科学正确民族教育观的持续性给养。

（二）外域文明：新时代科学正确民族教育观的他山之石

坚持本土并非盲目排外。批判性地借鉴他者文明，符合我国各民族共同的教育价值诉求。因此，践行新时代科学正确的民族教育观就应立足中国，放眼世界，汲取各国发展民族教育的优秀经验与成功典范。要以胸怀宽广的民族气度，统整"中华民族共同体"和"人类命运共同体"。在学习他者的同时，既要警惕"夜郎自大"的狭隘民族教育观，也要不吝将自身的科学理念、优秀做法传予他人，向世界讲好中国故事，传播好中国声音。

（三）本土实践：新时代科学正确民族教育观的逻辑起点

实践性与认同性是新时代科学正确的民族教育观的突出特点。民族地区教育实践是民族教育观生成和发展的基础，各民族群众的认同是新时代科学正确的民族教育观落地生根的关键。因此，我们不仅要挖掘民族教育中最具时代精神、实践特色，最能凝聚人气的价值理念，使其成为新时代科学正确的民族教育观形成的源头活水；还要牢牢立足民族地区教育实然，准确把握民族地区的教育矛盾，以教育问题的消解和教育实效的提升来满足各民族群众的教育价值期待。

（四）多维一体：新时代科学正确民族教育观的迈进机制

新时代科学正确的民族教育观的一个显著特征，就是其"立体性"，即体现为社会、学校、家庭、个体在价值诉求、价值共识上的内在统一。在践行新时代科学正确的民族教育观时，必须全维发力，齐头并进。尤其在民族社会教育、民族家庭教育等相对薄弱的环节，更应给予大力的观照。要通过广义的教育手段，感染全体民族群众的思想，规约受教群体的行为，进而凝聚各民族、各阶层朝着共同的目标迈进。

（五）政策规约：新时代科学正确民族教育观的制度保障

抽象的民族教育观，需要物化于显在的实践方能凸显其价值。而实践的科学合理，又必须通过一定的政策法规予以制度规约。即是说，民族教育法规和民族教育政策的制定，必须凸显新时代科学正确的民族教育观。一段时间来，学界有关我国民族教育政策的"少数民族主义"和"国家主义"的取向之争，恰恰反映出民族教育政策导向上的模糊性。因此科学正确的民族教育观的践行，亟须法律和政策的完善。应通过宪法的实施、法制的推行、政策的制定以及人权的保障来实现民族教育的合理发展。

执笔人：苏　德

刘玉杰

目　录

第一篇
少数民族双语教育理论研究

双语教育的多维背景探究

双语教育是一个令人困惑的命题，似乎谁都拥有双语教育的话语权，发表一番自认为"合理"的论述，但几乎每一位言语者在言说之后都会觉得已有论述言犹未尽。我们认为，只有透过并审视双语教育背后内隐的生成背景，才能获得较为适切的理解与解答，从而逼近双语教育内在的本质及其规定性。因为"对于孤立的信息和资料的认识是不够的，必须把信息和资料放置在它们的背景中才能使它们获得意义"①，毕竟"认识的进化并不朝向建立愈益抽象的认识，而是正相反，朝向把它们放置到背景中"②。那么双语教育内隐的生成背景是什么？这正是本文关注并试图给予理性回答的命题。

一 双语教育是世界性命题

"全球纪元把任何事情都定位于全球背景的复杂性之中"。③ 当今世界是一个由不同民族组成的多姿多彩的共同体，而经济的全球化趋势日益将这些不同的民族拉拢集聚在一起。例如，人口的流动加速，不同群体生活方式的相

---

① 〔法〕埃德加·莫兰：《复杂性理论与教育问题》，陈一壮译，北京大学出版社，2004，第25页。

② 〔法〕埃德加·莫兰：《复杂性理论与教育问题》，陈一壮译，北京大学出版社，2004，第25页。

③ 〔法〕埃德加·莫兰：《复杂性理论与教育问题》，陈一壮译，北京大学出版社，2004，第24页。

互交融等。正是在这种多元"身份"的交错、交互和交融的关系中，双语教育日益成为全球关注的世界性命题：西方发达国家，抑或欠发达的其他国家，都非常重视和关注双语教育问题。但是即便如美国之类的发达国家，至今也未能提出解决自身双语教育问题的有效路径，更不用说形成具体的标杆理论。可以推论，无论是在发达国家，还是在众多的发展中国家，双语教育问题的理论研究与实践探索，都必将是一个长期的、动态的过程，甚至也必然是一个地方性知识构建的过程。中国作为一个统一的多民族社会主义国家，一个世界上人口最多的国家，在建设中国特色社会主义现代化的进程中，必须坚持并在不断实践中修筑一条符合国情且能反映时代特征的双语教育之路。

二 双语教育是时代性命题

"就个人来说，每个人都是他时代的产儿。哲学也是如此，它是被把握在思想上的它的时代。妄想一种哲学可以超出它那个时代，这与妄想个人可以跳出他的时代，跳出罗陀斯岛，是同样愚蠢的"。[①] 黑格尔的这番话无疑也适用于双语教育。当下中国已进入了全面建设小康社会的关键时期和深化改革开放、加快转变经济发展方式的攻坚时期。这种时代背景赋予了双语教育更多的时代性期待、使命和挑战。如《中共中央关于深化文化体制改革推动社会主义文化大发展大繁荣若干重大问题的决定》提出"科学保护各民族语言文字"的重大命题。显然，在"科学保护各民族语言文字"这一使命中，双语教育承载着不可懈怠的责任。除此之外，双语教育本身面临的问题，如随着民族地区经济社会（如城镇化进程加快）、文化教育（如多元文化交流频繁、义务教育普及、基础教育快速发展）的发展与变化，少数民族理解、掌握并熟练运用国家通用语言文字和民族语言文字，日益与个人切身利益直接相关。对于少数民族来说，不是"要不要"掌握国家通用语言文字的问题，而是如何有效掌握并熟练运用的问题。以提高少数民族熟练运用国家通用语言和民族语言为己任的双语教育，对上述问题严谨而理性地回答，将比以往任何时候都显得重要而迫切。

---

① 〔德〕黑格尔：《法哲学原理》，范扬、张企泰译，商务印书馆，2012，（序），第 12 页。

三 双语教育是复杂性命题

"人类存在同时是物理的、生物的、心理的、文化的、社会的、历史的"。① 复杂性是当前社会的一个特点。当前国内的双语教育面临着复杂的环境：一是各少数民族的语言及其发展特点各有不同；二是国家通用语言在各民族地区的普及程度各有差异；三是不同民族地区以及各少数民族对双语教育内容、功能以及价值等的认识不尽相同；四是不同民族地区民族学校的双语师资以及其他双语教育资源也各有质量优劣或数量多寡之分。复杂的内外部环境使得双语教育日益成为一个复杂性命题，进而使得有关双语教育的研究与实践，既不能主观武断率性地"一刀切"，也不能大手一挥写意地"切一刀"，甚至不能模式化地概而言之。没有调查，就没有发言权；而没有研究，就不能形成正确的结论；没有正确的结论，就难以获得准确的预测和对未来的把握。面对复杂的双语教育环境，双语教育的解决之道，必须且只能通过老老实实地进入"田野"，扎扎实实地开展实践调查并进行理智的条分缕析，才有可能真正逼近对双语教育的本质性理解和把握，也才有可能真正获得有针对性和实效性的答案和对策。双语教育绝不是一个"吹糠即可见米"的简单命题。在一个唯一能确定的不确定的世界里，我们需要改变，改变以往那种线性、单向的双语教育研究与实践的思维定式，以一种非线性、双向甚至多向的循环和超循环思维方式来思考双语教育。当然，这种改变无疑有其难度。正如联合国教科文组织原总干事费德里科·马约尔在为埃德加·莫兰的著作《复杂性理论与教育问题》所撰的序言中所说："我们要接受的一个最困难的挑战是改变我们的思维方式，使之能够面对形成我们世界的特点的日益增长的复杂性、变化的迅速性和不可预见性"。②

---

① 〔法〕埃德加·莫兰：《复杂性理论与教育问题》，陈一壮译，北京大学出版社，2004，第7页。

② 〔法〕埃德加·莫兰：《复杂性理论与教育问题》，陈一壮译，北京大学出版社，2004（序），第1页。

四 双语教育是政策性命题

郝时远先生 2011 年 12 月 28 日在参加中央民族大学 2011 年中央高校基本科研业务费课题评审时曾经这样说道："当前对双语教育的研究还是比较多的，而且成果也比较丰富，但是这些研究成果在多大程度上为国家有关部门制定和出台双语教育政策提供了参考和咨询，这是一个容易被遗忘因而需要关注的问题。"郝时远先生的这番话，对国内双语教育的研究无疑具有重要的启示意义。就目前而言，国家对民族地区的双语教育问题非常重视，已建立诸多与双语教育直接或间接相关的教育政策体系，如重视民族语文教学和双语教学，加强少数民族文字教材建设；加强少数民族师资队伍建设；在经费投入上对少数民族和民族地区给予特别照顾等。概言之，对于双语教育，国家既出台了许多积极的政策文件，也配套实施了许多保障措施，更投入了大量的财力、物力和人力。但总体看，民族地区的双语教育问题远没有达到预期的目标，双语教育的应有功能也没有得到充分发挥。造成这种现象的原因是什么？是政策的适切性不强吗？抑或保障措施不得力？"问因于民"和"问计于民"式的田野工作，仍是解决这一政策性命题的关键。一言以蔽之，社会、时代的发展变化以及双语教育本身的特殊功能和特殊性质，决定了双语教育成为民族问题特别是民族教育问题的焦点，同时也将双语教育的政策研究置于中心位置。无疑，从研究成果到为决策咨询再到成为政策是一个艰辛的过程。正如罗伯特·海涅曼等人的研究所述："尽管复杂调查分析方法不断发展，（但即便是专业的）政策分析也仍然没有对政策制定者产生重大的实质性影响。政策分析人员仍然远离决策的权力中心"。① 但即便充满困苦，对双语教育政策的研究与探索仍是必要的。因为，理解教育政策抉择的前因后果可以增进对民族和社会的认识，可帮助研究者顺利运用社会科学的知识解决双语教育的

---

① 〔美〕罗伯特·海涅曼、威廉·布卢姆、史蒂文·彼得森、爱得华·卡尼：《政策分析师的世界：理性、价值观念和政治》（第三版），李玲玲译，北京大学出版社，2011，第24 页。

现实问题，可以帮助国家制定和实施正确的双语教育政策并实现政策目标。

五　双语教育是历时性命题

尽管"过去的一千年不能预示未来一千年的样子；过去的一百年也难以说明未来一百年将怎样行车……但是，仅仅出于尊重，历史在我们面前也是十分庄严的，何况常有的'历史是如此惊人地相似'的那种感觉也会使我们不能不对历史十分恭敬"。① 基于此，言及双语教育问题，不能回避更不能抛弃历史。中国是一个具有悠久历史的多民族国家，各民族在各自生生不息的繁衍和发展中，创造了丰富多彩的民族文化。这些文化既是双语教育的实施背景，更是双语教育的内容。因此，对双语教育的理解、研究和探索，不能将之从民族文化历史的绵延中人为地割裂开来，并人为搬迁至当下进行研究。古树移植时需要原来的土壤（带着泥土移植），如此才能在与历史的联系中更好地保证古树重新焕发出无限的生命力。对于双语教育特别是民族地区双语教育问题的研究，必须考虑当地当时的民族历史文化的传统和特征。当前所谓双语教育的一类模式、二类模式和三类模式等，在很大程度上迎合和反映了某些地区某类民族的双语教育发展历史，但仅仅是这两三种模式，显然不足以覆盖国内这么多民族这么多民族地区。其他民族地区的双语教育还必须根据当地的文化历史传统开展理论与实践研究，使之与当地的历史文化传统相适应。简言之，前车之辙，后车之鉴，双语教育不能回避历史，忘记历史和淡漠历史有可能会将双语教育置于危险之境。

六　双语教育是实践性命题

教育理论与教育实践两张皮相互分离而不是相互联系，一直是被人们诟病的话题。双语教育需要理论研究，但不能就理论而理论式地停留在理论研究层面。必须着眼于双语教育的实践以及实际效果的获得而开展研

---

① 张楚廷：《高等教育哲学通论》，高等教育出版社，2010，第41页。

究。例如，当前一些研究者非常喜欢将双语教育与民族文化的传承与保护联系起来开展研究，对双语教育在民族文化传承中的作用、意义与价值等理论层面做了许多的探索。但是，对于课堂中的双语教育究竟如何开展、如何评价，即如何上好一堂双语教育课等，研究得非常少——即便有一些研究，也多是从其他学科教育中直接移植，没有充分考虑双语教育本身的特点、要求和规律。双语教育的研究需要在现有研究基础之上改变思维方式。正如中国社会科学院民族学与人类学研究所原所长郝时远先生所言："当前中国的双语教育问题最需要解决的可能不是构建宏大叙事的双语教育理论或理论体系，而是要切切实实地通过实地调查，了解当前中国双语教育的实际情况与问题。"[1]

七　双语教育是特殊性命题

相对于其他类型的教育，双语教育具有明显的特殊性。其特殊性在于双语教育的对象主要是不同民族地区的不同少数民族。而不同的民族地区和少数民族，它们在经济文化发展水平、程度以及经济文化类型方面都可能存在差异，这些差异导致双语教育实践必然有着自己的特性。另外，相对于非民族地区的非少数民族而言，双语教育还肩负着帮助少数民族融入主流民族社会生活的目的。凡此种种，使得不同民族地区不同少数民族的双语教育在模式选择、时机选择、内容选择以及教学策略选择等方面，都必须符合"当事人"的特殊性要求。在很大程度上，关注双语教育的特殊性，是实事求是、因地制宜实践双语教育的表现。毕竟"双语教育不仅仅遵循不同地区的社会语言环境、语言学习规律，而且要随着经济社会发展进程来逐步推进"[2]。

八　结语：综合发展框架——双语教育问题解决的可能路径

"未来的教育需要面对这个普遍的问题（即复杂性问题），因为一方面

---

① 此为郝时远先生 2011 年 12 月 28 日参加中央民族大学 2011 年中央高校基本科研业务费课题评审时所述。

② 郝时远：《中国共产党怎样解决民族问题》，江西人民出版社，2011，第 284 页。

我们的知识是分离的、被肢解的、箱格化的，而另一方面现实或问题愈益成为多学科性的、横向延伸的、多维度的、跨国界的、总体的、全球化的，这两者之间的不适应变得日益宽广、深刻和严重。"① 而双语教育如此复杂的多维背景，决定了国内双语教育无论是理论研究，还是实践研究，都必须使用一种整体的眼光、一种系统的思维。或许，借鉴世界银行在1999 年就教育发展领域主题提出的"综合发展框架"② 思路，不失为一种可行的思维。③

执笔人：欧阳常青

苏　德

---

① 〔法〕埃德加·莫兰：《复杂性理论与教育问题》，陈一壮译，北京大学出版社，2004，第180 页。

② 世界银行认为："综合发展框架采取一种整体的发展方针，它通过强调社会的、组织结构的、人类的、管理的、环境的、经济的、财政等要素发展之间的相互依赖，试图寻求在决策时达到更好的平衡。"

③ 王晓辉主编《全球教育治理——国际教育改革文献汇编》，教育科学出版社，2008，第24 页。

论我国双语教育的若干特性

分析我国目前双语教育所呈现的多元特性，有助于我国教育政策决策人员和一线教师对我国的双语教育特性有整体的把握，对双语教育所赋予的时代特点有清晰的认识，并在认清双语教育特性的基础上，抓住教育的规律，按规律办事，依法办事。

一　双语教育的民族文化性

民汉双语教育首先表现出来的特性就是民族文化性。这里的民族文化性有两层含义，首先指的是少数民族的民族文化性。我国有 56 个民族，汉族、回族、满族三个民族通用汉语汉文，蒙古族、藏族、维吾尔族、哈萨克族、柯尔克孜族、朝鲜族、彝族、傣族、拉祜族、景颇族、锡伯族、俄罗斯族等12 个民族各有自己的传统文字。那么，民族语言文字教材和汉语文教材就承担着实践双语教育的重任，教材的编写与民族文化有着密切的关系。民族语言文字在民族的形成和发展过程中起过非常重要的作用，是民族文化的重要表现形式，是民族意识的外在表达，而且任何民族语言文字都倾注了本民族的丰富情感，是民族意识和民族存在的标志，是一个民族引以为豪的源泉，是民族亲和力和凝聚力的重要因素，是民族存在和稳定的内核。[①]

其次，民族文化性还指中华民族的民族文化性。人类的语言都是从单

---

① 龚学增主编《中国特色的民族问题理论》，中共中央党校出版社，1996，第 240～242 页。

语向双语发展的，因此，可以说双语现象是人类发展到一定阶段的产物，是适应一个民族或个人与另一民族交际或向另一民族学习而产生的。从这个意义上说，双语不仅是语言使用问题，也是一种文化现象、社会现象。从现有的历史文献记载中看，我国民族地区双语教育已有很长的历史。例如，早在西汉时期，新疆地区的少数民族中就有人学习汉文。① 双语教育发生和发展的过去和现在，都见证着中华民族这一命运共同体的形成和发展，见证着我国各民族相互学习、相互包容、达到共同繁荣和共同发展的民族文化性，见证着每个民族对促进我国民族团结所发挥的重要作用。从世界范围内来讲，我国 56 个民族作为一个命运共同体立足于世界之林，在全球化日益加剧的今天，中华民族的民族文化性也必然要体现在双语教育中，代表着我国公民为迎接全球化时代而做出的努力和贡献。

二　双语教育的复杂性

双语教育的民族性以及双语教育研究的不同语境决定了双语教育的复杂性。科林·贝克在著作《双语与双语教育概论》一书中提到，拥有两种语言绝不像拥有两个轮子和两个镜筒那样简单。需要将个人现象的双语与作为群体或社会所拥有的双语区分开来。该书将双语教育放置在不同的研究背景下进行研究。他认为，在国外对双语教育的研究中，语言学家会研究双语群体的词汇在实践跨度上所发生的变化；地理学家会研究双语人在一个国家中的分布情况；教育学家则考察少数民族语言群体的双语教育政策与规定。他在将双语教育作为政策背景和制度构建时提到"语言是问题，语言是权力，语言是资源"这三种对语言设计的假设，而这三种假设也许是政策设计者和政治家根深蒂固的无意识性假设。这些观点被认为是个人所有的与主要的哲学思想或思想意识有关的基础性倾向。② 从科林·

---

① 戴庆厦、董艳：《中国少数民族双语教育的历史沿革（上）》，《民族教育研究》1996 年第 4 期。

② 〔英〕科林·贝克：《双语与双语教育概论》，翁燕珩等译，中央民族大学出版社，2008，第 48 页。

贝克对双语教育的解读中不难发现，双语教育的研究语境十分复杂，在不同的研究背景之下，双语教育就会呈现出其不同的特点和面向，体现了双语教育的复杂性特征。

三　双语教育的规律性

双语教育本质上是第一语言和第二语言共同学习和共同进步的过程，具有语言习得方面的规律性。那么，少数民族双语教育就是以本民族语作为第一语言的教育以及以汉语、英语或俄语等为第二语言的教育。从语言习得理论上来讲，第二语言习得具有特有的学习规律和学习机制，只有掌握了语言习得规律，双语教育的开展才能有规律可循，政策制定才能有据可依。学习者如何在有限地接触第二语言后建立一套新的语言和系统？哪些是从第二语言中学来的，哪些不是学来的？为什么大多数第二语言学习者不能具有像本族语者那样的知识，为什么二语水平达不到本族语水平？为什么只有一些学习者能够在不止一种语言上达到本族语水平？这些问题都需要双语教育的研究者做出回答，也就是对第二语言的习得规律做出清晰的解释。然而，对第二语言习得的研究本质上要走向对人类心智特性的研究。[①]这也说明双语教育的学习不单纯是一种语言学习，也是人类适应社会环境发展的产物，是心智发展成熟的标志，且具有一定的内在规律性。

在第二语言习得理论中，较为著名的是语言习得临界期假说，此假说认为儿童在临界期阶段，在适宜的环境影响下，个体行为的习得特别容易，发展特别迅速。这一假说一直处在争论当中。杨连瑞通过一系列的研究得出结论：3~10岁的儿童学习第二语言的优势是大脑的可塑性最强，在习得自然的语音方面占有绝对优势。这一时期学习第二语言可能在大脑中留下痕迹，激发神经功能系统，以后再发展，语言习惯和能力比较容易形成。缺点是他们的长期记忆能力较差，因为抽象逻辑思维能力还没有形成，母语与第二语言、本土文化与外来文化容易混淆，学习时间会花得多

---

① 〔美〕盖·苏珊、〔英〕塞林克：《第二语言习得》（第3版），赵杨译，北京大学出版社，2011，第1~2页。

一些。因此，需要为这个时期的儿童提供特别好的双语环境，将第二语言作为思维工具、游戏工具和交际工具，或者具有非常好的师资条件及完备的教学设施。①

我国对汉语作为第二语言的认识才刚刚起步。《全日制民族中小学汉语教学大纲（试行）》中"汉语文"中的"文"字省去，只是认识的开始。因为"汉语文"重视的是分析、理解和感悟，是综合的语文能力和语文素养，是"文"与"道"（亦称为"工具性"与"人文性"）的统一；而"汉语"强调的则是以听说为主导的语言实际运用能力，是在日常生活和交往中熟练使用汉语的能力，更看重的是语文的工具性。这一转变说明我们已经尝试着将少数民族汉语教学从母语教学的误区中解放出来，开始探索它作为第二语言教学的一些基本特性。②

那么分析母语和第二语言的习得理论以及二者的关系则在不同程度上影响着双语教学活动。在一些少数民族地区，由于缺乏完备的双语师资，教师只能用汉语授课，学生对课本知识的学习非常困难，有些教师将学生的本民族语言作为学习第二语言的障碍，对教学存有消极倦怠心理，这种心理不利于师生间的良好沟通，更不利于学生的心智发展。今后学者对第二语言习得规律的认真研究将启发我国政府和教育部门，在少数民族聚居区开设双语教育时，配备较好的双语师资及完备的教学设施，为学生创设适于学习和生活的双语环境。

四　双语教育的开放性

目前，我国双语教育有多种模式。例如严学窘归纳并区分出六种模式：延边式、内蒙古式、西藏式、新疆式、西南式、扫盲式。周庆生则区分为三种：保存型、过渡型、权宜型。③　王鉴对严学窘所提出的六种模式

---

① 杨连瑞：《第二语言习得的临界期及最佳年龄研究》，《外语学刊》2004 年第 5 期。
② 王本华：《从"汉语文"到"汉语"，汉语教学理念的更新与发展——浅谈少数民族汉语课程改革》，《民族教育研究》2006 年第 6 期。
③ 周庆生：《中国双语教育类型》，《民族语文》1991 年第 3 期。

做了批判性的思考，并对周庆生提出的保存型、过渡型和权宜型三种双语教学模式分别从它们各自的理论依据、操作程序和操作策略做了详细的分析和述评，为我国今后的双语教学提供对策，即一定要运用科学的模式去规范现行的双语教学模式。他认为尽管我国的双语教学十分复杂，但科学、可行的模式仍旧以保存型双语教学模式为主、过渡型双语教学模式为辅。今后的任务在于完善和发展科学而健全的保存型双语模式，这当然是一项长期而艰巨的任务。[①]

然而现有的双语教育模式是否已满足我国少数民族双语教育的实际，符合少数民族的实际需求？已成型的模式是否只适用于多民族聚居区有语言和文字的民族，而对于我国一些人口较少民族，尤其是对有语言无文字的少数民族来说，是否也能套用已有的双语教育模式？答案是"否"。"模式"只是一个理论与实践结合的概念，是经验与理论之间的一个可操作的知识系统，是再现现实的一种理论性的简化结构。[②] 郑新蓉认为我国目前双语教育模式越来越多样化，以至很难以"模式"归类命名。她认为大众传媒、网络普及、市场经济、劳动力流动、就业压力，必然使得少数民族自愿或不自愿地放弃本民族的语言和文字，以寻求更为适宜的"教育－生计"路径。她认为，以适宜儿童认知发展规律的双语教育教学是适宜的双语教育质量提升路径，即运用儿童的语言和文化资源提高少数民族儿童的教育质量。[③] 我国双语教育的复杂性特征也要求双语教育实践活动具有开放性，不能简单套用某种模式，所以我国的双语教育不应固守一种或两种模式嵌套于所有的少数民族双语教学实践活动中，这样做只能使得经济、语言方面差异较大的少数民族地区之间的双语教育质量产生更严重的不均衡。而双语教育的开放性要求双语教学在实践中应做到以少数民族自身的语言文字背景作为教学出发点，在其

---

① 王鉴：《论我国少数民族双语教学的模式》，《贵州民族研究》1999 年第 1 期。

② 李儒忠：《论双语教育的模式》，《新疆教育学院学报》2011 年第 1 期。

③ 郑新蓉：《语言模式、文化认同与教育发展——少数民族教育质量提升的路径比较》，苏德主编《全球化背景下的多元文化教育国际研讨会论文集》，中央民族大学教育学院，2012，第 29～31 页。

所处的经济社会条件下，立足于当地的人才培养与经济发展实际，开发出与当地经济社会发展相宜的双语教育模式。

五　双语教育的模糊性

双语教育在概念界定和实践教学活动方面存在一定的模糊性。M. F. 麦凯和 M. 西格恩认为，双语教育是指以两种语言作为教学媒介的教育体制，以其中一种语言（常常是，但不一定是学生的本族语言）作为教育教学实施的工具。[①] 有些学者将双语教育的概念分为七种，分别为过程说、体制说、方法说、体制与方法说、目的说、课程说、系统说。[②] 从这七种概念说法中可以发现双语教育概念的模糊性所在。我们在调研中也发现，一线教师对双语教育的理解存在较大的差异。例如，内蒙古自治区的一些教师认为自己单纯使用蒙语授课，自己不是双语教师，所教课程不属于双语教育范畴；云南地区的一些教师认为自己单纯使用汉语授课，也不认为自己是双语教师。我们发现少数民族地区的一线教师对我国的"双语教育"制度和作为实践的"双语教学"的概念理解存在偏差，对我国的双语教育政策了解不多。而实际上，一线教师的教学活动和学生的学习都受到我国双语教育政策的影响，并在一定程度上享受着双语教育政策带来的优惠。原因可能有两点：一方面是国家层面对双语教育概念的界定缺乏统一性；另一方面在于双语教育本身的复杂性，因为双语教育有其特定的文化语境，与各个少数民族的语言使用历史、群众对文化的态度以及当地的社会发展情况有密切的关系。然而，要解决概念和实践的模糊问题，还应对双语教育政策的制定和执行过程的实践活动做深入的解析，从中找出问题的症结所在。

此外，在一些期刊论文中和地方政府发布的文件中可以看到"三语教

---

① 〔加〕M. F. 麦凯、〔西〕M. 西格恩：《双语教育概论》，严正、柳秀峰译，光明日报出版社，1989。

② 滕星：《中国少数民族双语教育研究的对象、特点、内容与方法》，《民族教育研究》1996年第2期。

育"和"三语教学"的提法，用来指称少数民族学校对少数民族母语、汉语和英语（或日语、俄语）的教学。我们认为"三语教育"的提法是不科学的（该观点由苏德教授首次提出），不仅混淆了双语教育的本质，还混淆了大众对双语教育的理解。因为双语教育是第一语言和第二语言学习的简称，其中第二语言的概念是相对于第一语言外的任何一种其他语言而言的，包括第三、第四……语言。[1] 虽然少数民族学生在学校学习三种语言，政府和教育部门为规范学校中三种语言的课程在公文中使用了"民 – 汉 – 英三语教学"一说；学校开设三种语言，学生也在这种教学体制下变成"三语人"或"四语人"，但"三语教育"是不符合双语教育本质的草率提法，学者和政府及教育部门应做到规范和正确使用。

六　双语教育在时间上的延续性和空间上的延展性

从时间上看，双语教育的开展具有一定的延续性。因为一种适合当地双语教育的模式是在一定社会和经济环境下形成的，一种双语教育模式的成型不是一蹴而就的，也不是朝夕就能改变的。所以，尽管一些民族地区群众的汉语环境有所创设，汉语水平有了较大程度的提高，但是以往的双语教育模式仍有一定的群众基础，如果从制度和政策上加速对之前双语教育模式的改造，学生和教师都会产生心理上的不适应，有些教师和民众可能会产生抵触心理，这不利于学生的学习，更不利于民族团结。对双语教育模式的改革，还应根据当地的经济社会发展、语言和文化环境积极稳妥地推进，切不可操之过急。

从空间上看，双语教育也有一定的延展性。我国少数民族人口分布呈现"大杂居、小聚居"的格局，一些散杂居少数民族的双语教育模式同聚居地区少数民族的双语教育模式相比在空间上呈现出延展性特点。例如，国家在 1974 年成立了"八省区蒙古语言工作协作小组"（简称"八协"），此协作小组由内蒙古、新疆、黑龙江、辽宁、吉林、甘肃、青海、宁夏这八省区人民政府主管领导或直属有关部门领导组成，由内蒙古自治区革委

---

[1] 〔美〕Rod Ellis：《第二语言习得概论》，上海外语教育出版社，1999。

会领导，中央有关部门给予指导。在《国务院关于八省、自治区蒙古语文工作协作会议情况报告的批复》文件附件之一《蒙古语文工作协作小组工作简则》中指出，"协作小组的工作，在马列主义、毛泽东思想的指导下，遵循党中央关于少数民族语言文字的方针、政策、原则，联系八省（区）的实际，制定工作规划，组织协作，总结交流经验，努力完成协作项目，促进蒙古语文工作的发展，更好地为民族地区政治、经济建设服务，为国家社会主义建设服务。"此外，在1985年，我国成立了"全国中小学教材审定委员会朝鲜文教材审查委员会"，该委员会的成立使得朝鲜族中小学教材的编写和审查、审定工作得以分开，有利于双语教育方面的分工协作，加强了责任制，有利于调动各方面的积极性。不难看出，内蒙古自治区的蒙汉双语教育，以及东北三省朝汉双语教育、双语教材的开发工作都在各自统一大纲的指导下展开，开发出各具风格的教材，为当地经济社会发展培养优秀人才。可以说，双语教育由于少数民族人口的分布特点在各自联系的空间上存在着延展性，其空间上的延展性也是双语教育的民族性所决定的。

七　双语教育的政策性

双语教育是政策性较强的一个主题和领域，从理论上看关涉少数民族群众的语言和文化传承、身份归属以及国家认同等问题，从实践中看关乎我国民族教育质量，直接影响少数民族群众的切身利益和长远利益。要提升双语教育质量，就需要关照学制、课程设置、教材建设、师资配备等方面，而这些配套资源正是各级政府制定政策和执行政策时关注的重要领域。《中华人民共和国宪法》明确了少数民族群众拥有使用本民族语言和文字的自由。在最高法律制度保障下，在省级、州级文件中也可见到政府和教育部门为保障双语教育顺利开展和实施所出台的工作条例和文件，将双语教育的重要性在文件中列出，为双语教育的实施提供制度上的保障。我国长期以来所实施的双语教育政策是我国政府为保障少数民族群众能够平等使用本民族的语言和文字权利所制定的，相比其他民族教育政策来说，双语教育更需要在师资、教材等软、硬件资源配置上给予政策上的支持和保障，这充分体现了双语教育的政策性特征。

结　语

我们一定要把握双语教育的多样性特征，了解双语教育的多元语境，及时发现这些特征对实践教学活动造成的不利影响，充分把握双语教育特征形成的因素；按照规律办事，不走弯路，更不走错路，让双语教育事业的成功为民族教育的质量提升做出应有的贡献。同时，工作在民族地区的一线双语教育工作者也应不断在实践教学中反思双语教学的实践特点，更多地了解双语教育所呈现出的多样特性，为儿童的语言习得创造良好的环境，为他们的心智发展创设好的语言环境。

执笔人：王渊博

林　玲

三

双语教育研究的回眸与前瞻

复杂性思维是一种研究范式，是"由不可分离地连接着的异质构成因素交织形成的东西"，"是种种事件、行为、相互作用、反馈作用、决定性、随机性的交织物"。① 从本体论来讲，一项研究的复杂性往往源于命题本身的复杂性，研究复杂问题就需要一种复杂性思维模式或认知图式。而双语教育研究的复杂性，主要囿于双语教育与民族问题及其他问题间的关系，双语教育场域中的模式选择、双语师资培养等。本文拟通过对国内有关双语教育研究成果的梳理，反思双语教育研究得与失，在"复杂性"思维的基础上，加深对双语教育教学本质的认识。

一 著作的奠基：双语教育研究成果的量化呈现

有关双语教育的系统性研究，始于 20 世纪 90 年代。时至今日，双语教育研究已经成为民族教育界乃至国家民族发展战略研究的焦点，在不同学科、不同领域引起了广泛关注，在诸多学者的持续钻研和艰辛探索中，形成了丰富的双语教育研究成果。

（一）以双语教育或双语教学为核心词的原理性著作

此类成果以发凡性质的作品为主，主要有《汉语与少数民族语言关系

---

① 〔法〕埃德加·莫兰：《复杂性理论与教育问题》，陈一壮译，北京大学出版社，2004，第25页。

概论》（戴庆厦，1992）、《双语教育的心理学基础》（余强，2002）、《中国少数民族双语教育概论》（戴庆厦等，1997）、《双语与双语教育概论》（科林·贝克著，翁燕珩等译，2008）、《双语教育新思维》（梁超，2012）、《蒙汉双语教育研究：从理论到实践》（苏德，2016）等。这些概论、教材、译著通过对双语教育的本体性理论与实证性策略的探讨，建构了双语教育的学科体系，奠定了双语教育学科发展的基础。

（二）双语教育理论与实践相结合的著作

《中国少数民族双语研究论集》（中国少数民族双语研究会，1990）是较早关于双语教育理论与实践的研究成果之一。21世纪以来，出版了《中国少数民族双语教学理论探索与实践》（丁文楼，2003）、《双语教学与研究》（丁文楼，2002）、《蒙汉双语教育研究：从理论到实践》（苏德，2016）等著作。其中，《双语教育与双语教学》（王斌华，2003）对双语教育与双语教学进行了中外比较，阐述了双语教育九种基本理论、十种基本类型，并借助个案研究的方法，通过国内典型双语教育案例，对双语教学问题加以理论与实证相结合的研究。王莉颖的《双语教育理论与实践：中外双语教育比较研究》搜集、借鉴有关国外双语教育研究的资料，深入广东、上海等地开展田野调查，并基于比较分析的立场，反思了我国双语教育发展的制约因素。① 《少数民族双语教育的理论与实践》对双语教育框架体系（包括双语教育的概念、理论基础、生态环境等）问题进行了阐述，并对双语教育发展走向进行了前瞻。②

（三）涉及双语教育教学的相关编著

作为民族教育的子系统，双语教育是民族教育研究的重要构成，并在民族教育研究相关成果中得以体现。例如，在《民族教育学通论》（哈经雄、滕星，2001）、《民族教育学》（王鉴，2002）中，就针对语言与文化

---

① 王莉颖：《双语教育理论与实践——中外双语教育比较研究》，上海教育出版社，2008。
② 方晓华：《少数民族双语教育的理论与实践》，学苑出版社，2010。

的关系、多元文化课程等内容进行了详细阐述。《民族教育理论与政策研究》则对双语教育的理论与政策进行了分析。《中国少数民族教育政策体系研究》（王鉴，2011）探讨了少数民族地区双语教育政策问题。《民族教育理论与政策述论》（郭献进，2011）也对民族双语教育和民族多元文化课程进行了详细论述。《中国少数民族教育》对中国少数民族双语教育的历史、双语教学热现象、双语教育教材建设和教学情况进行了描述。①

二 本体论研究：双语教育基本原理的持续探索

本体论是"关于存在的本质和规律的学说"，它被称为"哲学的根基"、"人类信念的支柱"和"批判现实的一种武器"。② 任何一门学科的生发或客观知识的存在，都应有其自身的本体论知识体系。开展双语教育相关问题研究，就必须基于对双语教育的本体性揭示。

（一）概念与本质

概念是研究的"立论之基"，是"后续研究"的理论前提。"双语教育"作为民族教育的关键词之一，除了概念本身的模糊性与不确定性以外，还存在诸多与双语教育词义相近或关系紧密的概念，如双语人、双语班、双语教师、母语教育、少数民族语言、双语人才、第二语言习得等。对这些"相关概念"的模糊界定，在一定程度上使双语教育研究陷入了尴尬的境地。阿呷热哈莫从双语教育的日常分析、定义分析和目的分析三个层面来界定双语教育的概念，她认为："不同文化背景下的双语教育概念及目标是相异的，它并非单一的教育概念，而是一个同时兼具政治、经济、文化和社会要素的复合概念。"③ 刘孟兰和郭颖在《论双语教育与双语教学》中，便对易混淆的"双语教学"与"双语教育"进行了概念

---

① 夏仕武：《中国少数民族教育》，五洲传播出版社，2017。
② 江畅：《论本体论的性质及其重建》，《哲学研究》2002年第1期，第24～30页。
③ 阿呷热哈莫：《如何准确理解双语教育概念》，《中国民族教育》2012年第3期，第37～38页。

辨析。①

改革开放以来，双语教育在我国蓬勃兴起，然而，目前国内对其本质和内涵的认识仍驻足于一种描述。20 世纪末，《教育研究》发表了《论民族教育研究中的双语问题》一文，加速了民族教育本体论研究的升温。该文章指出，国际上较为认可的双语教育本质，主要是指"实现教育目的的手段"和"教育目的本身"。② 潘章仙认为，"发展双语教育应注意对双语教育本质的认识，加强对双语习得理论的探讨，把文化教育与语言教育紧密结合"。③ 类似成果还有王莉颖的《双语教育的本质与目的探析》（2002）、王善安和杨晓萍的《我国少数民族学前双语教育的内涵、目标及教育模式》（2012）、卢丹怀的《双语教育的实质、有效性及不同的教学语言》（2004）等。另外，也有学者从文化的视角，阐述了"双语教育之于文化传播的内在联系，并进一步指出：文化影响到双语教育的制度设计，赋予双语教育独特的内涵，在推进主流文化和民族文化的交融共生上，发挥了重要作用"。④ 但周瓦⑤等学者也意识到，双语教育不仅是一个"文化性"的问题，还是一个"政治性"和"经济性"的问题，需要从多学科视角来系统理解双语教育的本质内涵。

（二）目标与功能

姜宏德在《论双语教育目标定位中的几个关系问题》中指出：双语教育与双语教育学并非一个概念。双语教育是一种社会现象、一种社会实践，或说是一种社会职能；而双语教育学则是一门突出本质和客观规律的社会科学，它既是应用语言学的研究对象，又是教育语言学的研究范畴，其学科定位是由其研究内容、任务和性质所决定的。其主要任务是"研究

---

① 刘孟兰、郭颖：《论双语教育与双语教学》，《继续教育研究》2005 年第 6 期，第 116 页。

② 万明钢：《论民族教育研究中的双语问题》，《教育研究》1997 年第 6 期，第 76～79 页。

③ 潘章仙：《对我国双语教育的几点思考》，《教育研究》2003 年第 12 期，第 77～82 页。

④ 何波：《双语教育的文化解释》，《教育学报》2009 年第 6 期，第 23～29 页。

⑤ 周瓦：《论双语教育的本质——多学科研究视角》，《杭州师范学院学报》（社会科学版）2006 年第 5 期，第 117～120 页。

现象，揭示规律，指导实践"，为培养合格双语人才服务。^① 雷经国、苗学杰在《双语教育目的定位与实施路径》中，也对这一问题进行了详细研究。^②

郭卫东的《论双语教育的功能》基于宏观视角，指出了双语教育的政治、经济、文化和教育四大功能。^③ 刘彦则从"目的理性"的视角指出，双语教育具有维护国家利益、培养爱国主义思想、维护国家安全等功能。蔡文伯等从语言和文化的关系出发，探讨了新疆双语教育中的民族文化冲突与整合问题，同时提出了民族文化整合视域下，新疆双语教育的阶段目标及目标达成理路。^④ 陈彩燕从跨文化视角指出，双语教育应定位于跨文化教育。学校应该在跨文化意识的指导下，积极开展文化资源的发掘和利用。^⑤ 诸如此类的成果还有韩涛的《双语教育——解决传统与现代化矛盾的钥匙》（2007）、瞿继勇的《双语教育与母语保存》（2010）、吴正彪的《论双语教育在传承与保护少数民族非物质文化遗产中的重要作用》（2010）等。

（三）模式与评价

李儒忠的《论双语教育的模式》结合新疆双语教育实践，界定了新疆双语教育模式的性质、特征和目的，指出"部分课程汉语授课"是新疆双语教育在当前及今后一个较长时期内主要的教学模式。^⑥ 魏炜从双语教育

① 姜宏德：《论双语教育目标定位中的几个关系问题》，《中国教育学刊》2003 年第 4 期，第 34～37 页。

② 雷经国、苗学杰：《双语教育目的定位与实施路径》，《中国民族教育》2010 年第 10 期，第 27～29 页。

③ 郭卫东：《论双语教育的功能》，《新疆师范大学学报》（哲学社会科学版）2004 年第 3 期，第 76～78 页。

④ 蔡文伯、杜芳：《冲突与整合：对新疆双语教育与中华民族文化认同的几点思考》，《兵团教育学院学报》2011 年第 4 期，第 1～5 页。

⑤ 陈彩燕：《双语教育：跨文化教育功能及其实现》，《教育导刊》2005 年第 7 期，第 16～18 页。

⑥ 李儒忠：《论双语教育的模式》，《新疆教育学院学报》2011 年第 1 期，第 25～34 页。

的类型入手，对新疆双语教育发展历程、现实基础和客观条件进行了阐述，并认为："部分课程汉语授课"模式能照顾到学生两种语言的运用，有利于达到"民汉兼通"的目标，是新疆双语教育在一个较长时期内的必然选择。① 艾力·伊明按照学校的语言文化环境，将和田地区中小学的双语教育模式分为三个类型，并从教学目标、操作程序、操作策略等角度对其进行分析。②

目前，学界有关双语教育评价方面的研究成果比较少。姜宏德在《关于双语教育评价的理性思考》一文中对"双语教育评价"的内涵进行了详细的解释，他把双语教育评价界定为根据一定的双语教育目标，科学地运用一定的技术方法，对双语教育现象和结果开展测量和价值判断。③ 相关成果还有《论新时期双语教育与民族教育质量的关系》（李大东，2012），等等。

三 多学科研究：双语教育研究的跨界审视

作为一个研究领域，双语教育逐渐成为民族学、教育学、语言学、社会学、文化学、人类学等学科理论研究的主要对象之一，并成为多学科理论关照、理论阐释、理论创新与发展的重要观测点。

（一）多学科的视角

国外方面，M. F. 麦凯（M. F. Mackey）和 M. 西格恩（M. Siguan）的《双语教育概论》，从民族语言学、社会语言学、社会心理学等角度研究双语教育的理论基础。国内方面，语言学家傅懋勣先生认为，双语教育应涉及语言学、民族学、教育学等领域。另外，马学良、王均、戴庆厦等从多

---

① 魏炜：《对新疆少数民族双语教育模式的几点思考》，《新疆教育学院学报》2011 年第 1 期，第 42 ~ 48 页。

② 艾力·伊明：《和田地区中小学"维汉"双语教育三种主要模式及分析》，《新疆教育学院学报》2011 年第 1 期，第 35 ~ 41 页。

③ 姜宏德：《关于双语教育评价的理性思考》，《开放教育研究》2005 年第 6 期，第 58 ~ 61 页。

学科角度论述了双语教育的基础领域。事实上，"尽管人们从多学科视角来探讨双语教育问题，但总体来看，目前国内对此类问题的研究仍处于初期阶段"。① 在《蒙汉双语教育研究：从理论到实践》中，苏德教授从民族语言学、语言心理学、文化人类学、心理学、教育学等多学科视角出发，以多学科理论和方法为基础，重点分析了内蒙古"蒙－汉－外"双语教学这一核心命题，并积极探索出一种科学合理、因地制宜的内蒙古双语教学的策略理论，为双语教育实践提供理论依据和决策参照。②

（二）文化人类学的视角

文化人类学理论与方法是民族学、人类学的"必杀技"，尤其是其看家本领"田野调查方法"已经在教育学、管理学等领域得到广泛推崇。滕星教授便依据解释人类学的研究范式，采用文化唯物论的主客位研究方法，对 20 世纪下半叶凉山彝族社区语言与教育的变迁过程展开了解释性与描述性相统整的研究。③ 与之相似的研究成果还有孙东方的《文化变迁与双语教育演变：中国东北地区达斡尔族民族教育田野个案研究》（2010）、董艳的《文化环境与双语教育：景颇族个案研究》（2002），等等。另外，以文化为切入点来审视双语教育的还有《多元文化中的新疆双语教育》，该书概述了新疆双语教育工作的历程和发展瓶颈问题，认为新疆的双语教育需要突出多元文化的特点，文化的注入应贯穿在整个双语教学、教师培训的过程中，因地制宜地推进新疆双语教育改革。④ 相关著述还有祖力亚提·司马义的《文化多元主义理论视角中的新疆双语教育》（2009）等。

---

① 苏德：《少数民族双语教育研究综述》，《内蒙古师范大学学报》（教育科学版）2004 年第 11 期，第 1 ~ 6 页。

② 苏德：《蒙汉双语教育研究：从理论到实践》，民族出版社，2016。

③ 滕星：《文化变迁与双语教育——凉山彝族社区教育人类学的田野工作与文本撰述》，教育科学出版社，2001。

④ 夏新军：《多元文化中的新疆双语教育》，《新疆社会科学》2011 年第 5 期，第 149 ~ 152 页。

（三） 语言心理学的视角

民族教育与语言学、心理学等学科紧密相关。周之南等从心理语言学角度出发，探讨了双语教育的必备条件及影响因素。[①] 王洋则从新疆双语教育的实际出发，分析了双语语言态度与双语教育现实条件之间的关系、双语语言态度与双语教育现行教育体制之间的矛盾，并指出积极、开放、乐观的语言态度能为新疆双语教育的发展提供更广阔的前景，也是融入主流社会的必要条件。[②] 白星晶等的《第二语言习得理论与延边朝鲜族双语教育》从心理语言学视角阐释了第二语言习得理论，并结合了朝鲜族双语教育实际，提出相关策略和方法。[③] 姚明发的《国外双语教育透视——社会语言学视角》从社会语言学的视角来考察双语教育，特别是在社会教育环境下如何使用语言以及产生的不同语言效果。[④] 另外还有李儒忠的《语言观念与双语教育》（2009）、谭志满的《双语教育与土家族语言的传承——对鄂西南百福司民族小学双语教育的人类学调查与思考》（2009）等，都从语言学习与语言功能等视角论述了双语教育相关问题。

（四） 法律与政策的视角

何波曾指出：《中华人民共和国宪法》《民族区域自治法》《教育法》及相关教育法规从不同的角度对双语教育进行了规定，从而使我国民族双语教育表现出法律关系的平等性、教育权利的整体性及执行的原则性，使

---

① 周之南、张大铸：《从心理语言学看双语教育》，《黑龙江高教研究》2003 年第 2 期，第 38~40 页。

② 王洋：《从语言态度的角度透视新疆少数民族双语教育》，《民族教育研究》2007 年第 2 期，第 58~61 页。

③ 白星晶、刘文英：《第二语言习得理论与延边朝鲜族双语教育》，《延边教育学院学报》2004 年第 5 期。

④ 姚明发：《国外双语教育透视——社会语言学视角》，《内蒙古师范大学学报》（教育科学版）2005 年第 5 期，第 116~220 页。

民族双语教育在法律的保障下顺利运行。[1] 但也有学者认为，双语教育政策法规的确立，难以消弭实践中的理解偏颇，对双语教育规律的研究匮乏，是双语教育质量提升的核心阻力。对此，他们提出：尊重少数民族受教育者意愿，是双语教育的政策基础；转变双语教育研究范式，关注课堂中具体语言的双语教学研究，是提高双语教育质量的前提；丰富双语教育课程资源、制定课程标准、提高师资水平，是双语教育质量的保障。[2]

四 经验逻辑研究：双语教育瓶颈问题的实证调查

（一）不同区域的双语教育研究

由于民族结构、文化传统等差异，很多学者结合不同地域的民族实然状况，探讨了具有个性化、地域化的双语教育策略。例如，《教育优先发展背景下的西藏双语教育策略研究》在比较分析西藏双语教学模式的基础上，探讨西藏双语教育策略。[3] 苏德、袁梅的《凉山彝族的双语教育：现实及前瞻》通过实践调研，发现了该地区在双语师资、双语模式、资源配套等方面的问题，在此基础上，提出"回到'为人'之本，从单向度的线性思维走向多向度的非线性思维"这一问题消解思路。[4] 类似的研究还有《喀喇沁蒙古族双语教育研究》（宝玉柱，2008）、《民族地区双语教育与经济发展的离差效应及其解决途径分析——以甘南州为例》（杨维军，2008）、《云南少数民族地区双语教育探析》（张艳菊，2009）、《论昌都地区双语教育的兴起和发展》（姚便芳，2010）、《拉美地区双语教育的发展困境及归因》（朱守信，2012），等等。

---

[1] 何波：《论我国法律架构中的民族双语教育》，《民族教育研究》2009 年第 2 期，第 5 ~ 11 页。

[2] 万明钢、刘海健：《论我国少数民族双语教育——从政策法规体系建构到教育教学模式变革》，《教育研究》2012 年第 8 期，第 81 ~ 87 页。

[3] 李波：《教育优先发展背景下的西藏双语教育策略研究》，《中国藏学》2012 年第 2 期。

[4] 苏德、袁梅：《凉山彝族的双语教育：现实及前瞻》，《中南民族大学学报》（人文社会科学版）2016 年第 6 期，第 39 ~ 43 页。

（二） 不同民族的双语教育研究

该领域主要基于不同民族的社会传统、文化习俗和民族性格等视角，探讨与该民族相适契的双语教育实践。例如，从受教个体的心理特征出发，探讨在不同语境、不同交流对象前的语码转换，并从文化学和语言学的角度探讨白族双语教育中的双语双文化现象。[①] 李洁等人以锡伯族教师的语言态度为切入点，通过调查与分析，对锡伯族双语教育体制的合理性进行了有力证明。[②] 成世勋则基于民族群体的历史迁徙轨迹，探讨察布查尔锡伯族在迁徙地历史、文化、经济、习俗的影响下，形成的独具特色的多语现象及实施双语教育的应然现状。[③] 相类似的成果还有张霞的《白汉双语教育及其教材建设》（2012）、何波的《藏汉双语教育政策的基本内涵》（2010）、明兰和张学立的《彝汉双语教育发展的困境及对策——以毕节试验区为例》（2010）、何志魁的《云南贡山县独龙族怒族双语教育现状与对策思考》（2002）、滕星的《壮汉双语教育的问题及转向》（2012）等。

（三） 不同层次双语教育研究

刘瑛等人的《公益视野下新疆学前双语教育的实践路径》着重分析了学前教育公益性和学前双语教育的内涵，详细介绍了新疆推动学前双语教育的主要措施。[④] 帕丽达·阿哈斯等人则阐述了双语教育幼小衔接的重要性、目标定位和策略。[⑤] 类似的研究还有张婷的《浅论学前儿童的双语教

---

① 李福军：《从白族双语教育中语码转换看双语双文化现象》，《云南师范大学学报》（哲学社会科学版）2002 年第 2 期，第 14 ~ 18 页。

② 李洁、王英、韩炯：《从锡伯族教师语言态度看锡伯族双语教育体制》，《民族翻译》2011 年第 2 期，第 62 ~ 69 页。

③ 成世勋：《简析新疆察布查尔锡伯族多语现象成因及双语教育现状》，《民族教育研究》2005 年第 3 期，第 32 ~ 36 页。

④ 刘瑛、田兴江、隗峰：《公益视野下新疆学前双语教育的实践路径》，《学前教育研究》2011 年第 12 期，第 13 ~ 18 页。

⑤ 帕丽达·阿哈斯、王善安：《对少数民族双语教育幼小衔接的思考》，《新疆教育学院学报》2012 年第 3 期，第 21 ~ 23 页。

育》（2002）、张慧的《对新疆少数民族幼儿教育的研究》（2009）、顿珠旦增的《西藏小学双语教育研究》（2006）、姜宏德的《论基础教育阶段的双语教育》（2003）、胡西旦·吾甫的《双语教育对少数民族大学生文化认同的影响研究——以新疆喀什师范学院为例》（2011）、傅千吉的《民族高校藏汉双语教育现状及其发展研究》（2011）等。

五　理性思辨研究：外国教育人类学理论方法的西学东渐

西方学者对双语教育的研究由来已久，从西方殖民扩张时期的民族志研究到民族国家兴起后伴随民权运动而兴起的少数族群的教育公平及相关权益的研究，一时间成为一定时空范围内的热门话题。而我国学者对西方双语教育的研究，主要倾向于移民的语言教育、原住民的语言教育、国家通用语的语言教育等交互错杂的语言教育方面。

王斌华在其论文中，呈现了澳大利亚贝诺瓦州立中学后期部分沉浸式双语教育的基本环节和具体情况，即：确定目标、招收学生、班级规模、师资队伍、课程设置、教学语言、教材建设、教学策略等。[1] 加拿大和美国是双语教育开展得比较早也比较成功的国家，孟蕾、王瑾就对加拿大及美国的双语教育进行概述和对比，并对我国双语教育实践提出了国家政策要到位，对双语教育的定位要准确，培养高水平的双语教育师资，激发学生和家长接受双语教育的主动性、积极性四条建议。[2] 冯广兰基于对美国双语教育发展历史及现状的考察，分析了双语教育政策从制定到实施过程中出现的特点。[3] 冯晨昱的《美国双语教育之争》，从双语教育的政策、模式和效果等方面，来思考其对我国高校双语教育的启示。[4]

---

[1]　王斌华：《澳大利亚双语教育——贝诺瓦州立中学后期部分沉浸式双语教育》，《教育实践与研究》2004 年第 6 期，第 6～9 页。

[2]　孟蕾、王瑾：《加拿大和美国的双语教育及其对中国的启示》，《学理论》2011 年第 35 期，第 231～234 页。

[3]　冯广兰：《美国双语教育政策嬗变及其实践》，《民族教育研究》2008 年第 1 期，第 55～59 期。

[4]　冯晨昱：《美国双语教育之争》，《教育评论》2009 年第 2 期，第 158～160 页。

有关此类的研究还有黄乐等著的《美国印第安民族和中国藏族双语教育对比分析》（2004）、王艳萍的《美国移民双语教育的多重使命与新动态》（2011）、罗豫元的《美国双语教育实施失败的因素分析》（2007）、周瓦的《美国双语教育发展历程探析》（2005）、王有春的《美国双语教育的历史演进》（2008）、张东辉的《美国双语教育的历史演变与政策反思》（2008）、王欢的《美国过渡型双语教育的得失分析及启示》（2006）、孙乃玲和张晖的《新加坡英语教学的嬗变：多语政策和双语教育视角》（2011）、王丽的《新加坡双语教育的民族性和经济性》（2010）、郭辉的《中加双语教育之政治和教育环境的比较》（2011），等等。这些研究主要围绕美国和加拿大来开展，一方面缘于美加在处理本国特殊历史文化背景下多民族教育方面所做的工作积累了大量的可资借鉴的经验，吸引着全球多民族国家的关注；另一方面源于美加以及英德等欧洲国家教育人类学的兴盛，尤其是 20 世纪 50 年代以来，世界民族问题集中爆发，直接将社会文化人类学推向了一个极其重要的位置，美国在处理民族问题时提出了诸多民族教育方面的理论及相关学校教育策略，而这些理论政策无论成败，都是各国研究、批判和借鉴的内容。

六 复杂性思维：双语教育研究的另一种范式

双语教育是一个复杂的命题，其内涵和外延丰富、目的综合多元、模式灵活多样、过程长期复杂、影响要素错综交叠，妄图用一种机械的、简单的、还原论的或决定论的思维来驾驭双语教育问题，是完全行不通的。

（一）双语教育研究中简单性范式的泛滥

当前，相关研究对于双语教育的认识或过于简单，要么"只见树木不见森林"，只关注局部，忽视整体；要么"俯视森林，不见花草树木"，只注重整体效果，不关注微观差异。这种"简化论"把双语教育简化为一种语言习得，或学习两种语言的教育；或者把双语教育的目的一元化，或政治目的，或文化目的；或者把双语教育模式绝对化，不同层次不同类型的学校在双语教育模式选择上以省区的规定为准，选择一个相同的模式等。这种还原论思维方式，显然限制了双语教育研究的范围，掩盖了双语教育研究"复杂"的本质。

（二）双语教育研究中复杂性的缺位之弊

忽视双语教育研究的复杂性，并不意味着否定双语教育研究的一切合理性。但这种"简化论"思维，势必导致对双语教育问题的模糊性认识，进而难以系统认识双语教育的本质和规律。倘若以此"先天不足"之思考指导双语实践，也势必造成实践的盲目性，产生难以估量的后果。譬如，在思考双语教育模式的选择问题上，如果不将整体与局部、普遍与特殊、确定性与不确定性、多样性与统一性相结合等思维统筹，就可能将模式选择问题简单化。现实中，学界多直接以"自治区"或"民族地区"等"地理区域"之名为边界来选择模式，如内蒙古和延边地区实施蒙汉、朝汉双语教育模式（一类模式），西藏、新疆等实施藏汉、维汉双语教育模式（二类模式）。但如果真正考虑到区域内部的民族结构、同一区域内不同民族的语言、文化和历史记忆的差异，尤其是同一空间范围内的多个世居民族的文化差异，考虑到当地双语师资水平的参差不齐，考虑到不同自治州、旗县乃至民族乡镇的特殊民族政策，那么，其模式的选择应用，就必须从"区别对待"和"灵活自由"两个维度予以实践考量。可见，在研究双语教育时，如果抛弃了复杂性方法论指导，就容易用一种线性的、决定论的思维来看待和处理，这无疑将造成双语教育本质"还原"的南辕北辙。

（三）复杂性视域中双语教育研究的可能空间

双语教育研究是一项复杂的系统工作，"它不仅是一个语言问题，还是一个涉及一系列复杂问题的社会政治现象"。[①] 长期以来，国内民族学、

---

① 周瓦：《从多学科研究视角论双语教育的本质》，《高等农业教育》2007 年第 4 期，第 64～67 页。

社会学等不同学科领域的诸多学者均十分热衷于双语教育问题，但研究者个体认知层面的差异及学科边界的隔阂，或政治因素导致的人文社科研究的"价值有涉"等问题，在一定程度上导致了研究者对双语教育的认识偏颇和实践"失策"。由此可知，研究双语教育不能固守"就双语教育而研究双语教育"的线性思维，也不能采取"一刀切"的方式，更不能只见主干不见枝叶。这正如同美国语言学者瑞兹（Ruiz）将语言观总结为"作为问题的语言观、作为权力的语言观、作为资源的语言观"，并且正视不同语言观的迥异价值重心，正视任一语言观的合理与狭隘，以"和而不同"的思维将其统一整合、共而用之，最大限度地发挥各种语言观的综合效用。这对双语教育的启示是越是采用多种可能性探讨，越是采用多维关系的复杂性思维，我们触摸到双语教育本质的概率就越大。

（四）复杂性视域中双语教育的实施理路

埃德加·莫兰指出，"知识在学科之间被分离、肢解和箱格化的现象，可能掩盖诸如复杂的整体、部分和整体之间的互动和反馈作用、多维度的实体等最根本的问题。"[①] 因此，要改变这种有失偏颇的见解，必然要呼吁一种更为系统和全面的研究范式，即复杂性思维。概言之，复杂性思维是复杂性科学的重要方法论，它要求双语教育的研究，应结合当下社会背景，结合历史、政治、经济等分析要素，坚持宏观与微观结合、整体与局部结合的方式来展开，秉持一种整体性、非线性、关系性、过程性等的复杂性思维，对双语教育的本质、规律和双语教育实践进行系统而缜密的研究。具体说来，其实践理路应从如下维度予以把握：（1）从不同时间和空间范围上整体性把握双语教育的差异性和统一性；（2）从政治、经济、文化和政策等多元影响要素的角度把握双语教育的普遍性和特殊性及其相互之间的关系性与勾连的内在逻辑；（3）坚持用不确定的双语教育研究策略，避免严格程序化的研究范式，采用多种研究视角和研究方法，为认识

---

① 〔法〕埃德加·莫兰：《复杂性思想导论》，陈一壮译，华东师范大学出版社，2008，第7~8页。

双语教育的本质和规律提供更多可能；（4）坚持用多学科的视角探究双语教育问题，避免走向学科中心主义，为自身研究设定陷阱。通过跨学科研究，借鉴人类学、系统科学、生物学等多学科理论方法研究双语教育的相关命题，以弥补该研究领域的学科及范式缺欠。

执笔人：苏　德

刘子云

| 四 |

国外双语教育理论研究的批判与反思

20 世纪六七十年代，伴随着西方国家多元文化教育的兴起，双语教育问题渐渐开始引起社会的广泛关注。"双语教育"（Bilingual Education）一般指在学校中使用两种语言的教育。[①] 数十年来，从移民人口的双语教育，到语言少数民族的双语教育，再到特殊儿童的双语教育，国外的双语教育研究领域日趋广泛，研究视角日趋多元，研究层次日趋深化。但在看似内容庞杂的研究表象背后，也存在着相应的"研究规律"，即将双语教育认知理论作为双语教育的研究基础，分别从心理学、教育学、社会语言学和文化社会学四个维度对双语教育展开系列研究。另外，随着对聋人文化的尊重与理解的不断提升，聋人双语教育成为双语教育研究中的又一热点。鉴于我国双语教育研究"起步较晚""理论紧缺"的实然状况，亟待通过对国外双语教育研究规律的揭示，来为我国双语教育提供他者之鉴。

一 双语教育认知理论的探讨与完善

从历史角度来看，双语教育并不是 20 世纪之后的新兴产物，以某种形式存在的双语教育至少有五千多年的历史。[②] 语言是文化的载体，同时也

---

① 王斌华：《双语教育与双语教学》，上海教育出版社，2003，第 4 页。

② Mackey, M. F., "The importation of bilingual education models", (paper present at the Georgetown University Roundtable: *International Dimensions of Education*, 1978).

是文化传承的重要工具。双语教育的根本目的是培养学生熟练掌握两种语言，以提高个体的学业成就。因此，国外双语教育研究在理论方面一直注重研究双语教育与学生认知发展之间的关系，明确双语教育的实施意义，并为双语教育的多视角研究奠定基础。

国外关于双语教育认知理论的探讨十分激烈，其中包括"平衡理论"（The Balance Theory）、"冰山理论"（The Iceberg Theory）或"双语共同潜在能力模式"（Common Underlying Proficiency）、"思想库模式"理论（Think Tank Model）、"阈限理论"（The Thresholds Theory）以及"依存假设"（Interpedently Hypothesis）、"母语读写能力迁移理论"（Thansfer Theory of Native Language Literacy）等重要理论。

麦克纳马拉提出的"平衡理论"（The Balance Theory）是早期比较著名的双语教育理论之一。该理论认为一门语言的掌握必然削弱另一门语言的掌握，学习第二语言是以牺牲第一语言为代价的。[①] 卡明斯和温斯对平衡理论提出了批判，并提出了"双语共同潜在能力模式"，该理论假设双语人的第一和第二语言的潜在能力是共同的。但这两种理论都有其局限性，一方面，假设双语人两种语言的潜在能力具有相互独立性，则无法解释平衡双语人在认知上所具有的优势；另一方面，若承认两种语言潜在能力的共同性，则否定了语言之间的差异性。[②]

而后，卡明斯等人提出了"阈限理论"，该理论将儿童的双语能力分为三个层次：第一层，儿童的两种语言能力都较低，双语学习易对认知产生消极影响；第二层，儿童的一种语言具有与其年龄相当的能力，而另一种语言能力则明显较低，双语学习则不会对儿童的认知产生任何积极或消极影响；第三层，儿童的两种语言能力都达到了与其年龄相当的水平，此时双语学习对其认知会产生积极影响。[③] 然而，阈限理论无法解决在第一层

---

① Colin Beker, *Foundations of Bilingual Education and Bilingualism* (London: Multilingual Matters, 2011), p. 1.

② Jim Cummins, Merill Swain, *Bilingualism in Education* (London: Longman Group, 1986), p. 81 - 82.

③ Colin Beker, *Foundations of Bilingual Education and Bilingualism* (London: Multilingual Matters, 2011), p. 168.

次如何消除双语经验的消极影响这一问题。为此，卡明斯等人对其进行了发展，并提出"语言相互依存假设"（Linguistic Interdependence Hypothesis），该理论认为学生第二语言能力的水平部分依赖于第一语言能力的水平，[①]即一门语言的发展水平会影响另一门语言的发展。

近年来，双语教育认知理论仍是双语研究的热点之一。比亚利斯托克认为，双语与认知发展的研究结果主要取决于对问题的处理和方法的设计，但事实上，传统意义上人们的偏见，即认为双语教学会损害认知发展这一潜在意识也会左右研究者的结论。[②]

总体来看，国外双语教育理论研究沿袭了其教育科学研究的一贯特点：流派纷呈，且具有强烈的批判性。但是，其理论统整仍稍显不足，各派理论自成一脉，理论流派间的互补关系与内在联系较低，减弱了对双语教育实践的理论性指导作用。另外，关于双语教育认知理论的研究仍主要集中在"语言"和"认知"两大要素的相互影响方面，研究内容过于单一，今后应更加注重理论的实践性和可行性，如着重于研究如何减少双语学习对认知和语言所带来的消极影响。

通过对双语认知理论的梳理可知，双语学习对认知发展存在一定的积极影响，但其消极影响也是不可避免的。因此，双语认知理论研究在未来仍将是双语理论研究中的重要问题。我国双语教育理论研究应注重与国内外前人的研究相联系，结合我国实际情况弥补理论的不足，以在此基础之上形成更为完善的双语教育理论，从而对我国的双语教育政策执行和教学实践发挥指导性作用。

二 国外双语教育研究的多元视角

理论和政策是双语教育研究的基础，双语教育政策是双语教育实施的

---

① Colin Beker, *Foundations of Bilingual Education and Bilingualism* (London: Multilingual Matters, 2011), p. 169.

② Barac, R., Bialystok, E, "Cognitive development of bilingual children," *Language Teaching*, 44 (2010): 36 – 54.

重要保障。对双语教育政策的研究一直是学者们关注的热点。教育政策的制定与教育理论的发展息息相关。国外理论研究的发展，从某种程度上影响着人们的信念，进而影响着教育政策的制定和执行。

(一) 国外多元理论视角下的双语教育理论研究

随着双语现象的日益凸显和相关研究迅速发展，许多学者参与到双语教育研究领域当中，并从心理学、教育学、社会语言学、文化社会学等多学科角度对双语教育开展研究。国外双语教育的发展经历了从抵触、批判，到逐渐接受、认可，再到大力发展的过程。在实证研究的基础上，各理论流派在相互批判中发展和成长，同时也衍生出越来越多的理论流派。

1. 双语经验与认知发展——心理学的论争

从心理学角度来看，有关双语教育最早的论争主要是围绕双语经验对儿童认知发展的利弊展开的。在研究的早期阶段（20 世纪 60 年代以前），认为双语经验对儿童认知发展弊大于利者占主导，而后期研究则认为双语经验对儿童的认知发展具有积极作用。[1]

早期的实证研究主要包括心理测验研究和儿童传记研究两种类型。[2]虽然早期儿童传记研究发现双语经验对儿童认知发展具有一定积极作用，但由于早期的心理测验设计单一、控制变量不合理，测验的信效度不高，所得结论大多认为双语经验对儿童的认知发展具有消极作用，这无疑在很大程度上抑制了双语教育的发展。事实上，早期的心理测验研究存在很大的问题，如忽略了实验组与对照组的社会经济背景差异、智商差异、能力差异，以及语言使用差异等。[3]

20 世纪五六十年代，随着心理实验设计严谨性的提升，关于双语经验的实验结论也逐渐开始发生变化。其中影响最大的当数皮尔（Peal）和兰伯特（Lambert）的研究，他们对双语被试组的选取和单语控制组的匹

---

① 余强等：《国外双语教育的理论和实践》，陕西人民教育出版社，2006，第 6 页。

② 余强等：《国外双语教育的理论和实践》，陕西人民教育出版社，2006，第 6 页。

③ 余强等：《国外双语教育的理论和实践》，陕西人民教育出版社，2006，第 6 页。

配进行了优化。① 他们的研究在很大程度上改变了人们对于双语教育的偏见，同时促进了双语教育研究从早期向后期的过渡。但由于他们在样本选取时仍具有一定的偏向性，该实验的信度不高，从而影响了实验的推广。

60 年代以后，心理学视角下的双语教育研究呈现多元化特征，研究群体也从欧美迅速延伸到亚洲、大洋洲以及非洲，双语教育研究成为全球性的话题。主要特征包括：第一，研究者群体更加广泛，双语教育研究逐渐发展成为全球性的活动；第二，研究对象更加多元，不同语言和文化的双语者被纳入研究当中；第三，研究设计更加严谨，特别是对研究变量的控制以及对实验组与对照组在匹配上的协调与优化。

21 世纪之后，越来越多的学者将心智理论（Theory of Mind）运用到双语研究当中，人们也开始关注双语经验对于老年人认知发展的影响。阿德索普等人通过对 63 项研究中的数据进行分析发现，双语能力与多种认知能力相关，包括对注意力的控制，工作记忆、元语言意识以及抽象和符号表征技能的增强。② 比亚利斯托克等人发现，双语者的执行能力往往优于单语者，同时双语经验有助于减少在老年时期患阿兹海默症的概率。③ 同时随着年龄的增长，双语者认知能力的衰退速度较单语者来说更为缓慢。④

概而论之，心理学和教育学在学科关系上具有紧密的联系，心理学的发展对双语教育的发展起到了重要的推动作用，大量的心理学研究表明：双语经验的积极影响贯穿人的一生。但是，目前心理学层面的研究仍围绕双语经验与认知发展这两大因素展开，对于双语教学实践的指导性较弱。

---

① 余强等：《国外双语教育的理论和实践》，陕西人民教育出版社，2006，第 6 页。

② Adesope, O. O. et al. , "A Systematic Review and Meta – Analysis of the Cognitive Correlates of Bilingualism," *Review of Educational Research*, 80（2010）：207 – 245.

③ Bialystok E. , "Reshaping the mind: the benefits of bilingualism," *Rev Canadienne Psychologie Expérimentale*, 2011, 65（24）：229 – 235.

④ Bialystok E. , "Bilingualism: the good, the bad, and the indifferent," *Bilingualism: Language and Cognition*, 2009, 12（1）：3 – 11.

目前，我国针对双语教育的心理学研究主要集中在有关教师与学生情感、年龄、母语和学习策略等方面。具体表现在师生对双语教育的态度，双语教师职业压力，双语学习的动机、兴趣及影响因素，学生学业成绩压力等方面。① 随着心理学的发展和双语教育研究的深入，双语教育理论研究也应加强和提升心理学在其研究中的科学支撑和解释功能，如可将心理学应用到双语教育的实施和评估当中去。

2. 双语学习与学习潜力的发挥——教育理论的论争

从我国当前少数民族教育的发展来看，我国少数民族学生的学业成就仍低于汉族学生，但尚未有研究证明少数民族学生在智力方面与汉族学生存在明显差异。在国外，很多人将这种情况归因于少数民族地区的双语现状，即双语经验导致了学生在认识上的混乱。② 从教育学的角度来看，这种观点即认为双语学习不符合教育规律，因此无法充分发挥学生的学习潜力。

事实上，将学习潜力未能充分发挥归因于双语学习是片面的。科林·贝克在著作《双语与双语教育概论》中提出，影响学生潜力发挥的因素是多方面的，如少数民族群体的社会经济因素，以及学生的个体差异等。③ 之后，比亚利斯托克等人发现，在过去的大多数研究当中，双语学生的社会经济地位较单语学生来说普遍偏低，而后续的研究对双语学生和单语学生的经济地位进行了匹配，二者的智商测试差异也随之消失。④ 近几十年来，越来越多的实证研究表明，双语学习有助于提升学生的学业成就。维奥丽卡等人通过比较研究发现，参与双向沉浸式双语教学的学生在阅读和

---

① 武启云：《中国少数民族双语教育研究现状与发展趋势》，《贵州民族大学学报》（哲学社会科学版）2016 年第 4 期，第 203 ~ 208 页。

② 〔英〕科林·贝克：《双语与双语教育概论》，翁燕珩、关春明、洪苹、魏强、任中夏译，中央民族大学出版社，2008，第 292 ~ 293 页。

③ 〔英〕科林·贝克：《双语与双语教育概论》，翁燕珩、关春明、洪苹、魏强、任中夏译，中央民族大学出版社，2008，第 293 ~ 295 页。

④ Barac, R., Bialystok, E., "Cognitive development of bilingual children", *Language Teaching*, 44 (2002): 36 – 54.

数学测试中的成绩要优于参与过渡双语教学的学生。① 另外，Kharkhurin 还发现，双语学习为学习者带来的不同的语言和文化因素能够发展双语者的某种认知机制，从而提高他们的创造性。②

根据上述研究可以发现，双语学习并不是造成语言少数民族儿童学业成就低下的根本原因，甚至对学习者的某些学业成就的提高具有积极作用。从教育理论的角度来看，使用母语进行教学能够使学习者更好地理解教学内容。另外，语言作为文化的载体，母语的学习也能够加强学生与家庭和社区的联系，并满足他们的情感需要。

从理论研究的角度来看，目前国外对于儿童母语重要性的研究仍显不足。这也导致了对双语教育的片面认识，从而影响了双语教育的正确实施。这种研究取向实质与国外主流社会对待少数民族的态度有很大关系。在我国少数民族地区，儿童的母语承载着少数民族的独特文化，母语的学习有利于他们更好地了解和接纳本族文化和情感发展。同时，以母语作为教学媒介语能够有效提高少数民族儿童的学业成就，促进我国基础教育均衡发展。在我国，教育学层面对双语教育的研究主要分为宏观和微观两个方面。宏观方面主要研究中外双语教育的政策、经费投入、双语教育的模式以及影响双语教育实施的因素。微观方面主要研究双语师资、双语课程和双语教材等。③

3. 语言的社会属性——社会语言学（sociolinguistic）的论争

从社会语言学角度来看，双语教育争论的焦点在于语言的转换和保持，包括语言进化论、语言保护论以及自然环境保护论这三种主要的理论观点。

① Viorica Marian. et al. , " Bilingual Two - Way Immersion Programs Benefit Academic Achievement," *Bilingual Research Journal*, 2013, 36（2）：167 - 186.

② Ananoliy V. Kharkhurin, "Bilingualism and Creativity, An Educational Perspective. " In Wayne E. Wright. et al, eds. , *The Handbook of Bilingual and Multilingual Education*（Wiley Blackwell, 2015）, pp. 38 - 55.

③ 武启云：《中国少数民族双语教育研究现状与发展趋势》，《贵州民族大学学报》（哲学社会科学版）2016 年第 4 期，第 203 ~ 208 页。

语言进化论者（Evolutionist）认为，语言遵循适者生存的普遍法则，只有强大的语言才得以保持和传承，少数族群的语言只能面临同化或消亡的威胁。这种观点从本质上来看是一种语言封建主义和殖民主义，它仅强调语言进化中的消极方面，即语言的压制、剥削和迫害。[①] 语言保护主义者（Preservationist）则持传统主义的观点。他们强调维持语言现状，而不是对语言的发展，认为任何改变都会损害语言生存的机会。[②] 自然环境保护论者（Conservationist）则持语言文化多元主义的观点。他们认为语言和文化一样，本身并无优劣之分，因此应当保护语言和文化的多样性，少数民族语言作为宝贵的语言和文化遗产，理应受到保护。[③] 较语言保护主义者而言，自然环境保护论者既承认语言的平等地位，也提倡发展语言的多样性。

随着多元文化教育运动的发起，特别是后现代主义、后结构主义和后殖民主义思潮的兴起，语言进化论者的偏激以及语言保护主义者的狭隘都受到了强烈的抨击。受到自然环境保护论的影响，教育研究者开始重视双语教育，承认双语教育在少数民族语言保护与传承中的重要作用。在现代化与全球化的背景下，语言作为传统文化的活化石，应当得到必要的保护和传承。但人们必须承认，当前一些少数民族语言仍面临着濒临灭绝的威胁。基于此，这些少数民族语言不仅要在本民族中进行传承和使用，同时，也应根据社会和时代的发展进行创新和传播。对少数民族地区儿童进行双语教育有利于他们在掌握本族语言的同时掌握国家通用语，并能够接触和掌握更多的文化要素，以促进本民族语言的创新、激发本民族语言的生命力。

4. 双语教育与社会文化——文化社会学（Cultural Sociology）的论争

我国少数民族教育在很大程度上可以理解为一种多元文化教育。20 世

---

① 〔英〕科林·贝克：《双语与双语教育概论》，翁燕珩、关春明、洪萍、魏强译，中央民族大学出版社，2008，第 48 页。

② 〔英〕科林·贝克：《双语与双语教育概论》，翁燕珩、关春明、洪萍、魏强译，中央民族大学出版社，2008，第 49 页。

③ 〔英〕科林·贝克：《双语与双语教育概论》，翁燕珩、关春明、洪萍、魏强译，中央民族大学出版社，2008，第 49 页。

纪60年代，西方国家经历了声势浩大的民权运动，多元文化主义开始受到重视，多元文化教育也进入快速发展阶段，并且在很大程度上促进了双语教育的发展。双语教育对促进不同社会文化之间的交流，以及对文化多样性的保存与发展有着举足轻重的作用。双语教育的实施有助于培养受教育者全面的多元文化视野以及健全的多元文化人格。同时，双语教育也受到社会政治、经济和文化背景制约，多语言现象的产生与文化的多元性以及多元文化的变迁息息相关。因此，要研究某个地区的双语教育，首先要深刻了解该地区的历史发展及文化变迁等历史背景。

双语教学是实施多元文化教育的重要手段之一，因此，国外学者也越来越重视研究双语教育与文化之间的关系。20世纪80年代，M. F. 麦凯（M. F. Mackey）和M. 西格恩（M. Siguan）在《双语教育概论》一书中对双语教育这一课题做了全面的阐述。他们认为，实施双语教育有助于语言和文化间的交流。①

英国学者科林·贝克在《双语与双语教育概论》一书中讨论了语言、文化和教育的关系。他认为，对学生跨文化能力、态度和行为的发展是双语教育的重要组成部分，语言与文化通过教育相互促进，语言教育是对其文化的保护和发展，文化教育亦能够起到语言保持的作用。

近几年来，人们对语言和文化的关系进行了更深层次的研究，如开始分析跨文化课程和意识形态当中的"文化"要素是如何被误解和误用的。目前，很多学者更加倾向于将文化看作一个动态的、变化的过程，这使得双语者对文化的习得变得更加困难。② 另外，很多学者开始研究双语教育和文化身份的关系。布洛克等人强调，在双语教育过程中，人们需要更好地理解学习者身份发展的过程。③ 在此基础上，罗斯等人发现，双语学习

---

① 〔加〕M. F 麦凯、〔西〕M. 西格恩：《双语教育概论》，严正、柳秀峰译，光明日报出版社，1989，第45页。

② Laura A. Valdiviezo, Sonia Nieto, "Culture in Bilingual and Multilingual Education: Conflict, Struggle, and Power," In Wayne E. Wright. et al, eds., *The Handbook of Bilingual and Multilingual Education* (Wiley Blackwell, 2015), p. 92 – 105.

③ Block, D., *Second language identities.* (London: Continuum, 2007).

者的语言能力和文化能力的发展是相互独立的，对单语者进行双语教学能够同时发展他们的双文化身份。[①]

从历史发展的角度来看，随着全球化的加剧，"跨文化－国际理解教育"成为人才培养的重要内容。双语者的多文化身份有助于发展对全球多元文化差异的积极态度，从而促进国际社会的和平共处与繁荣发展。从现实角度来看，双语教育对语言少数民族文化的保持与发展有着举足轻重的作用。在国外，尤其是美洲和大洋洲，欧洲移民所带来的主流文化冲击是对当地原住民语言和文化毁灭性的灾害。直到20世纪60年代民权运动兴起之后，双语教育才真正得到社会的广泛重视。双语教育的不断繁荣，是文化多元主义日益昌盛、种族主义日渐衰败的必然结果。[②] 而我国民汉双语教育的发展，有助于增强少数民族语言的使用，扩大和促进少数民族文化的传播与发展，增强少数民族文化的生命力，促进我国文化繁荣发展。

通过对不同视角下双语教育理论研究的梳理可以发现，目前双语教育研究内部仍存在着诸多矛盾，如对双语教育重要性的认可程度不同、对双语教育的意义属性的确认不同，而导致这些矛盾的原因亦是多方面的。目前，在学术界鲜有学者从多维度的视角对双语教育进行研究，其原因是双语教育本身的复杂性导致多维度双语教育研究的工程浩大，很多学者在研究中常面临独木难支的困境。不过，也显现出对于双语教育这一特殊教育形式在理论上的关注度还不够。因此，在今后的研究中，应进一步加强对于双语教育重要性的认识，并从跨学科视角对双语教育进行研究，以构建出较为完善的双语教育理论，促进国内外双语教育更好发展。

（二）国外双语教育政策研究

上述双语教育理论在很多国家当前执行的双语教育政策中也有体现。

---

① Fielding, R., Harbon, L., "Examining bilingual and bicultural identity in young students," *Foreign Language Annals*, 2013, 46（4）: 527–544.

② 〔美〕科林·贝克:《双语与双语教育概论》，翁燕珩、关春明、洪苹、魏强译，中央民族大学出版社，2008。

目前，国外多个国家和地区都已出台了针对双语教育的相关政策，同时这些政策也引起了许多争议，因此，国外学术界目前也对这些相关的双语教育政策进行了研究。从相关研究来看，目前国外对于双语教育政策的研究主要集中在不同国家和地区双语政策的发展与演变、政策实施，以及当前政策所面临的挑战这几方面。

奥佛利·加西亚（Ofelia Garcia）在《全球视野下 21 世纪的双语教育》一书中专门对美国和欧洲的双语教育政策发展进行了梳理，其将双语教育政策分为两大类，一种是单语型双语教育政策（Monoglossic Bilingual Education Policy），主要目的是使学生掌握主流语言，少数民族学生学习母语的主要目的是传承本族文化，而双语教育的真正受益者多为主流民族学生；另一种为多语型双语教育政策（Heteroglossic Bilingual Education Policy），其主要目的是挽救濒危语言，同时发展学生多种语言能力。[1]

丹尼尔·马德里（Daniel Madrid）和斯蒂芬·休斯（Stephen Hughes）在其主编的《双语教育研究》一书中对美国和西班牙的双语教育政策进行了比较，他们认为目前在单语地区，双语教育面临的最大问题就是应该通过何种模式使各级学校和学生真正地成功掌握两种语言。[2]

美国学者约翰·彼得洛维奇（John E. Petrovic）在《双语教育国际前瞻：政策、实践、争议》一书中对美国、加拿大、危地马拉、西班牙以及印度五个国家的双语政策发展进行了梳理，并从中发现虽然目前上述国家迫于社会上少数民族的压力，先后出台了相应的双语教育政策，但从政策实施上来看，由于现实政治地位的不平等以及并未形成完善的政策执行保障体系，少数民族的双语发展仍处于受限状态。[3]

梳理双语教育政策的发展脉络，了解双语教育生成的逻辑起点与结

---

[1] Ofelia Garcia, *Bilingual Education in the 21st Century*: *A Global Perspective*（Singapore，2009），p. 244.

[2] Daniel Madrid, Stephen Hughes, *Studies in Bilingual Education*（Switzerland：Peter Lang，2011），p. 77.

[3] John E. Petrovic, *International Perspectives on Bilingual Education*（USA：Information Age Publishing，2014），p. 3.

构，能更好地反映当下双语教育政策文本以及政策过程，包括政策生成、政策执行、政策反馈等的合理性、科学性、适应性。① 另外，了解和研究国外的双语教育政策也有助于我国双语教育政策的制定和实施。从整体来看，国外的研究侧重于从纵向角度对双语教育政策进行梳理，而共时性的研究相对较少。并且国外双语教育政策往往是在少数民族反对压迫而发起社会运动的压力下制定和实施的，这与我国的政策制定有着本质上的区别。因此，我国在双语政策制定和实施上必须针对我国的实际情况和发展方向。

三 双语教育新领域：聋哑人双语教育理论的兴起

20 世纪 80 年代，北欧诸国开始对"聋哑人双语教育"进行研究。② 近年来，聋哑人双语教育研究已成为双语教育理论的又一研究热点，主要表现为：关于聋哑人双语问题的学术会议和实践研究不断增多，聋哑人双语教育得到了众多学者的关注。对聋哑人文化的尊重与理解是聋哑人双语教育发展的基石。从早期对手语教学的全盘否定，到后期对手口双语教育的大力推广，国外聋哑人双语教育的发展几经波折。

1880 年，第二届国际聋哑人教育会议（International Congress on the Education of the Deaf，ICED）规定聋哑人学校禁止使用手语而只能使用口语进行教学。这项议案给欧美很多国家的聋哑人教育带来了灭顶之灾，严重制约了聋哑人教育的发展。直到 2010 年的第 21 届国际聋哑人教育会议才否决上述决定，并呼吁各国重视聋哑人用以沟通的一切方法。③ 2015 年，

---

① 苏德：《蒙汉双语教育研究：从理论到实践》，民族出版社，2017，第 9 页。

② 余敦清：《世界特教史上的又一次新浪潮——"聋人双语教学"》，《中国听力语言康复科学杂志》2005 年第 6 期，第 36～39 页。

③ Donald F. Moores，"Partners in Education：Issues and Trends from the 21st International Congress on the Education of the Deaf，" http：//www. alibris. com/Partners – in – Education – Issues – and – Trends – from – the – 21st – International – Congress – on – the – Education – of – the – Deaf/book/30041087. com/Second_ International_ Congress_ on_ Education_ of_ the_ Deaf/en – en/.

主题为"对多元学习者的教育：一个目标，多种方法"① 的第 22 届国际聋哑人教育会议在希腊雅典举办，特别强调了聋哑人教育的多元性。从实践研究来看，早在 20 世纪七八十年代，美国、澳大利亚以及很多欧洲国家已经开始了对聋哑儿童手语教育的研究。1982 年，丹麦和瑞典率先开展了聋哑人双语教育实验，把自然手语当作一门语言来供幼聋哑儿童学习和使用。② 亚洲地区的聋哑人双语教育研究起步较晚，在 20 世纪 90 年代以前，仍然以口语教学为主，直至近年来才有所发展。2008 年，日本建立了第一所聋哑人双语学校，我国香港地区的学者则对融合教育中的聋哑人双语教育进行了研究。

在此期间，众多学者开始了对聋哑人双语教育的研究。丹妮尔·布韦（Danielle Bouvet）在《语言之路：聋哑儿童的双语教育》一书中提到，聋童无法通过自动习得的方式获得语言，通过 6 年对聋童双语学习的跟踪，发现双语学习能够使聋童具备较好的手语和语言沟通技能。③ 卡明斯（Jim Cummins）在《双语教育》一书中提到，要重视为聋哑人和听力困难学生设计双语教育课程。④ 科林·贝克在《双语与双语教育概论》一书中强调了手语在聋哑人生活中的重要性，他强调手语应该成为所有聋哑儿童的第一语言和主要语言。聋哑人双语教育正在变得越来越复杂，聋哑人学校教育正从单一的书面语、手语教育向多样化的书面语和手语教育发展。⑤ 里根（Timothy Reagan）在《双语与多语教育手册》中提出，为聋哑人提供

---

① 22nd International Congress on the Education of the Deaf, http：//www. globaleventslist. elsevier. com/events/2015/07/22nd – international – congress – on – the – educatied – of – the – deaf/.

② 杨军辉：《国际双语聋教育产生的背景、现状与前瞻》，《中国特殊教育》2009 年第 6 期，第 44 ~ 49 页。

③ Danielle Bouvet, *The Path to Language：Toward Bilingual Education for Deaf Children* (Multilingual Matters Ltd , 1990), p. 11.

④ J. Cummins, D. Corson, *Encyclopedia of Language and Education：Bilingual Education (Volume 5)* (Kluwer Academic Publishers, 1997), p. 231.

⑤ Colin Beker, *Foundations of Bilingual Education and Bilingualism* (London：Multilingual Matters, 2011), p. 368.

的弥补性双语教育实质上是一种同化教育。因此他提倡将聋哑人视为一种有着特殊文化和语言的非主流群体，聋哑人双语教育应更关注他们的语言表达能力而不仅仅是语言能力本身。①

双语教育是实施多元文化教育的主要手段，实施多元文化教育的根本目的是保障所有人平等受教育的权利，包括在性别、民族、种族、文化、社会阶层、宗教信仰等方面各不相同或者某种特殊的群体。双语教育也包括针对残障人士的双语教育，如针对聋哑人的手口双语教育。从文化角度来看，聋哑人作为我国特殊教育中的一个重要群体，由于自身条件的不同，其文化也必然有与其相适应的特殊性，针对聋哑人的双语教育有利于聋哑人对其自身特有文化的发展和传承。从教育角度来看，聋哑人双语教育研究有利于发现我国双语教育体系中的盲点，进一步促进我国的教育公平，拓展我国双语教育研究外延，促进我国双语教育理论研究上的创新，不断开启教育改革创新新局面。从社会角度来看，对聋哑人实行双语教育有助于提升他们的生活体验，同时也有利于体现我国对特殊群体充分尊重与保护的政策关怀。

四　国外双语教育理论对我国少数民族双语教育的几点启示

双语双文化是我国少数民族教育的基本特征之一。② 相对于国外的双语教育研究而言，我国的少数民族双语教育研究起步较晚，在发展初期必然要借鉴国外的理论和经验。在认清国外双语教育的研究现状之后，就需要对我国少数民族双语教育做出以下几点思考。

（一）加强我国双语教育实验的理论性指导，强化中国特色双语教育理论研究

双语教育是我国开展少数民族教育的主要手段，但到目前为止，我国

---

① Timothy Reagan, "Bilingual Deaf Education" In Wayne E. Wright. et al, eds., *The Handbook of Bilingual and Multilingual Education* (Wiley Blackwell, 2015), pp. 392 - 404.

② 滕星：《文化变迁与双语教育——凉山彝族社区教育人类学的田野工作与文本撰述》，教育科学出版社，2001。

的双语教育研究仍停留在实证研究阶段，中国特色社会主义的双语教育理论体系尚未形成。因此，当前我国双语教育仍需借鉴国外的双语教育理论作为理论框架，从而开展相关双语教育实验和双语教育研究。

但另外，对西方理论的全盘套用并不能很好地解决我国的实际问题，主要原因如下：其一，虽然国外已经形成了几种影响力较大的双语教育理论流派，但这些理论并非完美无缺，需要根据社会的发展和研究的深入对其进行批判和修正；其二，我国的少数民族教育并不完全等同于西方的多元文化教育，二者的族群构成和族群关系不尽相同，因此，对于国外双语教育理论的运用必须进行相应的本土化修正；其三，国外双语教育理论在我国并未得到很好的理解和运用，缺乏对我国双语教学的指导性。

因此，一方面，对西方双语教育理论的应用必须立足于我国的本土双语实验，总结经验并及时将其上升到理论高度。这就要求我国积极开展双语师资培训，不仅要培养具有双语教育教学能力的优质双语教师，同时还要注重培养一批具有主体精神和批判精神的双语教育理论工作者，在参与双语教育实践的同时还能够敏锐地发现实践中所存在的问题，并且有足够的能力发现和揭示这些问题产生的原因和条件，而不是盲从于机械的经验主义和归纳主义。另一方面，要切实利用国外双语教育理论解决我国民族地区双语教育的现实困境。如在国外双语认知发展理论的指导下，加强对少数民族地区双语教育的重视程度，突破传统教育观念和教育模式的束缚，加大民族地区双语教育改革力度，全面落实我国双语教育政策。

（二）多维度开展双语教育理论研究，丰富双语教育研究内涵

综观国外双语教育研究的现状与趋势，不难发现，多学科理论结合的研究方法是当前教育科学研究的整体趋势。随着双语教育研究的深入，研究方法不断完善细化、研究视野不断拓宽、研究角度不断创新，单一的视角和维度已经无法满足当前双语教育的研究需要。

从研究角度来看，语言是一种复杂的文化载体，双语教育本身也融合

了教育学、语言学、社会学以及文化学等多门学科的理论和内容。单一视角的研究往往会导致双语教育研究"只见树木不见森林"，难以概括双语教育的全貌。这种多维度的研究不仅有利于拓展研究者的研究视野，促进不同学科间的相互理解，也可以多途径地对研究的正确性进行检验，避免研究者的主观性对研究结果的干扰。

这种多维度的双语研究也应该应用到我国民族地区双语教育教学实践当中。如利用心理学知识充分调动少数民族学生在学习过程中的情感因素从而提高他们的学业成就，同时对双语教育过程中少数民族学生出现的心理危机进行及时干预。另外，根据社会语言学和文化社会学维度的双语教育研究，提高民族地区学生和家长对双语教育的重视程度，同时在教材设计和教学模式当中重视民族传统文化，改变教材"一刀切"的现象，根据不同地区的教育实际和语言特性，灵活编制教材，注重校本课程的开发和实施。

这种双语教育的多维研究观不仅顺应了国际上双语教育的发展趋势，同时也符合我国民族教育的基本原则与特征，有利于我国民族教育的多元化发展。

（三）加强政策的理论性支持，因地制宜制定中国民汉双语教育政策

我国少数民族双语教育政策在一系列法律法规和政策中均有体现，如在《宪法》《民族区域自治法》《国家通用语言文字法》《教育法》《义务教育法》以及《国家中长期教育改革和发展规划纲要（2010～2020年)》当中。同时，受民族地区语言环境的变化、双语教育水平的提升、民族地区学生发展的需求、民族教育质量的提升、少数民族走向现代化和国际化的需求以及国家教育政策变革等因素的影响，双语教育政策也在发展变化。[①]

目前，我国已建立起了比较完备的、先进的关于少数民族语言和双语教育的政策法规体系。但是，在长期的双语教育实践中，仍然会出现对政

---

① 王鉴：《坚持依法推进我国少数民族双语教育的政策和模式》，《民族教育研究》2019年第1期，第5～11页。

策法规体系理解的困惑以及政策实施的偏差。① 造成这种问题的原因一方面是我国少数民族内部文化和语言的差异导致的各民族对双语教育在需求和理解上的差异，另一方面则是我国双语教育理论对双语教育政策的支撑性和引导性不足。

从理论层面来看，我国的双语教育理论体系尚未形成，基于国外理论形成的政策缺乏对我国本土情况的适应性，本土双语教育理论的缺失会导致我国的双语教育政策缺乏一定的执行效率和持续性。从研究层面来看，我国少数民族双语政策研究多从宏观的、纵向的角度对政策整体或地区政策进行研究，而共时性的比较研究常常忽略了我国与西方国家在族群关系和族群构成方面的巨大差异。从政策制定层面来看，我国少数民族双语政策的实施对象主要是我国少数民族成员，但实际上政策制定缺乏少数民族成员的主体性参与。②

因此，基于上述情况，当务之急则是要尽快建立立足于我国实际国情的双语教育理论体系，加强我国少数民族成员对于政策制定的主体参与，如鼓励和支持民族地区学校开展双语教育改革实验。在政策研究方面，则要在充分了解我国民族双语教育特殊性的情况下，加强国际视角下的双语教育政策比较研究，增强我国双语教育政策的合理性和科学性。

（四）敏锐捕捉新时代双语教育新问题，积极拓展双语教育研究外延

十九大报告指出，我国现已进入中国特色社会主义新时代，我国社会的基本矛盾已经发生了变化，我国社会的经济条件、对外开放程度以及信息化程度较之前都有了比较大的发展，但也会产生一系列新的社会问题。双语教育作为我国教育体系的重要组成部分，必然也会受到新形势的影响，也会面临新的问题和矛盾。

---

① 万明钢、刘海健：《论我国少数民族双语教育——从政策法规体系建构到教育教学模式变革》，《教育研究》2012 年第 8 期，第 81～87 页。

② 韩雪军、纳日碧力戈：《人类学视野中的双语教育政策制定——访人类学家纳日碧力戈教授》，《广西民族研究》2013 年第 1 期，第 46～50 页。

从研究者本身来说，这要求双语教育研究者首先应具有问题意识，做到见微知著、叶落知秋，不仅要聚焦我国社会的新政策、新问题、新现象，也要对国际社会的新理论、新思路和新热点保持高度关注。与此同时，还要做到透过社会热点现象发现问题的本质，并据此对双语教育展开新的研究。除此之外，双语教育研究者还应具有高度的批判精神和钻研态度。即在双语教育研究中，既要对现有热点问题研究所形成的理论持批判态度，做到不盲从、不笃信，同时还应结合所掌握的一手资料对热点问题进行深入且透彻的研究，并提出自己的见解和看法。

双语教育研究者应结合我国和国际的当前形势，探讨双语教育在不同学科领域的应用，如关注少数民族理科双语教育、扩大双语教育的研究范畴，尤其注重针对弱势群体发展创新双语教育的手段，如双语教育信息化平台建设等。对于双语教育新问题的发现有助于拓展双语教育的研究外延，从而开创我国教育改革和创新的新局面。

执笔人：苏　德

张　莞

江　涛

复杂理论视角下的双语
教育实效性再论

在我国民族地区，双语教育的实践场域涉及的因素是多方面的：学生、家长、教育管理者、双语教师等。同时，由于双语学校大多处在祖国边疆地区，有着复杂的大社会背景（与多国毗邻或接壤），双语教师和学生作为主体性的、能动性的、有欲望的、有感情的人，带着各种背景知识来到学校，对他们来说变动性和偶然性是在所难免的。各民族学生的差异性丰富了校园、课堂，也增加了双语教育教学的复杂性。在这个复杂系统中，教师要面对多重主体、多重标准、多样情境，其中每两个因素自由组合，就产生了愈加复杂的情况。从目前的双语教育现状来看，部分双语学校与理论工作者继续秉承着传统惯式——只要我们掌握了双语教育的各种条件，就能更好地确保学生获得成功。现实情况是不是这样？是不是只要找到语言的组成要素，并且掌握正确的编码、原则或规律，就足以认识双语教育及文化认同等现象？"每个符号看起来是死的，是什么赋予它生命？"维特根斯坦问道。

20世纪末，社会研究领域出现了一个醒目的转折，即：数百年来，当人们试图把世界看得一清二楚，而"新科学家"和后现代主义者却把视角转向了世界的复杂性。"复杂理论是对复杂系统的研究，而复杂系统具备多种特性。在多种特性中，最具代表性的五个特性为异质性、动态性、非线性、开放性及自适应性"。① 在语言学领域，应用语言学家 Diane Larson-Freeman② 最早提出用复杂理论的视角看语言习得问题。我国民族地区的双语教育，也远远不是各自为政的单个语言单位的单纯融合与习得，它具有"混乱、错杂、无序、模糊、不确定等令人不安的复杂性特点"。③本文试图借用复杂理论的视角和方法，结合部分民族地区④双语教育实际，分析双语教育中存在的复杂性问题，并依据复杂理论提出几点启示性建议。

一 双语教育的复杂性分析

(一) 双语教育目标的复杂性

通常情况下，双语教育目标的制定遵循的是理性的逻辑，试图将双语教育现象加以区分、剥离、分解，从而探寻双语教育内部的层级目标，通过层级目标的实现而达到最终目标。虽然双语教育目标可以按照双语研究者或者理论工作者的假设进行推导，但是双语教育实践问题是综合性的，需要从多个角度考察。单向度的思维、单纯的研究环境、简单的推理方式会让双语教育目标因为实践的缺位而"先天不足"。因为语言是文化的一部分，文化本身以"复杂"自居。我们不妨思考这样的问题：双语水平越高的人国家认同程度越高吗？语言是表达思想、传播经验的"工具"，而"工具"都具有两面性，如果双语水平和国家认同出现"非线性"关系，如何解决？

---

① 李茶、隋铭才:《复杂理论:二语习得研究的新视角》,《东北师大学报》(哲学社会科学版) 2012 年第 5 期, 第 118 页。

② D. Larsen-Freeman, "Chaos 1: Complexity Science And Second Language Acquisition", *Applied Linguistics*, 1997, 18 (2): 141 – 165.

③ 〔法〕埃德加·莫兰:《复杂思想导论》, 陈一壮译, 华东师范大学出版社, 2008, 第 7 页。

④ 主要指的是我国新疆南疆地区。南疆地区民族成分、语言成分复杂, 也是本课题研究的重点地区之一。

双语教育的跨学科特点学者们已经公认，从任何一门学科的角度制定双语教育的目标都有某种可取的价值。有学者认为"双语教育系统所获得结果可以从多角度并用各种标准来评估……这些目标可以分成以下三类：语言目标、专业目标、社会目标"。① 但是，制定双语教育目标时必须考虑何种价值处于主导地位。我们认为，在双语教育的诸多价值中，国家认同价值应该处在统领地位，其他价值应该处在层级价值或者次价值之列。试想，在双语教育中没有体现国家认同的价值，双语教育还有什么价值可言？因此，双语教育的目标体系也是双语教育应该实现的价值体系，它们有错综复杂的交叉关系。

（二）双语课程的复杂性

在一定意义上说，要素主义课程观的作用在于能够帮助我们提出一些问题，从而加深我们对课程的理解。但是，对于考查双语课程的概念框架来说只是一个出发点，它还不够复杂。对于双语课程学者来说，有关课程的讨论应当从更加复杂和涉及多方面的问题出发。正如拜尔（Beyer）和阿普尔（Apple）认为，"鉴于课程的复杂性，无论列出多么复杂的问题清单，都是不够的"。② 他们把课程问题分为八类：认识问题、政治问题、经济问题、思想意识问题、技术问题、审美问题、道德问题和历史问题。他们的分类，至少提醒我们在设置双语课程时，不仅仅要考虑课程有效性的问题，还要考虑课程是否具有政治导向问题、国家认同问题等。

就双语课程的内容方面而言，只有当这些内容具有功能性时，即有助于学生解决问题、引导学生实践，并最终形成一种文化"内化"时，双语教育才有意义。从这个角度说，内容本身并没有终极性的价值。从调查的

---

① 〔加拿大〕M. F. 麦凯、〔西班牙〕M. 西格恩：《双语教育概论》，严正、柳秀峰译，光明日报出版社，1989，第 158 页。

② Beyer, L. E., Apple, M. W., *The Curriculum: Problems, politics, and Possibilities*, Albany: Tatted University of New York press. 1998：81

结果来看，很多双语学生所记忆的内容，都只是孤立的片段。我们认为，与仅仅记忆性质的学习相比，更经济的做法是提供一种学习情境。在这种情境下，所要接受的教育内容能给学生留下深刻的印象，增加学生记忆这些重要内容的可能性，并在不同的情境下重复这些重要内容，可以增强日后联想的可能性。

当然，我们不是反对双语教育中的记忆，要记忆双语教育中应该记忆的重要内容也是必要的。与其让学生记忆千万个单词、语法，还不如选择数量较少、重要的、使用频繁的术语。只有这样，学生才能获得准确、精确的信息。就双语教育的教材来源而言，需要让学生练习查询和熟悉所需要的可靠材料，避免学生盲目查询，受到一些不良信息的毒害。

（三）双语教与学的复杂性

语言中的语义问题是一个非常复杂的"非线性系统"。从语义角度理解语言，涉及一个深层次的文化问题。在对双语的文化性质和文化价值（国家认同层面）做全方位分析的时候，语言的非线性就更加凸显了。

双语的"可理解"从来不是已完成的。任何确定的意义都向无限的再度赋予意义开放，但在日常的双语教育中，我们已经把可理解性当成既定事实。"那就是正确答案""我完全理解你"都是在发出完全掌握意义的信号。语言的多音性、语境性决定了双语理解的复杂性。语言表达的意义的相关性远远不止谈话者的言谈和行动。双语教育者和受教育者经常需要借助各种各样的情境来相互理解与学习。用维特根斯坦（Wittgensten，1953）的话说，我们的语言游戏发生在生活方式之中。不妨做个比喻，他所说的生活可能近似于一系列爵士音乐会，随着连续不断出现的新观众和新场所，音乐人（双语教育者）需要即兴创作。

（四）双语态度形成的复杂性

态度作为一种心理现象，既是指人们的内在体验，又包括人们的行为倾向。就培养学生的双语态度而言，部分地区的双语学校和家庭、宗教、社区等其他组织之间存在着分歧，意见并非完全一致；主流媒体视为理所当然的价值观也许与宗教观点不一致；周边社区强调的价值观与学校力图形成的价值观相冲突；等等。因此，为了使其在双语教育中形成正确的社会态度，很有必要关注和改善受教育者所处的社会环境。更准确地说，要提高环境的一致性程度，并着力强调社会性的态度，而不是个人的态度。

在培养双语教育的态度方面，学校最需要做的应该是营造一个统一的校园环境。正如 1996 年美国未来委员会在《什么最重要》这一报告中指出的，"没有学校文化的根本性改变，教师教不好，学生也学不好"。① 只有检视全体教师的观点、学校的规章制度及双语实践活动，发掘那些已经被认为理所当然的事情，才有可能修正那些不利于形成主流"社会态度"的问题。首先，双语学校的周边社区可能存在趋于破坏而不是培养主流"社会态度"的情况。对此，需要双语学校或行政部门与周边社区加强沟通与宣传，使得其社会态度与双语学校追求的社会态度一致。不能仅仅依靠双语教师所持的社会观点来改变学生的双语态度。其次，强迫的手段无法改变人们的态度。双语学生态度的转变源于其观念的转变，而观念的转变或源自对情境的新洞见，或源自对已有观念的不满，或源自二者的结合。所以，为双语学生提供有利于观念转变的情境，对双语态度的转变至关重要。

二 双语教育的现实困境：既定与生成的矛盾

（一）双语教育目标的"简化"

正如保罗·科利利（Paul Clili）所说，"科学的语言使我们与灵性的诗性逻辑逐行逐远"，这是对现代性社会根基和隐喻的批判。现代性普遍真理、客观检验和理性的力量战胜一切，渗透我们的教育、政治、经济、

① 〔美〕珍妮·奥克斯、马丁·利普顿：《教学与社会变革》（第二版），程亮等译，华东师范大学出版社 . 2011，第 356 页。

社会制度。当然，也渗透目前我们在多民族地区进行的双语教育。但"双语教育最根本、最重要的哲学基础和理据是追求一种人文价值观念的关怀，而不仅仅是追求通过这种教育形式达到的最佳的教育效果"。① 双语教育的目的不能简化为学习汉语，民族认同、国家认同、社会主义核心价值观教育等也必须渗透双语教育，其复杂性不言而喻。

在部分地区的双语教育实践中，并不鼓励"生成性"的步骤，而默认目标是可以传递的，双语教育的基本假设是语言本身是可以传递的。这种假定导致学生渴望把语言知识或者方法教给他们，教师不遗余力地想办法教会学生"说话"。双语教育从课程选择、教师培训、教学模式、评价体系等方面致力于标准化思考，培养出的"双语人"是会说两种语言的人，而不是"双文化人"。

因此，双语教育的目标定位应从"复制"转向有利于思想达成的诠释性与创造性过程。因为情境时刻在变，教师重复昨日的教学情境和所作所为，并不会产生与昨日相同的效果。

（二）双语课程的"模仿与复制"

20世纪60年代，西方国家的语言研究已经开始向复杂性转变，从加芬克尔的常人方法学、哈贝马斯的交往社会学、福柯的后结构主义社会学等，能够清楚看到他们把语言问题放在复杂的社会背景中来研究，并强调语言的动态生成性。语言课程从文字文本的理解转向对行动文本的理解，更注重行动的意义、行动的沟通，注重语言在行动中的存在、交流和共识。这种转向实际上是从语言的本体论到存在论的转向，并且真正面向真实存在的经验事实，面向活生生的现实世界。

当前，我国民族地区的双语课程设计都建立在模仿型课程（汉语课程翻译成民语）基础之上。总是让学生通过机械记忆双语教师、双语课程上的话语来达到双语教育的目的，这种课程把预先设定好的双语课程作为投入的输入值，而把学生的 HSK 或 MHK 分数作为结果的输

---

① 张公瑾、丁石庆主编《文化语言学教程》，教育科学出版社，2004，第 258 页。

出值。学者们都承认教育是复杂的，但这些复杂性极少被陷入传统分析法的研究者所见。因为问题解决的传统模式只关注普遍适用的、确定性的解决方法，所依赖的逻辑对问题的理解也极其简单——属于简化的、不考虑时间因素的静态理解。这样的课程模式不一定在双语教育上取得效果。如上文所述，双语课程的要素不能简化为轻易拆分开来的简单部件，并出于简化分析的目的而冻结情境及忽略双语学习的动态关系。

（三）双语教与学中的"碎片化"及"非线性缺失"

布迪厄认为，只有将语言放到实践当中才能理解到它的丰富意义，他反对脱离实践、脱离历史条件论述语言的结构，以为理解了语言的语法结构，就能抓住语言的本质，而且能使得语言规则转变为实践行为。正如他批判索绪尔所说："根据索绪尔的讲法，或者解释学的传统来看，语言是智力活动的工具，是分析的对象，在这些人眼里是僵死的语言，是一个自足的系统，完全斩断了它与实际应用的任何关联，并剥夺了它的所有实践功能和政治功用。"①

普遍存在把语言分解成若干语音、词语、语法"碎片"，并且按照字－词－句－篇等要素组合来进行双语教育的现象。殊不知语言要素组合之后的整体意义变化是非线性的，如"古怪"一词就是非线性的，局部相加不等整体的含义。若理解这种非线性关系，学生把"红娘"理解为"红军的母亲""穿红衣服的新娘"等就不足为怪了。在语言和文化的关系中，大部分情况是非线性的。对双语教育中的非线性现象，无法用"通则"的方式来解释，一般需要个别的方式来描述。对于这些问题，需要准备大量的背景资料来帮助学生理解，用个别问题个别解决的办法达到双语教育的效果。

---

① 〔法〕皮埃尔·布迪厄、〔美〕华康德：《实践与反思——反思社会学导刊》，李猛等译，中央编译出版社，1998，第188页。

三 复杂理论对双语教育的启示

(一) 以培养双语学生整体思维为目标，淡化对字词句的过分强调

汉语的意合结构虽然有具体性和模糊性，但在表述复杂关系方面具有高度的概括能力和抽象思维的功能。"从老子、庄子的混沌思维至两宋道学的太极思维，都注重将天、地、人三者有机贯通起来研究。"① 相互比附、联想，这便体现出整体思维。由于汉语缺乏句子内部语法关系的形态，在双语教育中，要培养学生整合语句内部的语义和语句外部的"外围语义成分"。所谓"外围语义成分"，包括上下文、说话的情境、说话人的心理因素等，不能过分注重句子成分的细微分析，而应让学生凭经验、凭上下文的语境去会意和补充语句的整体内容。对整体了解越多，对个别词义的理解也越多。正如苏联 A. A. 列易捷耶夫通过实验得出的结论：理解和记忆话语无须掌握一句话的全部词语，只要抓住"几个意义支点"，这种"几个意义支点"需要整体思维来把握。

(二) 要把双语课程理解为"课程文化"，强调意义建构，从实践、互动、禁忌、价值观及信仰等方面挖掘"隐性课程"

"课程文化"是美国教育学家帕梅拉·博洛廷·约瑟夫在《课程文化》② 一书中提出的。把课程理解为文化，而文化是包括知识、信念、艺术、道德、法律、风格及作为社会成员习得的所有能力和习惯在内的复杂的整体，在这个整体内，文化影响着认识论信念：将课程看作可靠的、不变的还是流动的、可质疑的？从本质上讲，文化意味着意义建构。在双语教育中，我们在思考校园和课堂文化时，不能把其当作静态的实体。它是一个由不同家庭文化、不同理解、不同价值观的个人组成的集合体。学生的家庭文化、独特的理解和价值观又受到民族、宗教等的影响。课程既然

---

① 张公瑾、丁石庆主编《文化语言学教程》，教育科学出版社，2004，第126页。
② 〔美〕帕梅拉·博洛廷·约瑟夫等：《课程文化》，余强译，浙江教育出版社，2008，第14页。

是文化，它具有潜在性和隐蔽性。正如名言所说"如果一条鱼成了人类学家，那么，它最不容易发现的是水"①。这些都告诉我们，对环境的熟悉使得我们很难感知到生活中的介质，以及双语文化、知识的传播机制和内化机制。因此，只有认识到各种文化的存在和文化传递传播的发生机制，才能感知其对双语教育的影响因素。如果对此一无所知，看不到影响双语教育的模式和力量，就无法实质性提高双语教育的实效性。双语课程也只能是孤军奋战的"显性课程"，弥漫在校园内外丰富的"隐性课程"资源则退居二线，发挥不了效用。

（三）双语教育教学要强调生成与建构，消解文化冲突，训练"毫不犹豫"的表达方式

我们习惯认为，理解自我和周围世界的关键在于发现各种原则、程序、循环、规律或者规则。在维科（Giambattista Vico）看来，所有这些都颠倒了。"思想并不先于语言的存在而就在语言之中。"正是在两种或者两种以上的鲜活活动之间的交叉联系中，存在着理解的所有可能性。因此，我们应该关注发生于人们之间的互动特质并开展研究。因为只有在这些交织的融入之中，理解的重要性才会显现出来。也就是说，我们在语言学习中学到的不应该是一片琐碎的知识或者是一条可以理性运用的信息，而是一种看待事件与直接行动的毫不犹豫的方式。这种语言学习的理念，从强调语言是教学的结果以及教学是教师单向传递信息，转向一种合作学习的类型。这种学习类型不一定需要教师的参与，而是自发产生于学生与周围他人的日常交往之中。

（四）双语教育的出发点和立足点不仅仅是双语习得，更重要的是促进国家认同

学生的双语能力应该如何发展？这一问题应该是技术性问题，即"如

---

① Spindler, G. D. Ding, *The Ethnography of Schooling: Educational Anthropology in Action*, New York: Holt, Rinehart & Winston. 1982: 24.

何去做"。而关于双语与文化的讨论，如双语课程反映谁的观点、应该教谁的知识、体现谁的文化等，叩问的是双语教育的政治意义。在双语教育的态度方面，有情感成分在内，但更多的是认识成分在起作用。因此，应通过语言和文化的学习，让学生具备开放的文化心态，理解中国作为多民族国家的辉煌历史，强化各民族相互离不开的意识，将双语教育与国家认同协调统一起来。

执笔人：刘玉杰

苏　德

｜六｜

文化互动教育视角下的双语教育

随着经济一体化和文化多元化在世界范围内的推进，经济、科技以及物质文化的发展逐渐趋向一体化，但各民族及其文化走向多元化。在这一趋势影响下，少数民族的文化与教育成为世界上每个多民族国家都不可回避的现实问题。与此对应的是，自古以来我国就是由多民族组成的统一国家，在五千年的发展中各民族相互交流、融合，不断完善、创造着自己的民族文化。各种文化在共存的同时，又具有自身的独特性，教育在平衡这一矛盾时无疑承担着巨大的作用。

一 国外多民族国家教育政策

（一）美国的多元文化教育政策

美国作为移民国家，存在着世界上最为复杂的族群关系。在政府和主流意识形态处理族群关系方面，经历了"盎格鲁－撒克逊化"阶段和"大熔炉"阶段之后，进入"多元文化主义"阶段。美国的教育界也以多元文化教育作为制定公共教育政策的理论依据，它的基本诉求是学校理应帮助学生消除对其他文化的误解和歧视以及对文化冲突的恐惧，学会了解、尊重和欣赏其他文化。

（二）澳大利亚的多元文化政策

澳大利亚被社会学家喻为"民族的拼盘"，受政治、经济、文化、历史等因素影响，澳大利亚联邦政府提出了解决民族问题的新政策，即多元文化政策。土著民族教育《目标援助法案》即为多元文化政策的产物，该法案不但为了土著居民平等地接受教育，还旨在提高他们参与教育决策的意识和发展适合他们的文化教育，这一做法使土著文化与其他文化得以共生共荣。[①]

（三）法国的"共和同化"教育政策

法国接纳移民历史长、数量多，因此移民成分复杂。为解决移民融合问题，法国从 20 世纪 70 年代开始进行了近四十年的努力。在移民政策上面，法国没有仿照西方主流的移民融合理论，而是独创了"共和模式"，此种模式的核心是在共和、平等、世俗的基础上赋予合法的外来移民以平等的公民资格，但移民必须接受共和国的"同化"以成为完全的法国公民，为的就是培养人民具有法兰西民族的特征。[②] 与此相适应的教育理念中，并不给予移民以特殊优待，而是要求移民子女放弃原来的语言、文化和宗教，接受法兰西共和国的文化和宗教。

（四）新加坡的双语教育政策

新加坡是一个多民族、多语言共存的移民国家，自从成为独立的国家之后，为缓和民族矛盾和宗教冲突，促进民族和谐发展，新加坡开始探索适合自身的民族政策。在教育上，采取了"英语为主，族群语为辅"的双语教育，以英语为基础的认同，有利于培养国家认同感，同时允许多种教学语言共存，给予各民族平等的发展空间。

综上所述，无论是以多元文化理论为支撑的美国、澳大利亚，还是另辟蹊径的法国、新加坡，所制定的教育政策虽然取得了一定的成绩，但现实中依旧面临着如何在多元与统一中取得平衡的问题。

---

① 孟兵丽：《多元文化政策下的澳大利亚民族教育》，《民族教育研究》2005 年第 6 期，第 73~77 页。

② 杨恕、曾向红：《文化视野下的法国骚乱及其启示》，《世界民族》2006 年第 4 期，第 13~21 页。

二 文化互动教育思想

联合国教科文组织（UNESCO）早在 1992 年第 43 届国际教育大会上就明确提出了"文化互动教育"概念。2005 年，UNESCO 召开了主题为"通过切实而可持续的创新措施促进文明和文化间交流"的国际会议，会议提出了通过文化互动教育有效促进文化间对话的 7 份建议书和 21 个具体政策措施，其中特别敦促制定文化互动教育实践指南，以供各成员国决策和实践参考。① 随后，2006 年 UNESCO 出版的《联合国教科文组织关于文化互动教育之指南》一书中系统阐释了文化互动教育的概念，这表明文化互动教育的理念已逐步进入教育视域。

在新兴的文化互动教育肯定多元文化教育、积极地促成不同文化群体相互理解和尊重的同时，也有观点提出在多元文化社会中，各种不同的观念之间必然存在着相互竞争，各文化群体只是被动地并存，而文化互动教育作为一个动力性概念，被认为"存在于各种文化之间的相互作用，以期通过对话和相互尊重建构共享的文化表述"。② 因此，文化互动教育在一定程度上超越了可能会导致各文化消极共存的多元文化教育模式，有助于各文化群体间建构彼此发展且可持续的共同生活方式。

《联合国教科文组织关于文化互动教育之指南》一书中提到，文化互动教育从人权角度出发，认为教育应当指向人类个性的全面发展，加强对人权和基本自由的尊重，促进各国人民、种族和宗教团体之间相互理解、宽容和友好相处，维护国家和平、统一。文化互动教育的理念并不是简单加入常规课程之中就可以了，它需要将学习环境看作一个统一的整体，它包括校园生活、教师教育与培训、授课语言、教学方法、学生的互动以及学习材料等。此外，它还总结出教育的四大支柱，分别是学会如何认识、

---

① 常永才、韩雪军：《全球化、文化多样性与教育政策的国际新近理念——联合国教科文组织文化互动教育观评述》，《民族教育研究》2013 年第 5 期，第 5～12 页。

② UNESEO. UNESEO Guidelines on intercultural education, 2006, www. unesco. org/images/0014/001478/147878e. pdf.

学会怎样做、学会生活在一起、学会发展自己。这四大支柱指明教育应该包含四方面：掌握能够与不同语言人群交往的知识；获得能够确保个体在社会中求得一席之地的能力；培养能够在不同群体或个人交往中建立团结、合作的精神；重视每个人的个人价值，并尽力发展潜能。[①]

三　文化互动教育思想与少数民族双语教育的关系

双语教育作为学校教育的形式之一，以语言学习为出发点，目的在于促进各种文化之间的相互理解。它不仅是简单的语言教学，背后隐藏的是彰显不同文化背景的复杂系统。在我国少数民族地区开展双语教育不仅是为提高少数民族汉语水平，更承担着传递中华民族文化的重要功能。在语言的学习过程中，价值观、思维方式、知识经验等都可以通过语言符号这一载体得以传播。

然而，现阶段我国双语教育存在着与此相背离的现象，主要表现在两方面。首先，培养"双文化人"的双语学习，是促进少数民族传统文化与现代文化相互交融的关键，但在政策的执行中，往往存在认识上的误区，将双语教育单纯地赋予工具化意义，当作国家实施民族团结教育的有力手段，并没有从语言学和教育学的视角，建立起科学合理的教育体系。其次，在双语教育工作方面还存在着"舍本逐末"的现象，教学工作者没有立足于少数民族历史文化，片面追求语言目标，极少重视对文化目标的探索，使得双语教育缺乏文化基础，成为"空中楼阁"。更严重的是，在这种强烈的"文化碰撞"中容易出现学生厌学现象，导致教学活动难以顺利开展。

基于此，笔者认为双语教育应体现文化互动的理念，并针对我国双语教育现状，进一步探讨民族文化如何在促进双语教育中发挥作用。文化是教育的内容，教育是传承文化的工具。同时，语言是文化的一种表现形式，在教育中学习者必然会感受到另一种文化。[②] 我国 2001 年实施的基础

---

① 王鉴：《当前民族文化与教育发展所面临的主要问题及对策》，《民族教育研究》2010 年第 2 期，第 5~9 页。

② 张梅：《新疆多元文化认同教育与民族关系研究》，《新疆社会科学》2012 年第 6 期，第 61~65 页。

教育改革实验将课程分为国家课程、地方课程、校本课程三级，要求学校教育的内容既有普适文化，也有不同地区的地方性特色文化，这一政策与文化互动教育思想不谋而合，符合我国实际。

文化互动教育在指导双语教育中，针对不同的民族现状都有相应的应对策略，更加灵活，充分体现了和而不同的中国传统思想。一方面，文化互动教育与多元文化教育一致的地方在于不否认差异性，承认各民族各具特色的文化是实施少数民族双语教育的基础。各民族历经数千年发展，逐渐形成不同的民族价值观、民族意识、民族心理素质、思维方式等，这一客观事实对双语教育提出了要求，在制定教育策略时一定要有区分性，不能单纯地求统一，忽略特殊性。举例来说，使用人数较少的锡伯语，虽然正逐渐被淡忘，但从保护文化多样性的角度来说，这一民族语言应该受到保护，因此，针对锡伯族的双语教育加强母语的教学和传承就成为一个侧重点，一般采取"母语保护型"双语教育，以此来使文化的多样性得以维持。另一方面，文化互动教育理论更强调统一性，引导教育者去发现各种不同文化间的共性。它认为在人类发展的历史中，总有一些积极向上的、需要在对话和交流中不断发展的文化，正是这些文化够将人类连接起来，共同发展。例如，在新疆地区，维吾尔语是当地的通用语言之一，加强汉语教学成为维吾尔族双语教育的重中之重，一般称之为"汉语加强型"双语教育，这类教育方式目的就在于强化中华民族相一致的文化内涵。①

四　语言模因论指导下的双语教育课程设计探索

1976 年，牛津大学动物学家和行为生态学家理查德·道金斯（Richard Dawkins）在著作《自私的基因》（*The Selfish Gene*）中，提出模因（meme）概念，他用与基因类似的词来描述文化的进化，并将其定义为"文化传播的单位，或模仿的单位"。② 与达尔文进化论类似，模因论是对文化传承规

---

① 〔英〕里查德·道金斯：《自私的基因》，卢允中等译，吉林人民出版社，1999。

② 刘静：《中国传统文化模因在西方传播的适应与变异——一个模因论的视角》，《西北师大学报》（社会科学版）2010 年第 5 期。

律的一种阐释，在这里模因特指文化基因，它作为文化传播的基本单位，是通过人与人之间相互模仿的方式来传播诸如思想、行为方式、传统习俗或生活习惯的。之后，Heylighen 对模因的生命周期进行了详细划分，主要分为四个阶段。①同化（Assimilation）。成功的模因具备三个特点：引起注意、可理解性、易接受。个体在与模因载体的接触中，通过对刺激的选择，将模因跟现有知识经验进行整合，建构到已经形成的结构中。所呈现的模因必须分别受到注意，被宿主所理解和接受。②记忆（Retention）。在这一阶段，宿主大脑里记忆模因时间的长短，决定着模因传播和影响个体的可能性。③表达（Expression）。当与他者进行互动交流时，个体应该具备将模因从记忆中提取出来并转化为能被对方所感知的物质外形的能力。最常见的表达方式就是语言。④传输（Transmission）。这是扩大模因传播的重要阶段，可借助现代媒介实现。这四个阶段循环往复，选择存在于每个阶段，弱势模因就在不断的选择中被淘汰。①

模因论逐渐引起语言学的关注，语言模因论也随之提出，它认为语言模因是语言文化传播的单位，语言是模因的载体，二者相互作用，模因依靠语言来复制和传播，模因反过来也有利于语言的发展。这一理论的提出既厘清了语言发展的规律，又为语言教学提供了坚实的理论依据。越来越多的研究者发现第二语言的学习在一定程度上就是通过模仿来实现的，根据何自然先生的研究，自然语言中的模因主要是从三个方面体现的：教育和知识传授、语言本身的运用、通过信息的交际和交流。②

教育和知识传播主要来自学校教学。从教师和书本中学习的字、词、句会反复应用到在人们日常交流中，因此得到复制和传播，这恰恰就是模因论的体现。我国地域广阔，不同地区人民文化和风俗习惯差别较大，各地区人民在进行交流时，要保证交流通畅就要依靠相互模仿方言。结合我国实际，在进行双语教学时，应该把握两方面。

---

① 何自然：《语言中的模因》，《语言科学》2005 年第 6 期，第 54～64 页。

② 肖云南、杨璐：《模因理论在第二语言环境下运用的可行性理论研究》，《湖南大学学报》（社会科学版）2009 年第 1 期，第 110～114 页。

第一，教育工作者应该注重那些具有复制因子特点的语言因子，这些语言因子具有长寿命、易复制和高保真的特点，在双语教学中，对于非母语的那一种语言的教授应该从套话和同义词入手。[①] Wary 曾对套话提出过这样的定义，"一系列提前预制的连续或非连续的词或其他元素，可以作为整体储存在记忆中，并在需要使用的时候提取，而不需要依据语法去生成和分析。"这就给予教学者一个很好的方向：尽量多地为学生提供一些可供广泛使用且形式灵活的句型，不断地背诵和句式变形会在语言学习过程中起非常重要的作用。

第二，同义词的学习。在已有的学习经验中，常常会出现这样的现象：在学习某一新词语的时候，人们习惯于同时记忆与其相关的其他词。在一些单词记忆的书籍中也不难发现这一点，将同一主题的词语集合到一起，可以大大提高学习效率。这些同类的词语构成了模因组，只要使用其中一个，与之相关联的其他词语也会自动被激活。与单个的模因相比，模因组当然更具有复制性，传播起来也更迅速。因此，教育者多加强学生同义词的训练，在同义词的替换与使用中，分析学生联想与迁移的心理内化机制，可以达到事半功倍的效果。

只有找到民族教育现实与民族文化背景相契合的双语教学模式，才能最大限度地实现双语教育所要达到的目标。因此，必须逐步引导教育工作者站在人文角度去探索语言发展的模因特质，通过观察、发现学习者在学习过程中存在的障碍，真正做到使语言学习与文化传承相统一。

执笔人：冯建新

任　欢

---

① 陈雪英：《多元文化视域中的少数民族双语教育》，西南大学西南民族教育与心理研究中心会议论文集，2007。

七

冲突理论视角下双语教师跨文化能力形成的几个问题

在国外，冲突的概念早就一般化了。正如杜威所说"冲突对思维有强烈的刺激，它引导我们去观察和记忆，鼓动我们去创造，将我们从被动状态中惊醒"。[①] 冲突理论最早是马克思提出的，马克思认为"最好把社会行为视为冲突的过程"。[②] 尽管冲突理论常常关注阶级、性别和种族斗争，但也适用于冲突利益的群体研究。例如，它可能在理解组织内部不同部门之间的关系上或者学生 - 教师 - 管理者的关系上富有成效。在我国多民族地区的学校中，也存在着跨文化冲突现象："人们往往会产生错误的沟通（faulty attribution）与理解，即个体在与其他人交流时所使用的方式有时无意中使他人感到愤怒、恼怒，从而导致了相互间强烈的消极情绪，带来一定的负面影响"[③]。将冲突理论用于民族地区双语教师的跨文化能力研究，虽未尽完善，但可以给我们提供一个有效的分析视角。

自人类学家奥伯格（Kalvero Oberg）于 1960 年首次提出文化冲击这一

---

① 〔美〕肯特·科普曼、李·哥德哈特：《理解人类的差异——美国的多元文化教育》，滕星等译，中央民族大学出版社，2011，第 85 页。

② 〔美〕艾尔·巴比：《社会学研究方法》（第十一版），邱泽奇译，华夏出版社，2009，第 37 页。

③ 孔繁霞、姜姝：《DMIS 模型与跨文化冲突解决关系》，《青海社会科学》2014 年第 4 期，第 16 页。

概念以来，跨文化研究一直在使用这个概念对外国人的文化适应问题进行追踪调查。① 在我国少数民族地区的双语教育中，"双语教师跨文化的理解和适应不仅作为一种客观现实而存在，而且还会对少数民族双语教师的教学能力产生深刻的影响"。② 近年来，双语教师的跨文化能力问题在少数民族教育领域备受关注，我们需要深入思考的是：什么是双语教师的跨文化能力？这种能力的构成因素有哪些？哪些传统文化因素不利于跨文化能力的形成？本文尝试探讨上述问题，意在促进双语教师跨文化能力的形成与发展。

一 双语教师跨文化能力及其构成

要理解"双语教师跨文化能力"的含义，我们需要分别理清"跨文化"、"文化能力"和"跨文化能力"的含义。依据联合国教科文组织的报告，"跨文化"的含义是"关于不同文化的知识和理解，以及在一国内部各种文化成分之间和世界各国不同文化之间建立积极的交流与相互充实的关系"③。"文化能力"，全美学校心理学会定义为"共同作用于跨文化环境中的组织、机构，或者专业的和可操作的组织、机构，或者那些有效运行的专业机构的一系列适宜的行为、态度和政策"。文化能力应该包括四种不同成分：①对自身文化世界观的认识，②对文化差异的态度，③对不同文化实践与世界观的知识，④跨文化技能。跨文化能力研究的早期代表人物是 Ruben，他认为跨文化能力至少包括 7 项：①尊敬及积极态度，②描述性而非评价性对待别人，③认识个体之间自然差异，④换位思考，⑤灵活扮演不同角色，⑥能够与对方进行恰当互动，⑦迅速适应环境的变化。④ 此后，国外有些学者列出了高达 20 项的内容，"难免流于宽泛、零

---

① 王丽娟：《跨文化适应研究现状综述》，《山东社会科学》2011 年第 4 期，第 47 页。
② 王鉴、黄维海：《少数民族双语教师跨文化适应问题研究》，《民族教育研究》2008 年第 5 期。
③ UNESCO：《世界文化政策大会最终报告》，巴黎：联合国教科文组织，1982，第 46 页。
④ B. D. Ruben, *Human Communication and Cross-cultural Effectiveness*, International and Intercultural Communication Journal, No. 4 (1976), pp. 95 – 105.

碎、杂乱，试图包罗万象、面面俱到，容易导致'见木不见林'之嫌"。①

在我国，跨文化能力的研究虽然开始于 20 世纪 90 年代，但很多学者（王振亚，1991；贾玉新，1997；胡文仲，1999；高一虹，2000）形成了比较一致的看法，他们主要集中在认知、情感和行为三个层面来研究跨文化能力。据此，本文将双语教师的跨文化能力界定为双语教师应该具备的、促进不同民族师生交流的跨文化意识、跨文化知识和跨文化策略。跨文化能力的这三个要素相互关联，不能分别实现就不能实现联系，不能实现联系就不能分别实现。

二　双语教师跨文化能力形成的阻滞因素分析

查阅关于双语教师培养的相关文献，我们发现，其大致可以分为两类：一类是教育行政部门为双语教师培训及教学行为塑造制定的详细的发展规划性文献，另一类是理论研究者针对双语教师专业发展及教育理念的著作。双语教师的发展受到了制度和理论的双重规约。但是，这些研究缺乏对"自在"双语教师文化存在状态的关照，双语教师的传统文化特质往往会从根本上抵制外来的影响因素。跨文化能力作为双语教师文化的一部分，从生成原因上讲，主要源于教师自己对教育行动方式的回馈反省、反观自照。"如果没有教师深层次文化的支持，任何教师发展和教育革新都将是灵魂匮乏的短视行为。"②

同时，我们要意识到双语教师跨文化能力的形成是很复杂的，它既非教师个人所能决定，也非完全由学校组织来建构。"双语教师个人在学生时代对这个概念和职业的理解、双语教师从事职业的社会化过程、学校的组织结构、社会和家长的期望及教师的职业需求与情感等都是影响跨文化能力形成的重要要素"③。冲突论者对教师专业化忽视家长利益、社会文化

---

① 许力生：《跨文化能力构建再认识》，《浙江大学学报》（人文社会科学版）2011 年第 3 期，第 137 页。

② 蒋惠琴：《教师文化：从积淀到创建》，《江苏教育》2005 年第 11 期，第 38 页。

③ 谢翌、张释元：《教师文化论》，中国社会科学出版社，2012，第 67 页。

背景及社区人员等不足之处进行了批判。他们认为"这样做的结果必然导致教师教育的琐碎技术化和脱专业化"。① 在现实生活中，教师文化具有多态性，不同的教师主体会形成一些独具特色的教师文化样态。本文依据民族地区双语教师的实际生活状况，把双语教师的文化样态划分为教师培训理念中的样态、校园文化中的样态、双语教师个体样态。从这三个方面分析双语教师跨文化能力的阻滞或冲突因素。

（一）教师培训理念与跨文化能力

长期以来，双语教师教育的政策和基点比较模糊，双语教师在培训过程中的地位并不明显。正如有些学者指出，"教育改革遭遇困境的主要原因在于将教师排除在外"。同样，先专注于双语教师教育课程结构的调整，然后进行跨文化能力的培养无异于"把车子放到马前面"②。正如我国学者刘学惠所说："跨文化能力面临的挑战是交际者感知、应对现实和'流动着的'事务的能力，而不仅是知晓和记忆一些固定的知识"。③ 双语教师跨文化能力的培养前提就是揭示现有的双语教师的文化假定，打破现有的文化模式，植入新的文化假定。审视和提高双语教师的文化自觉意识，反思自己的假定，从"根"上去理解、去把握。

另外，我国少数民族地区的双语教育是针对不同语言、不同文化的少数民族群体的。双语教师的跨文化能力正是基于这些具有文化多样性的教育对象提出的。若否认文化多样性，就无须强调跨文化能力。从我国双语教师培训的相关成果中可以看出，多样化被看作一个争议的问题。双语教育规划者和双语教育培训主管领导对此也是保持沉默的。正如联合国教科文组织 2009 年对 8 个亚洲国家教师培训体系的研究表明，"这

① 张新贵：《对教师专业化的理念、现实与未来的探讨》，《外国教育研究》2002 年第 2 期，第 4 页。

② 〔加〕迈克尔·富兰：《变革的力量——透视教育改革》，中央教育科学研究所、加拿大多伦多国际学院组织翻译，教育科学出版社，2000，第 84 页。

③ 刘学惠：《跨文化交际能力及其培养：一种建构主义的观点》，《外语与外语教学》2003 年第 1 期，第 35 页。

些教师培训体系皆不是为促进教育的包容性、文化多样性、人权公平和性别平等所设计的".① 这使双语教师的培养理念和跨文化能力的形成互为矛盾。

（二）校园文化与跨文化能力

我们把校园文化与跨文化能力联系起来，主要基于我国少数民族地区校园文化的特殊性——多语言、多文化、多民族。少数民族地区的校园文化是双语教师文化要素构成的意义网络。从校园文化的视角研究双语教师跨文化能力形成，其意义在于能够理解校园中各民族文化间的动态关系；能够把握各文化要素对双语教师跨文化能力发展的影响过程、影响内容与影响机制；更有力地掌握跨文化能力形成的情境性。优质的校园文化最根本的价值在于能营造出双语师生所共享的信念和愿景。这种共同的信念影响着双语学校师生交往中的跨文化意识，影响着双语教师对跨文化知识的摄取，也影响着双语教师和学生跨文化交往的策略。因此，理想的校园文化无疑是双语教师跨文化能力形成的主要渠道。要形成跨文化能力，校园文化首先要形成共同的信仰愿景，这些愿景要通过学校的故事、传说、仪式、典礼、共享的语言和互动系统来形成。

反观我国民族地区的校园文化，就从文化形态来说，还是单一的，并没有出现"跨文化"特点。"考试至上"这个信念也是当前民族地区学校的主体精神。在这种精神影响下，所谓的"跨文化"表征为碎片化，缺少感动人心、感召师生的价值表达。在这样的校园文化条件下，强调双语教师的跨文化能力，只能让双语教师感到这是来自外在目标的压力。因此，现有校园文化的深层"意义"结构和跨文化能力的形成也是一对矛盾。

（三）双语教师个体与跨文化能力

个体文化是双语教师文化生成的基点和根本，是上述三个样态中最具有活力、最具有能动性的组成部分。自亨廷顿提出文化冲突的概念以后，

---

① 苏德：《全球化与本土化》，中央民族大学出版社，2013，第164页。

对教师文化生成路径的探索就无法绕开这个话题，双语教师跨文化能力的形成也不例外。首先，从教师自身的双语素养来看，在民族地区，双语教师文化冲突也是双语教师的现实样态。我们不妨采用植物嫁接的比喻来说明这个问题。植物的嫁接是将一个优良品种的枝或芽，移植到另一个植物上，使之形成新的优良品种。那么，两种植物嫁接时会不会产生排斥反应？查阅相关资料会发现亲缘关系是影响嫁接的重要因素，亲缘关系越近，嫁接亲和力越强。嫁接问题很容易让人联想到双语教师的跨文化能力问题。从民族地区双语教师的来源看，无非就是两种：一种是汉语教师"懂"少数民族语言，一种是少数民族教师"懂"汉语。他们都是文化"嫁接"的实体。但是，"嫁接"过程中是不是出现了"变异"？是不是真正实现了文化内化？这些都是研究双语教师跨文化能力不得不思考的问题。

其次，双语教师的跨文化意识与行政管理方式密切相关。一般而言，领导要求做什么，教师只能做什么；领导方式怎么样，教师的工作方式也差不了多少。领导之间的"文化不合"，也是教师文化派别主义的根基。为了赢得生存机会，教师只能采取专业保守主义的态度，即使有"跨文化合作"也不过是行政促成的假合作，出现的"跨文化交往"只是貌合神离的专业交往。

最后，消极的师生关系也是双语教师跨文化能力形成的障碍。各民族学生对双语教师的情感是双语教师体验异文化的基础。如果学生在学校自尊心没有得到保护，他们很可能产生"反教师行为"，必然导致双语教师跨文化交流理想与信念的缺失。

三 几点建议

（一）改革培训理念，从专业培训走向文化转变，构建意义范式，提高双语教师跨文化能力

双语教师共享的意义结构是双语教师跨文化能力的基础。要提高双语教师的跨文化能力，需要重新建立教师的假定、信念、价值取向和教学行为。教师的跨文化意识有一部分是潜意识，表现为对跨文化培训的认同、抵制、消减，这些动力机制就是文化。在双语教师培训中，若不去理会教师的情感和情绪，不去关注教师已有的价值追求与跨文化能力目标之间的差异，跨文化能力培养最终会被漠视、扭曲或者大打折扣。

双语教师跨文化能力的培养也有"文化的'跨越'和'超越'两个层面，前者的焦点是对具体目的'语文化的理解'和相关交际能力的提高，而后者的焦点是获得一般的、整体意义上的文化意识以及反思的、宽容的态度"①。双语教师的跨文化能力培养也要处理好二者的关系，"跨越"和"超越"涉及承认差异和国家认同的问题，要在国家认同的前提下，培养学生处理多元文化关系，塑造多元文化素养。

（二）发挥校长文化领导力，构建校园文化生态，提高双语教师群体跨文化能力

假设是人们所预设的"行为、观念和价值观的整合体系"，校园文化假设深藏在校园文化积淀之中，有力塑造着人们的行为。揭示双语校园文化系统中和潜伏于双语教育工作者思维中错误的文化假设，是校园文化建设的前提。校园文化就像一只无形的手，牢牢控制着学校的注意力、认知结构、学校的意义、教师的情感、态度价值观等。例如，把双语学校假设成为一个高度集权的单位，"一切行动听指挥"，教师必须"听话"，无条件执行学校的规定。教师在这一假设不断强化之后，接受了这样一个事实：自己只不过是一个机构的零件，可拆可卸，那么，跨文化意识、跨文化能力、跨文化策略就无从谈起。

校园文化中能促成双语教师跨文化能力形成的基点是什么？最近十年的相关研究中，不少研究已经指出，校长从"看门人"转为"教学领导"，他的角色是校园文化的塑造者、设计者。有计划地变革、学校改善教师发展等学校组织和文化的改变全部依赖校长的变革领导力。因此，双语教师在其成长过程中"做什么"和"不做什么"，校长是关键影响因

---

① 高一虹：《跨文化交际能力的培养："跨越"与"超越"》，《外语与外语教学》2002 年第 10 期，第 27~31 页。

素。简言之，校长在很大程度上决定着双语教师的跨文化样态。据此，构建校长领导下的双语校园文化，也是双语教师跨文化能力形成的主要途径之一。

（三）发挥教师的主体性，提升双语教师的实践智慧，提高双语教师个体跨文化能力

我们需要用辩证和开放的眼光来看双语教师跨文化能力的提高，如我国学者许力生所说，"迫切需要摆脱单一维度的评价标尺和二元对立的思维惯性，探索丰富多样的路径选择可能性"。[①]

"教师发展的本质是自主内在性"[②]，如前文所述，受传统教师发展观的影响，当前更多关注的是培训部门的作用，忽视了双语教师成长的主体意识和主观能动性，双语教师会认为要发展就要借助外部的力量，等待外部给予的机会，如果没有这种机会，教师就不会去寻找。近十几年来，国内外一直关注教师发展的促进机制问题，如 2001 年 5 月 29 日颁布的《国务院关于基础教育改革与发展的决定》再次强调"建设高素质教师队伍是扎实推进素质教育的关键"，在此背景下，我国开展了较多促进教师专业化的外部机制研究，如政府、政策、双语教师教育机构、双语学校等。值得重视的是，当前的双语教师仍然缺少自主发展意识，"等""看""拖""靠"现象严重，这势必影响双语教师跨文化能力的提高。对此，第一，要注重当前影响双语教师主动成长的因素：双语教师角色观的改变、双语知识观的转型，还有现代交往理论。第二，关注传统双语教师教育研究所忽视的方面，特别是教师个人理论、教师的实践智慧、教师的反思、教师的自主发展等课题。第三，要促进双语教师教育的转型，改变自上而下的强制性变革，形成自下而上的主动性变革。

---

① 许力生：《跨文化能力构建再认识》，《浙江大学学报》（人文社会科学版）2011 年第 3 期，第 137 页。

② 姜勇、洪秀敏、庞丽娟：《教师自主发展及其内在机制》，北京师范大学出版社，2009，第 13 页。

四　结语

文化领域没有"寸草不生的沙漠"。在我国民族地区，双语教师文化是教师群体价值观和行为方式的体现。由于教师具有主体地位和主导作用，教师文化成为学校文化的核心和灵魂，双语教师的跨文化能力理应成为双语学校的文化抓手。可惜，跨文化能力培养确实是一个很复杂的问题。笔者写这篇文章的目的就是想通过"抛砖"来"引玉"，希望更多的学者参与研究，献计献策，促进我国民族教育事业的发展。

执笔人：刘玉杰

苏　德

校园文化生态视角下边疆高校
双语教育实效性分析

自 1976 年哥伦比亚大学前院长劳伦斯·克雷明（Lawrence-Cremin）提出"教育生态学"这一科学术语后，教育生态学的研究不仅范围拓宽，而且向纵深发展。华盛顿大学的古德莱德（Goodlad，J. I.）首次提出学校是一个"文化生态系统"的概念，着重从微观领域（学校）入手研究教育；也有学者例如鲍尔斯（Bowers，C.）从文化、生态危机等宏观领域研究宏观教育生态。

国内已有的研究，既有微观的个体行为与环境之关系、学校教育、教师专业发展等方面的研究，又有宏观的关于教育生态系统的研究。首先，这些研究，大多集中在自然与社会生态对教育的作用方面，即从"存在决定意识"的角度去分析教育。但是，对意识之于生态的能动作用研究不足，观念是"生态化"了的观念，生态是"观念化"了的生态。我们也应意识到价值观念无形地、潜在地影响和制约着民族地区的教育生态。其次，如此众多的研究取向表明："学者的研究兴趣并不在于建立公认的教育生态学学科体系，主要在于秉承生态学的基本精神——系统、平衡、联系去研究教育。"① 最后，影响双语教育的生态因素非常庞杂，大到"一个宇宙就是一个生态"，小到"单个细胞就是一个生态"。双语教育实效性的影响因素既有来自学校内部的，也有来自外部环境的，面面俱到地去谈双语教育生态很难做到，也不现实。

① 滕星、王铁志主编《民族教育理论与政策研究》，民族出版社，2009，第 299 页。

本文拟从学校内部"文化生态"入手，以素有"多民族文化缩影"之称的边疆民族地区A学院为例（以下简称A学院），选择突出的问题，力求以从宏观观念文化到具体实践文化的思路分析问题，并提出相应的对策。

一 文化及校园文化生态概念界定

文化是双语教育的生态环境，在确定影响双语教育的因素之前，有必要对文化的构成要素做一些分析。

对文化的概念，不同学者的界定不同。有学者依据双维度关系，认为文化主要包括"行为-作用、价值-规范、语言-符号、信仰-观念、知识-技术体系"；有学者从自然史和人类史的角度，将文化分为两大类，具体包括智能、物质、规范、精神四个方面。无可否认，这些都是双语教育的影响因素，但我们应该看到，人类发展的不同阶段或者同一时期的不同文化区，这些因素各自所占的比重都有所差异。当今，对多民族高校内部来说，"观念是行为的先导，我国民族教育的主要障碍在于许多陈旧的民族教育观，民族教育发展的关键在于民族教育观念的现代化"①。结合以上观点，本文所指的文化生态主要是双语教育观念、双语课程文化、双语师资特殊专业知识、管理文化、多元评价等因素构成的文化生态。它们相互依存，不可分割，具有系统、平衡、联系的文化生态特征。

二 A学院双语教育生态现状及问题

（一）双语教育观念：传统性与现代性

双语现象古已有之，可以追溯到夏朝关于"四夷"一词的相关论述中。古代的双语现象是"自在"的，是为了满足基本的生存需要而产生的，依据现代教育论的观点，不是严格意义上的双语教育。当代的双语教育与古代的双语现象已经大相径庭。查阅相关文献，就会发现"全球文化与本土文化""跨文化意识""跨文化理解""跨文化适应""多元文

---

① 王嘉毅：《试论我国民族教育观念的现代化》，《中国民族教育》1996年第5期，第26页。

化整合"等高频词映入眼帘。这说明，当代社会给双语教育赋予了新的使命——双语教育要促进各民族的跨文化理解与交流。这个使命也是全球化赋予双语教育的。双语教育已经不是单纯的语言学习。双语教育一方面是语言习得过程；另一方面是文化内化过程，更强调价值、意志、动机等成分。

受传统教育观的影响，A 学院的教育工作者大多秉承"教学过程是一种传递知识的过程，教学的目的在于通过教师传递知识给学生，学习的目的就是获取掌握知识"这一教学观。如此一来，双语教育自然就是获得某种语言的过程。双语教育的模式也主要采用"以一种语言（汉语）为主，辅助使用另一种语言"的模式。从语言方面来讲，"强势语言和弱势语言在主流社会的巨大反差，导致语言事实上是不平等的"，[①] 最终，少数民族学生的发展只能被迫限制在他们聚居的区域或家庭之中。同时让少数民族师生产生一种错觉，即站在强势语言的角度，强调少数民族对社会主流语言（汉语）的学习。虽然持这种观点的人其动机是善良的，例如，访谈中有些人认为，"少数民族的母语是他们在社会中进步的障碍，没有必要在教学中花太多时间学习母语"，但也会引起不少误解和问题。

（二）双语课程：隐性与民族性

"多元文化教育的核心问题是课程。"[②] 在多民族的混合院校，双语教育的课程地位和多元文化课程的地位一样，隐性课程是双语教育的重要组成部分。多元的文化生态环境、特色的民族节日、丰富多彩的社团活动，这些隐性课程的教育作用已经被专家学者一致认可。需要强调的是，在多民族混合学校的隐性课程必须与多民族的个性特点有所契合，不能盲目模仿内地高校。通过隐性课程构建适合双语教育、民族团结发展的文化环境更重要。

[①] 万明钢：《论民族教育研究中的双语问题》，《教育研究》1997 年第 6 期，第 76 页。

[②] 郑金洲：《多元文化教育》，天津教育出版社，2004，第 77 页。

在 A 学院的大部分少数民族同学，他们的特点可用"能歌善舞、能骑善射、能织善编"等词来概括。总体来说，他们具有"奔放"的民族性格，这些民族性格特征为边疆多民族学校构建隐性双语课程提供了依据。这样，"奔放"的民族性格与"鸦雀无声"的校园文化本身是一对矛盾，不但不利于双语教育，也不利于民族团结。社会学的原理告诉我们"压抑"与"冲突"密切相关，这种现象会造成"恶性循环"。历史证明，在教育（包括双语教育）和社会稳定的关系问题上，片面强调任何一个方面，都会危及另一个方面。

（三）双语教师知识：普遍性与特殊性

在教育文化传承中，学者们几乎认为师资问题已经越来越成为制约传承的瓶颈之一。"懂民族文化资源知识、技能传授与开发利用的教师非常缺乏，无法承担传承任务。"[①] 目前，对于双语教师的任职资格还没有一个普遍可行的标准，现行的双语教师任职标准与普通教师任职标准几乎没有区别（除了会说两种语言）。民族师资应具备的特殊能力——跨文化认知能力（民族文化的认同与自我适应能力、传承与多元文化整合能力）、教育能力（双语表达、思想政治、发展性教学）、切合实际的科研能力（观察力、辩证力、实践力）[②] 等没有得到足够重视。

据调研，因双语教师的稀缺，A 学院在双语教师的任用上也比较随意。双语教师的来源主要有两种。一种是"土生土长"的汉族教师，这些教师在民族地区生活，耳闻目染也懂得一些民族语言。但由于长期在民族地方生活，加之地理环境导致的信息闭塞，这些汉族教师大多数不能站在跨文化的高度理解双语教育。再加上教学任务重（A 学院的预科汉语教学，教师的平均课时量为每周超过 20 小时）、科研时间不足，科研水平自然低

---

① 苏德主编《全球化与本土化：多元文化教育研究》，中央民族大学出版社，2013，第 526 页。

② 李定仁、赫志军：《试论民族高师教育的特殊性问题》，《民族教育研究》1995 年第 4 期，第 5 页。

下。另一种是汉语相对比较好的民族教师，这些教师面对由汉语思维构建的课程，显得无能为力。在双语授课时，对其中的内容理解错误是常见的事。例如，把"红娘"理解为"红军的母亲"，对于抽象的词语如"庄严""肃穆"等词根本无法理解。因此，在他们的双语教学环节中多了一个向汉族教师求教的过程，使得教学压力异常之大。据此，在 A 学院，双语教师的数量、质量是亟待提高的核心问题。

（四）多元评价："共性"与"差异性"

"少数民族教育优惠政策是对少数民族身份的学生实施的特殊政策，是基于历史和现实的社会条件，在尊重差异的前提下，为了更好地实现民族平等原则而实施的一项政策。"① 这项政策强调存在"差别"就应该"差别"对待，而"差别"对待的最终目标还是要实现"平等"。需要说明的是，这种基于民族身份的平等是针对群体的，而非针对民族内部亚群体和个人而言的。随着市场经济的发展，在民族之间和民族内部各亚群体之间的"不平等"日益凸显出来。主要原因是各个民族之间、民族内部亚群体之间在区域教育、经济等方面的资源有所改变。原来的群体差异有可能扩大，也有可能缩小。这种差异，对转型时期的民族教育公平问题又提出了新要求。

三 对策与建议

（一）领导与教师的"跨文化"培训

无论行政领导还是双语教师，首先要突出跨文化意识、跨文化知识、跨文化技巧。其次，在培训形式上采用自上而下的培训模式，即首先培训校长，再培训处、部、系主管领导，最后培训教师。这种自上而下的培训与多民族地区的管理特点是吻合的。以往的培训主要针对教师，"即使教师理念再先进，想法再好，领导不同意也白搭"（A 学院教师普遍的呼

① 敖俊梅：《少数民族高等教育政策招生探讨》，中央民族大学硕士学位论文，2004 年。

声）。再次，培训主要解决的是学校的跨文化发展问题，不等同于单纯的师资培训，需要增强领导、教师、学生之间的沟通，同时不能忘记学校的公平公正问题。复次，在培训者的选择上，可以邀请国内外跨文化研究比较优秀的学者、教授。最后，跨文化已经是全球趋势，不仅仅是双语教育的问题，更是社会和谐的呼唤，希望各级教育部门重视起来！

（二）构建校园文化，开发隐性课程

学校文化不是一个空洞的概念，它的本质是学校师生充满意义和希望的日常生活。A学院双语教育的任务多局限在某一个系部（中语系）的教学层面，这样导致双语教育的影响面也非常有限。要抛弃那种只要贴上"双语"的标签就属于某个系部的狭隘思想和观念，营造整个校园关注双语教育的氛围。将双语教育纳入校园的物质、制度及精神文化之中。逻辑地看，只有将双语教育与学生的课堂教学、交往、饮食起居、活动等紧密联系起来，形成学校 - 师生 - 系部立体的校园文化，双语教育的影响力才会体现。双语教育实质上是一种跨文化教育，既然是一种跨文化教育，就如费孝通先生指出的"文化上的故步自封，对其他文化视而不见，都不是文化生存之道。只有交流、理解、共享与融合，才是文化共荣共存的根本出路。"

（三）双语教师队伍建设

双语教师数量和质量问题已经是一个公认的事实，短期内很难解决这一问题。正如某学者认为："绝大多数的教育变革都需要3到5年的时间，才能在一个较高的水平上被实施。"[①] 需建立双语教师培养长效机制，在鼓励少数民族教师积极学习汉语的基础上，积极引导有双语背景的汉族教师学习少数民族语言文化，加入双语教师队伍。这样不仅能弥补双语教师数量上的短缺，也有利于民汉双语教师互通有无，促进彼此文化的沟通与理

---

① 李泽林：《我国民汉双语教师培训面临的困境与突围》，《西北师大学报》（社会科学版）2014年第2期，第119页。

解。再者，鼓励当地教授、学者与相关内地专家合作，参与双语教师评价标准研究，出台一套适合当地的双语教师任职标准体系。

（四）细化多元评价体系

国家教育政策的公平本身具有宏观导向作用，无法细化到学校层面，而教育平等与公平最终要由学校落实，且学生对教育的不公平体验往往来自微观层面。例如，教育部《2006年普通高等学校招生工作规定》指出"边疆、山区、牧区、少数民族聚居地区的少数民族考生可降20分录取"。如前文所述，A学院学生差异大，宏观政策无法体现出公平。入学后，体现"积极差别对待"的任务自然落到学校的评价体系方面。对此，学校要依据国家政策，制定出有利于民族内部公平的多元评价体系。

作者：刘玉杰

｜九｜
双语教育政策执行机制现状研究

　　双语教育一直是民族教育研究领域十分重要的研究主题，其重要性主要体现在：在国家统一大纲和统编教材的主导下，少数民族学生独特的语言文化背景影响他们的学习接受程度和教学进度，进而影响学业质量。以往的研究者也曾对双语教学做过非常多的实地调查，从双语教育模式、双语教学过程中出现的问题、双语教材及双语教师等方面做过相关的主题研究，但是从未对双语教育政策的执行机制做过系统的研究。而双语教育不仅是一种实践活动，从国家制度层面来讲，更是一种制度化的上层构建。我国已建立了一个十分丰富的双语教育政策文件库，也逐步形成了较为完善的双语教育政策体系。在公共政策研究领域，学者们已达成共识，即政策研究不能停留于政策文本的研究，还应将政策的实施和执行纳入政策研究范畴之中。可以说，政策实施效果的好坏在很大程度上取决于政策的执行过程，双语教育政策的实施效果也不例外，仍然受到执行过程的制约。

　　为了深入了解我国双语教育政策的执行过程和问题的发生机制，笔者在2014年暑期对内蒙古自治区呼和浩特市和锡林郭勒盟的双语教育政策执行过程做了一线的田野调查，采取的主要方法是访谈法、问卷法、现场观察等方法。在呼和浩特市、锡林浩特市、阿巴嘎旗和西乌珠穆沁旗的5所学校进行深入的实地调查。

一 概念界定和研究意义

(一) 双语教育政策与执行

双语教育政策，是指国家制定并颁布的少数民族语言文字（在本研究中主要指蒙古语言文字）和汉语言文字政策，包括少数民族双语教师政策、少数民族学校的民族语言文字课程或汉语言文字课程政策、少数民族学校招生考试政策，以及与双语教育活动相关的一系列教育政策。

参考陈振明对政策执行所做的定义，[①] 研究者对双语教育政策执行的定义如下：双语教育政策执行，是指双语教育政策的各级组织结构，运用各种双语教育政策资源（如经济资源、政治资源、文化资源和教育资源等），采取解释、宣传、实验、实施、协调与监测等各种活动，将双语教育政策的文本内容和价值观念转化为实际效果，从而实现既定双语教育政策目标的活动过程。

要了解双语教育政策的执行机制，首先要了解"机制"的含义。机制的原意是事物的内部构成要素以及使整体正常运转时各要素的相互协调关系。所以，机制包括两个主要部分，一个是各构成要素，另一个是各要素之间的协调关系。所以，在协调整体运作关系时，机制相比体制而言具有较大的灵活性和调整空间。本研究中的双语教育政策执行机制主要包括四个维度：双语教育政策执行的传达机制、保障机制、监督机制和反馈机制（也称为申诉机制）。完善双语教育政策执行机制在调节双语教育政策的执行过程和改善双语教育政策的实施效果方面，意义非常重大。

(二) 双语教育政策执行机制的研究意义

从实践意义上看，第一，促进政策执行人员的能力建设，改善政府决

---

① 陈振明等：《公共政策学——政策分析的理论、方法和技术》，中国人民大学出版社，2004，第 244 ~ 245 页。

策。十八大报告中提出的"推进社会治理能力现代化"目标，正是对政策决策者和执行人员在治理能力方面提出的一个新要求。目前是政府推进教育改革的关键时期，重视相关工作人员的决策能力和教育治理能力将是一个重要的改革方向。本文在关注双语教育政策执行过程中所遇问题的同时，还重点关注相关工作人员在执行双语教育政策过程中的问题解决能力，这与政府的改革导向是一致的。第二，提高双语教育质量。双语教育政策是我国为提高民族教育质量制定的政策，既是一项民族政策，也是语言文字政策，同时还是民族教育政策中的一个关键政策，事关民族教育质量的提高。而政策执行的好坏更关系到少数民族学生的教育质量和教育公平。所以，本研究的开展将提供一线实地调查数据，研究双语教育政策执行过程中的不足，为改善双语教育政策进而提高双语教育质量提供支撑。

从理论意义来看，主要在于完善双语教育制度建设。目前我国各级政府和教育决策部门在双语教育政策执行中遇到的问题，在一定程度上能反映出省级政府对双语教育政策的制定和对国家级政策的了解程度，这是一个制度解构的过程。本研究从双语教育政策在校级的目标群体来反映各级决策部门对双语教育政策的传达和理解、决策部门对双语教育资源的分配，了解一线学校对双语教育政策的诉求，希望实现校级与上级（省级、州级、县级）的双向互动，达到制度反馈的效果，为双语教育制度的完善提供借鉴。

二 内蒙古自治区蒙汉双语教育主要政策

（一）颁布双语教育指导性文件，规范双语教育工作

内蒙古自治区颁布了一系列指导双语教育的政策法规，将语言文字工作纳入法制化轨道。《内蒙古自治区蒙古语言文字工作条例》是第一部有力促进蒙古语言文字和蒙古语言文字工作规范化与标准化的条例，是党的民族政策的一个丰硕成果，是蒙古语文工作不断发展和推进的法制保障。该条例共分为八章，对双语教学的概念和学校类型做了划分，并对双语教育的投入以及教师发展做出了规划。从词频统计结果来看，内蒙古自治区

对双语教学做出了具体部署，对开展双语教学的学校进行了具体的分类，提出对蒙古语言文字授课的学校和教学资源进行建设。

（二） 加强少数民族师资队伍建设

2013 年内蒙古实施了"名师培养工程"，对满足政策中所设条件的教师给予经济奖励，通过财政措施鼓励教师发展，加强名师在学校和旗县的学科带头人作用。内蒙古自治区还不断拓宽培训测试领域。培训测试对象由教师、公务员逐步扩展到公共服务行业人员、在校大学生和中等职业学校学生。2007 年，全区共有 5.8 万人接受普通话培训测试，测试合格率为 91.8%。截至 2007 年底，全区累计有 42.6 万人取得普通话等级证书。[①]

（三） 按照科学发展观的要求，确立语言文字工作的新思路

笔者将内蒙古实施双语教育的发展思路概括为"1234"发展思路，"1"即"一个目标"，明确语言文字工作的目标，即构建和谐的语言生态。"2"即"两条腿走路"，即一方面要坚持并扎实推进历史上形成的好思路、好措施，比如城市评估、普通话水平测试、推普周、示范校建设等；另一方面着眼于当前党和国家工作重点以及全社会关注热点，开拓创新，发掘新的双语教育工作增长点。"3"即"三结合"，即结合教育、文化和信息化等事业的发展，找好三者的结合点，提高语言文字工作效率。"4"即"四项任务"，即建设、推广、监督、服务语言文字工作。[②]

（四） 对两类双语教育模式下的蒙古语授课高考生设定专门的加分政策

《内蒙古自治区双语教学高考学生考试科目及记分办法》对不同的双

---

① 《落实科学发展观，构建和谐语言生态，依法推进我区语言文字规范化工作》，http://www.nmgov.edu.cn/zwgk/xxgk_ dtxx/dtxx_ zhxx/201110/t20111025_ 2408.html。

② 《落实科学发展观，构建和谐语言生活，依法推进我区语言文字规范化工作》，http://www.nmgov.edu.cn/zwgk/xxgk_ dtxx/dtxx_ zhxx/201110/t20111025_ 2408.html。

语教学模式的高考学生实施不同的科目记分方法。

双语教学一类模式高考学生考试科目及记分方法如下：自 2012 年起，以蒙古语授课或朝鲜语授课为主加授汉语（简称双语教学一类模式）的高考学生，参加蒙古语文（甲）或朝鲜语文、民族汉考三级（代替高考汉语）、数学、外语、文科综合或理科综合共五个科目的考试，实行两种记分办法。

总分 1：考生数学、外语、文科综合或理科综合科目考试成绩，均按 100% 计入总分；蒙古语文（甲）或朝鲜语文和民族汉考三级（折算成高考汉语分值，以下同）科目考试成绩，各按 50% 的比例折算作为一科成绩记入总分。

总分 2：考生蒙古语文（甲）或朝鲜语文、数学、文科综合或理科综合科目考试成绩，均按 100% 记入总分；民族汉考三级和外语科目考试成绩，各按 50% 的比例折算作为一科成绩记入总分。

双语教学二类模式高考学生考试科目及记分方法如下。第一，自 2012 年起，以汉语授课为主加授蒙古语文（乙）（简称双语教学二类模式）的高考学生，参加语文、蒙古语文（乙）、数学、外语、文科综合或理科综合共五个科目的考试。第二，考生语文、数学、文科综合或理科综合科目考试成绩，均按 100% 记入总分；蒙古语文（乙）和外语科目考试成绩，各按 50% 的比例折算作为一科成绩记入总分。[①]

将两种双语教育模式下的高考生分别记分的方法，使人才培养和选拔更为公平。

三　双语教育政策执行机制现状

（一）双语教育政策传达机制现状

国家层面双语教育的相关政策内容传达效果并不好。问卷统计结果显

---

① 《关于印发〈内蒙古自治区双语教学高考学生考试科目及记分办法〉的通知》，http://www. nmgov. edu. cn/zwgk/xxgk_ zfxxgk/201202/t20120213_ 6245. html。

示，一线教师对《国家中长期教育改革和发展规划纲要（2010～2020年）》中的"大力推进双语教学""国家支持双语教学师资的培养培育和教材"等提法并不熟悉和了解，对《中华人民共和国国家通用语言文字法》的内容并不清楚。原因主要在于国家层面的双语教育政策大多是指导性和原则性的，没有具体的执行方案，可操作性不强，没有涉及教师层面的相关变动和具体利益，加上宣传和解释的不及时和不到位，最终这些政策文件对教师的吸引力不强。而教师对省级文件的公开程度较为认可。省级政策文件是对国家级双语教育指导性政策的细化，可操作性强，对教师工作的指导性强，而且事关教师的切身利益。加上内蒙古自治区政府和教育部门也指导相关的部门做好政策的宣传和动员工作，这样，校级层面的政策文件的宣传工作也做得非常好。

（二）双语教育政策保障机制不完善

首先体现在锡林郭勒盟 X 旗的教师培训政策执行方面。第一，教师培训政策执行手段出现偏差。X 旗教育部门将教师培训和教师的继续教育挂钩，在每学期期末时，向教师收取 400～500 元的"培训费"，给教师发放两本书籍，让教师自行阅读，算作继续教育中的一部分。如果教师不买这两本书，就等于教师职称评定的时间比别人少，影响职称评定。第二，教师培训经费不公开透明。很多教师对教师培训经费的具体数额没有清晰的认识，上级多是在成果汇总中提到"安排教师专项培训经费多少万元"，但是这些培训经费是否落到了实处，教师并不清楚。

其次体现在双语教材和教辅材料的缺乏。在调研过程中，学校领导和教师都对教辅材料缺乏十分有意见。他们认为，蒙语文教师用书和供学生使用的蒙语文教辅材料缺位，会影响学生学习蒙语文课程，并且翻译自汉语文的教辅材料的质量也比较差。大多数被访教师表示"目前的民文类教材很难让学生理解"。

最后，双语教师职称评定和聘任过程有待完善。第一，教师职称评定和聘任过程十分烦琐。"须公开发表论文"这条规定对很多一线教师来说十分困难，评价标准不能很好地评价教师的整体素质。

（三） 双语教育政策监督机制不完善

在政策传达和实施之后，政策效果的评定仍需要上级相关各部门进行监督和完善，但是县级领导很少到学校做教学方面的调研。问卷调查中，有 69.6% 的教师认为县级领导没有到学校做过真正的教学调研，大多是"走马观花"，参观完学校招牌性的硬件设施或者实验室和图书室，就算调研完毕，对教师遇到的问题很少做真正的了解。

（四） 双语教育政策反馈渠道链条脱节

在调研中发现，教师所遇到的教学问题或者生活问题，在学校层面非常容易与学校领导沟通，但是学校在问题解决方面有一定的局限性。一般的财政资源和教辅材料等资源掌握在旗县或者盟级单位，甚至省级教育部门和其他政府部门。但是教师遇到的问题较难反馈到旗县和省级部门，政策反馈渠道在旗县层面脱节了。

四　完善双语教育政策执行机制的建议

（一） 拓宽国家级双语教育政策措施的传达渠道

国家级文件作为统领全国各省的高级别性文件，从出台到颁布和解读都带着一层神秘的面纱和庄严的氛围，而且政策内容具有高度的概括性、统领性、原则性。政府在颁布重大的政策措施之后，应扩大政策宣传的渠道，省级相关部门也应做好相应的科学解读和传达工作。笔者在问卷中也了解到教师多通过电视新闻和互联网、报章杂志了解国家政策。电视新闻这一渠道高居各渠道之首，可以说在电视普及的今天，电视在宣传政府重大决策方面起着非常关键的作用。随着互联网的普及，国家也应重视重大政策措施的网络通报和专家解读工作，选择更为多样的宣传和解读渠道，让更多的教师了解国家的双语教育政策。

(二) 完善双语教育政策保障机制

可以说,双语教育政策的保障机制是我国双语教育政策执行的核心环节。没有相关的双语教育保障政策,双语教育活动的展开就得不到相应的资源支持。很多教师希望培训者能够根据自己的实际情况和学生的接受程度,安排实际的有价值的培训内容。所以,根据内蒙古自治区的双语教育发展需求,还应完善双语教师的培训机制、培训经费通报机制,以及培训教师评选机制。

(三) 完善双语教育政策监督机制

应加强家长和社区在学校管理事务中的监督作用。目前,我国的政策执行监督都是以"自上而下"的形式开展的,在政策文件中也大多提到"上级听取下级汇报"这一监督方式,但是学生家长和社区在教育管理事务中是缺位的。家长在政策执行过程中是被动的接受者,缺乏相应的监督权。在双语教育政策执行过程中,应落实家长和社区机构对双语教育政策执行的监督权。

(四) 完善双语教育政策相关利益群体的申诉机制

笔者在西乌旗了解到,西乌旗蒙古族幼儿园的校领导班子在新校区规划、教具购买以及培训者的选择方面都做到了和旗县主管教育的领导进行直接对话和沟通,确保学校的切身利益和双语教育的有效开展。园长在访谈中提到,她总是带领班子成员去教育局或者直接和旗里主管教育的领导对话,能够直接表明学校的需求,在教材教具购买以及资金统筹方面具有直接的裁定权,将资金用在了刀刃上,用在了学校最需要的地方。但是,需要指出的是,西乌旗幼儿园领导班子与旗县领导沟通是自己摸索出来的方法和渠道,并没有相应的文件表明这种渠道可以适用于所有的学校。所以,应不断完善双语教育政策相关利益群体的反馈渠道,激发群众的参与热情,增强政策效果。

（五）重视政策决策者和执行者的教育治理能力建设

笔者调研中发现，部分行政人员的问题解决能力较差，在政策实施过程中存在"一刀切"的现象，他们没有相关的教育专业知识，教育问题的意识和解决能力较差。例如，教师们向上级反映过的教材中出现的一些翻译错误问题，至今仍没有得到有效的解决。所以应加强政府行政人员的服务意识和教育治理能力，包括民主协商能力，以及问题解决能力等非智力因素。在与学校领导的访谈中，可以看出学校领导的社会关系在教学发展中所起的作用，领导所结识的"社会关系"和"朋友"是一个重要的信息来源和渠道，可以让学校的发展少走一些弯路。因此，影响政策的最为重要和必不可少的基础是建立关系。① 教育部门领导应该从观念上拓宽学校社区的范围，应该理解，社区不仅包括学生、教师、家长或者纳税人，还包括那些直接影响学校发展的政府官员。而且，关系是通过正常的、双方的沟通形成的。②

结　语

双语教育的目标是培养民汉兼通的少数民族英才，如果国家和地方制定的双语教育政策落实不到位，在宣传、监督和保障等环节出现差错，都将导致政策目标的失真，不利于双语教育目标的实现，会直接影响民族教育质量的提高。所以，各级政府还应逐步完善双语教育政策执行的机制，确保各个环节能够信息通畅，沟通无碍。

执笔人：王渊博

苏　德

---

① 〔美〕弗朗西斯·C. 福勒：《教育政策学导论》（第二版），许庆豫译，江苏教育出版社，2007，第206页。

② Turner, D. W. , "Building legislative relationships：a guide for principal," *Here's How*, 1995, 13（5）：1 - 4.

以双语教育促进和谐社会与文化建设

——兼论少数民族双语教育研究范式

2010 年 5 月，党中央、国务院召开了 21 世纪以来第一次全国教育工作会议，印发了《国家中长期教育改革和发展规划纲要（2010～2020 年)》，其中第九章对我国民族教育事业的改革与发展进行了专门部署，从促进民族地区各级各类教育协调发展、大力推进双语教学、加强民族教育对口支援等方面具体指明了全面提高民族教育发展水平的着力点，从而确立了新时期我国发展民族教育的指导思想、发展目标和方针原则。由此可见，少数民族教育，尤其是少数民族双语教育，已成为全国教育工作的重要内容。

少数民族教育是我国整个教育事业和民族地区社会发展事业的重要组成部分，大力发展民族教育是民族地区社会主义精神文明建设的重要前提，又是实现民族平等的重要手段。然而，少数民族教育是一个复杂的大系统，其内部各个子系统既相互依存又彼此独立，既具共性又有个性因而少数民族双语教育改革和发展变化往往因时、因地和因民族而异，并无单一模式可言。因此，我们在研究探讨少数民族的双语教育改革和发展时不能套用单一的范式。尤其是在少数民族双语教育发展的新时期，双语教育研究必须不断探索研究方法和理论观点。

一 多维视野下的双语教育研究观

一门理论学科的研究和建设，既要有独特的研究对象、完整的理论体系，还要逐渐形成独特的研究方法。以往我们运用教育学、语言学的理论原理和方法研究少数民族双语教育问题，这是很有必要的，也是基本的研究规范。因为少数民族双语教育作为民族教育的核心问题，属于教育系统中的一个子系统。民族教育学是教育科学的一个分支学科，教育学原理无疑也是民族教育学的重要理论基础。但是传统的教育学原理一般是从普通中小学的实践基础上发展起来的。因此，只从普通教育学的观点认识民族教育，往往容易忽视民族教育的特殊性与复杂性。

哲学和心理学是传统教育学的两大支柱，普通教育学所重视的是世界观、伦理观、儿童心理学以及基于少年儿童年龄特征所形成的教育心理学。当然，世界观、伦理观、教育心理学等原理，都是民族教育科学同样应该重视的，而民族教育科学，尤其是少数民族双语教育更加应该重视的是认识论、方法论、语言心理学、心理语言学、民族语言学、跨文化心理学等。这些原理与方法对于研究双语教育的本质、功能、价值以及教育对象的特点与规律，都有其特殊的必要性。同时，研究双语教育，局限于哲学与心理学的观点，还不能掌握民族教育同经济、政治、文化、科技复杂的关系。民族教育同社会的方方面面的关系是密切而又复杂的，因此，还必须从心理学、社会学、民族学、政治学、文化学、人类学、政策学等角度审视民族教育。同时，纵向的历史学观点和横向的系统科学与比较分析方法也有特殊的必要性。可见，民族教育的基本理论，不论是宏观的外部关系或微观的内部结构的研究，都涉及诸多学科且需要诸多学科的支持，只有从多学科、多视角进行审视和探索，才能比较全面和深入地理解民族教育，尤其是双语教育的本质、功能和价值，从而更好地掌握民族教育的内外关系规律。

"横看成岭侧成峰，远近高低各不同。不识庐山真面目，只缘身在此山中。"对于民族教育来说，既要横看，看到它的逶迤壮观，又要侧看，看到它的千仞雄姿；既要入山探宝，洞悉其奥秘，又要走出山外，遥望它的全貌。但是，不论横看、侧看、山中看、山外看，都只能看到其中的一部分。也就是说，用不同的学科观点考察民族教育，都有其局限性。如果认为某一学科的观点是唯一的，以偏概全，就会从正确的观点出发，引出错误的结论。这类例子确实不胜枚举。每一门社会科学的研究对象和范围，仅是社会系统中的特定因素或部分。从某一门学科的观点考察民族教育，只能看到民族教育的一个侧面。在研究民族教育的过程中，对某些问题可以而且必须着重运用一门适当的学科观点进行深入探讨，不能眉毛胡子一把抓，但不要忘记同其他学科观点的联系。只有把多门学科观点的研究成果综合起来加以比较分析，才能获得比较全面的认识。从这个意义上说，多学科的民族教育研究或双语教育研究，对于民族教育理论体系的建设是一项重要的准备工作。

这一准备工作之所以重要，不仅因为其是各门学科研究成果的积累，更在于其具有方法论的意义。民族教育学的独特的研究方法可能就是多学科研究方法。众所周知，开创这种研究方法的是伯顿·克拉克（Burton R. Clack），他于1984年出版了《高等教育的观点：八个学科的比较观念》（*Perspectives on Higher Education：Eight Disciplinary and Comparative Views*）一书。在该书中文版序中，他特别强调这本书的方法论意义："各门社会科学及其主要的专业所展开的广泛的观点，为我们提供了了解高等教育的基本工具，不管这个学科是历史学、经济学或政治学，还是其他社会科学，都给我们提供了考察世界的方法，我们可以把它应用到高等教育部门。"[①]

本文非常赞同著名高等教育学家潘懋元教授、王承绪教授主张的以多学科的视角研究高等教育的观点。多学科观点的高等教育研究同样适合民族教育研究，同样具有如下的方法论意义。

首先，研究角度新颖，研究领域宽阔。对于多学科交叉的民族教育学科领域而言，"没有一种研究方法能揭示一切：宽阔的论述必须是多学科的"，[②] "教育家们可以在这些观点中自行转换，利用不同的观点解决不同的问题，或进行不同的争论"。[③] 例如，社会学可以研究社会分层与民族教

① 〔美〕伯顿·克拉克主编《高等教育新论——多学科的研究》，王承绪等译，浙江教育出版社，2001，第1~1、111页。

② 〔美〕伯顿·克拉克主编《高等教育新论——多学科的研究》，王承绪等译，浙江教育出版社，2001，第2页，第Ⅱ页。

③ 〔美〕伯顿·克拉克主编《高等教育新论——多学科的研究》，王承绪等译，浙江教育出版社，2001，第2页，第Ⅱ页。

育机会的关系，民族教育促进社会阶层的流动等问题；经济学从人力资本理论研究民族教育的经济效益；文化学研究民族文化的传承与创新，文化传承与教育选择；心理学研究民族教育教学改革中的跨文化心理适应与心理调适问题；哲学从人与社会两个方面研究民族教育的办学理念；如此等等。民族教育每个方面的问题，适合运用某一门或某几门学科观点进行研究，但是包括教育学在内的传统意义上的几个学科，都不可能包揽民族教育方方面面问题的研究。只有聚合多种学科观点，才能获得较完整的认识，这种分析与综合相结合的方法，对民族教育的研究具有特殊的实际意义。

其次，开拓研究者的视野与思路，促进学科间的相互理解，减少自以为是的"井蛙之见"，提倡学术研究的谦虚谨慎作风。长期以来，一些学科专家，总以为自己所从事的学科是最重要的，自己的观点是最正确甚至是唯一正确的。多学科研究有利于打破严格的学科疆界，在民族教育问题的研究上看到自己所从事的学科观点的不足，重视相关学科的研究成果，从而加强学科间的理解与合作。

最后，多学科研究方法提供了一种崭新的思维方式。这种新的思维方式符合人类认识的发展，即从单义性到多义性、从线性研究到非线性研究、从绝对性到相对性、从精确性到模糊性、从单面视角到多维视角、从单一方法到系统方法等。伯顿·克拉克著作出版之后，由于"在研究方法上进行了新的突破"，[1] 在欧美各国广为流传。在中国，由王承绪教授主持翻译的中文版于 1988 年出版之后，对中国高等教育的研究也起到了积极作用。同样，我们也坚信，这种研究范式将对民族教育研究起到重要的推动作用。

二 大力加强少数民族双语教育研究的重大意义

少数民族双语教育是我国少数民族教育事业和民族地区社会发展事业

---

① 〔美〕伯顿·克拉克主编《高等教育新论——多学科的研究》，王承绪等译，浙江教育出版社，2001，第Ⅳ页。

的重要组成部分，也是当前少数民族双语教育研究领域中的一个重要课题。新中国成立以来，国内少数民族双语教育取得了举世瞩目的巨大成就。不论是北方蒙古族的双语教育、东北朝鲜族的双语教育，还是西北地区维吾尔族的双语教育、西南地区藏族的双语教育及其他各少数民族的双语教育，均取得了显著成绩。但是各省、自治区、直辖市各少数民族双语教育的发展极为不平衡，先进与落后差别也比较显著。其中，内蒙古自治区的双语教育在多年的发展中取得了骄人的成绩。在新的历史时期下，"蒙－汉"双语教育已逐渐成为内蒙古民族教育改革与发展中的重点和难点，关系到内蒙古民族教育改革和发展的突破，以及内蒙古民族教育质量的切实提升。认真研究少数民族双语教育，有如下几个方面的重要意义和作用。

第一，我国是一个多民族国家，少数民族在中华民族的历史上都做出过自己应有的重要贡献，少数民族曾对中华民族的发展产生过深远的影响。因此，科学保护少数民族语言文字、认真研究少数民族双语教育，对于我们继承和弘扬中华民族的优秀传统文化，促进民族教育事业的科学发展，推动社会主义精神文明建设，促进文化大繁荣大发展，保障社会和谐稳定，具有重要的理论和现实意义。

第二，双语教育问题解决得好，能够大力推进少数民族文化教育水平提高，能够使少数民族更有效地投入现代化建设，更顺利地进入主流社会，从而顺利实现民族现代化。所以，双语教育是保存民族文化、语言多样性的最好办法。各少数民族双语教育研究将为保持语言和文化多样性提供可借鉴的典型个案，以供制定民族政策、教育政策、语言政策和经济政策时参考。

第三，双语教育研究领域是国内外有影响的学术研究领域。在这一领域内，人们对双语教育的历史及现实、理论与实践等问题都进行过比较宏观的研究，并取得了显著的成果。但由于种种原因，对双语教育这一问题进行微观层面的实际研究甚少。因此，加强少数民族双语教育的个案研究，一方面可以填补双语教育研究领域中的空白，另一方面也可以开拓新的研究领域。

第四，深入开展少数民族双语教育的个案研究（如蒙古族、藏族、朝鲜族、哈萨克族、维吾尔族等具有传统语言文字的民族），可以填补蒙古学、藏学、朝鲜学等研究领域中的空白。这些研究领域同双语教育研究领域一样，也是国际上有影响的学术研究领域。在这一领域内，人们对少数民族的历史、政治、经济、军事、语言、文字等问题，进行过深入的研究，并且取得了可喜的成果。但由于种种原因，对少数民族的双语教育这一问题仍未进行系统的研究。此外，少数民族双语教育的研究对丰富和发展我国民族教育科学、民族理论、区域经济理论问题研究，提高少数民族的整体素质，具有重要的理论和实践意义。

第五，全面、深入了解少数民族双语教育现状，并在此基础上提出有利于民族基础教育发展的政策建议，可为地方及上级政府和教育行政部门决策提供理论和实践依据。与此同时，还有助于建立具有可操作性的少数民族学校双语教学模式与评价标准，促进我国民族教育事业健康、快速、持续发展，为语言和文化的多样化做准备，促进社会和谐和文化建设。

总之，在少数民族学校实施双语教育的重要意义和作用在于：①保持语言和文化的多样性；②促进不同民族间的了解与合作；③使少数民族儿童具备平等的生存技能；④培养学生对不同文化的积极态度；⑤维护国家的统一；⑥实施多元文化教育的最佳途径。

三 少数民族双语教育研究的理论构成

在多学科研究方法论的指导下，本文主张综合运用教育理论，尤其是教育人类学理论、文化人类学理论、民族语言学理论、"中华民族多元一体格局"理论、心理学及语言心理学理论，作为少数民族双语教育研究的理论范式。从广义的双语教育研究的基础理论看，主要有早期的平衡理论（the Balance Theory）、思想库模式（Think Tank Model）、阈限理论（the Thresholds Theory）（或起始点理论、临界理论）、依存理论（Interdependent Hypothesis）、兰伯特的态度－动机模式（Lambert Attitude-motivation Model）、加德纳的社会－教育模式（Gardner-social-educational Model）、斯波尔斯基（Bernard Spolsky）的双语教育评价模式、输入－输

出 - 情景 - 过程双语教育模式、卡明斯（Jim Cummins）的双语教育理论框架等。其中卡明斯的双语教育理论框架是非常重要的理论。它没有单纯地把少数民族语言学生的学业失败归咎于学生个人，而是站在社会、经济、政治、心理、教育、课程、教学法、家长参与等角度，审视和探讨少数民族语言学生学业成败的根源。

第一，建立在新发展观之上的当代功能教育（Functional Education）理念。这种新发展观强调的是发展的整体性、发展的内生性、发展的综合性。功能主义认为，任何一种社会文化对其社会都是有功能的……通过有机地、整体地把握文化诸要素的功能，把文化作为一个合成体来理解。所以，马林诺斯基的理论框架有三个系统层次：生物的、社会结构的和符号的。人们能识别在每个文化层次上的基本需要或生存的必要条件。以此为基础的教育理念，要求教育考虑受教育者自身情况，并达到为其职业目的而能付诸应用的最低程度。

第二，教育人类学的民族学实地调查理念和文化人类学的社会文化变迁理论：社会变迁和文化变迁是同一发展过程的重要部分，两者紧密关联着；传播或借取是极为普遍、重要的创新方式，但一种新文化被接受或排斥，取决于它在借取者文化中的效用、适宜性和意义。

第三，跨文化教育理论：跨文化教育是对呈现某一文化的人类群体的受教育者进行关于其他人类群体文化的教育活动，以引导这些受教育者获得丰富的跨文化知识，养成尊重、宽容、平等、开放的跨文化心态和客观、无偏见的跨文化观念与世界意识，并促成有效的跨文化交往、理解、比较、参照、摄取、舍弃、合作、传播的整个人类社会的发展。

第四，多元文化教育理论：多元文化教育始自西方国家民族教育的一种价值取向，目的是在多民族多种文化共存的国家社会背景之下，允许和保障各民族的文化共同发展，以丰富整个国家的教育。在全球化时代，国际性与民族性的内在统一形成了民族和文化交往中的多元主义价值观。在民族和文化的交往中，多元主义价值观意味着基于多元价值标准对待民族和文化的差异，与此同时在不同民族和文化之间展开持续和深入的交往，设身处地地理解异民族及其文化。因此，双语教育的发展必须从民族地区的实际出发。民族基础教育是一项复杂和浩大的系统工程，其发展不可能一蹴而就，而是应该有目的、有计划、分步骤地逐步实施。既要确定近期目标，又要确定长远目标，使民族基础教育的发展遵循因地制宜、量力而行、循序渐进、稳步发展的原则，只有这样才能使民族基础教育的质量和效益得以真正提高。

四　双语教育研究的主要方法

第一，系统论的策略。从不同层面、不同角度具体分析影响民汉双语教育形成和发展的各种制约因素。即运用文化人类学整体观方法论，既系统地分析民族地区社会、经济、文化传统、地理环境等外部因素与民族教育的互动，又全面探讨有关民族中小学双语教学的理论研究、课程设置与开发、教材编写、教学方法、师资培训、经费筹措等民族教育的内部因素。其中既有现实的，亦有历史的。在研究过程中，共时和历时相结合，从共时研究历时，从历时解释现状；既考虑语言因素，包括语言文字的功能和语言观念，又顾及社会对语言的影响，如民族关系和支系关系；既看到局部，又注意整体；既重视现实利益，又考虑长远利益；既研究境内，又联系境外。

第二，跨学科的策略。由于双语教育问题是一门综合性学科，与语言学、教育学、心理学、民族学、社会学、人类学和历史学等多学科有着密切的关系，因而在探索其规律时要综合运用教育学、人类学、社会学、民族学、语言学（民族语言学）、心理学（语言心理学）等学科理论，尤其充分运用民族教育学、文化人类学、语言心理学及跨文化心理学、民族语言学、社会文化变迁、双语教学等领域的先进成果，进行系统深入的分析和解释。坚持理论研究和实地考察相结合，定性研究和定量研究相结合，宏观与微观相结合。

第三，行动研究的策略。以切实有效地服务促进民族教育实践革新为宗旨，面向实践且深入实践，与民族地区教育管理人员和教师合作，广泛征求学生、家长、用人单位和社会各方面意见，共同反思实践，尤其是针对现实中存在的重大问题，积极采取创新性试验，从而探索建设性改革措施，以有效地促进民族教育实践发展。

第四，民族志研究的策略。民族志（Ethnography，也称"人种志"）不仅能为特定情境中的现象提供完整和科学的描述，还可以使研究者发现需要研究的重要问题，"也许是解决教育问题的最好方法"。民族志方法论的基本主张包括：①研究视角的相对性与互补性，即将站在实践者角度"自观"与从研究者立场"他观"相结合，尤其要重视基层群众对培训的感受。②研究内容之全貌性，既系统分析社会、经济、文化等培训的外部制约因素，又要全面探讨项目选择、示范实验、教材编写、内容传授、培训后咨询与服务、开发与推广等培训项目本身的系列环节。③数据与结论来源的自然主义，通过实地调查，尤其是参与观察等技术，去掉研究者的局外感和偏见，在此基础上分析与试验，得出结论。④方法与技术的多样性，务实运用各种方法，尤其是努力运用深度访谈、现场体验、个案剖析等质的研究技术。

对于双语教育研究范式和研究策略的探讨分析，不仅对于少数民族双语教育的健康发展有重大的现实意义和重要战略意义，从长远来看，能够推动我国现代化教育可持续发展，并能够为我国语言和文化的多样化做出贡献，进而促进我国和谐社会和文化建设取得新成效。

参考文献

〔加拿大〕M. F. 麦凯、〔西班牙〕M. 西格恩：《双语教育概论》，严正、柳秀峰译，光明日报出版社，1989。

〔美〕伯顿·克拉克主编《高等教育新论——多学科的研究》，王承绪等译，浙江教育出版社，2001，第 1~1、111 页。

戴庆厦、滕星等：《中国少数民族双语教育概论》，辽宁民族出版社，1997。

戴庆厦：《语言和民族》，中央民族大学出版社，1994。

高丙中、纳日碧力戈等：《现代化与民族生活方式的变迁》，天津人民出版社，1997。

顾明远主编《民族文化传统与教育现代化》，北京师范大学出版社，1998。

孙若穷主编《中国少数民族教育学概论》，中国劳动出版社，1990。

滕星：《中国少数民族双语教育研究的对象、特点、内容与方法》，《民族教育研究》1996 年第 2 期。

庄锡昌、顾晓鸣、顾云深等：《多维视野中的文化理论》，浙江人民出版社，1987。

顾明远主编《教育大辞典·民族教育卷》，上海教育出版社，1992。

王锡宏：《中国少数民族教育本体理论研究》，民族出版社，1998。

哈经雄、滕星主编《民族教育学通论》，教育科学出版社，2001。

林耀华主编《民族学通论》（修订本）中央民族大学出版社，2001。

〔美〕乔纳森·特纳：《社会学理论的结构》（上、下），邱泽奇等译，华夏出版社，2001。

滕星：《族群、文化与教育》，民族出版社，2002。

苏德：《少数民族双语教育研究综述》，《内蒙古师范大学学报》（教育科学版）2004 年第 11 期。

扎巴主编、苏德等副主编《蒙古学百科全书·教育卷》，内蒙古人民出版社，2009。

苏德：《"蒙－汉－外双语教学模式"——内蒙古地区"蒙－汉－外"双语教学研究与实践》，《教育研究杂志》2005 年第 5 期。

苏德主持的联合国教科文项目《中国少数民族基础教育政策研究》系列成果。

执笔人：苏　德

袁　梅

第二篇
少数民族双语教育实践研究

| 十一 |

内蒙古自治区蒙汉双语教育调查研究

一 引言

在党和国家的高度重视与正确领导下，我国的民族教育事业取得了长足的发展。全国各民族地区的教育事业勃勃生机，不同地区表现出不同特点，但总体而言都有进步与发展。内蒙古自治区作为我国五个自治区之一，在民族教育事业上别具特色，走到了我国民族教育发展的前列，其民族教育发展相对比较成熟。内蒙古自治区在具体实施教育过程中的一些成功经验和典型做法，值得我们认真思考总结，以为我国民族教育事业的发展提供一定的借鉴与参考。

为了扎实地了解内蒙古自治区蒙汉双语教育的情况，课题组采取实地调研的方法进行研究。课题组主要采取了以下几种形式进行调研。首先，课题组列席了内蒙古自治区民族教育工作会议，听取了自治区9个市、3个盟教育局负责人的民族教育工作汇报，参加了会议座谈会，听取了自治区教育厅领导对区内民族教育工作的总结。其次，课题组分别在呼和浩特市、鄂尔多斯市、通辽市的8所民族中小学和2所民族幼儿园进行了实地考察。再次，课题组分别与自治区教研室、内蒙古教育出版社、教材审定办公室的专家、教育管理人员、中小学教师举行了多次座谈会，对260名中小学生进行了问卷调查，对30多名幼儿园小朋友进行了简单的访谈。最后，课题组对部分中小学校学生使用的教材进行了抽查分析。目的就是通过调研，以科学的态度、点面结合的方式，摸清内蒙古自治区双语教学的现状，总结经验，查找存在的问题，提出对策，供教育部门及其他相关部门作为决策参考。

二 内蒙古自治区教育基本情况

党的十八大以来，自治区党委明确了今后一个时期全区经济社会发展的战略目标任务，强调推进五大基地、两个屏障、一个桥头堡和沿边开发开放经济带建设。特别是 2014 年又提出了利用三年时间实现农村牧区"十个全覆盖"，对教育工作、人才培养等都提出了新的更高要求。

（一）民族教育发展的主要措施

内蒙古自治区党委、政府始终高度重视民族教育，特别是蒙语授课教育和少数民族人才培养工作。在不同的社会发展时期，针对民族教育事业发展提出了符合自治区实际的工作原则和指导方针。从 1949 年全区第一届教育工作会议以来，先后明确了发展少数民族语言文字、培养少数民族干部和少数民族人才、牧区办学坚持"四结合、四为主"、民族教育实行"优先发展、重点扶持"方针等一系列政策措施，逐步形成了与区内普通教育相协调、层次结构合理（从幼儿教育到高等教育）、具有鲜明民族特色和地方特点的完整的民族教育办学体系，走上了质量、效益、特色相统一的发展之路，为自治区的经济建设、社会发展和民族团结进步事业做出了积极贡献。

2002 年印发《国务院关于深化改革加快发展民族教育的决定》（国发〔2002〕14 号）和召开第五次全国民族教育工作会议后，内蒙古自治区政府及时召开主席办公会议，听取贯彻落实工作汇报，研究民族教育改革发展中存在的特殊困难和突出问题，针对今后工作提出指导意见。并于 2003 年根据相关部门调研和督查反馈的意见，部署调整了教育工程的组织实施和相关工作，确保了民族教育与普通教育的统筹协调发展。尤其是"十五"期间的中小学布局调整、改善办学条件，"十一五"期间的"两基"达标、均衡发展等重点工作，充分发挥了民族教育的特殊功效和表率作用。

2004 年 11 月 26 日内蒙古自治区第十届人民代表大会常务委员会第十二次会议通过了共六章四十条的《内蒙古自治区蒙古语言文字工作条例》。该条例是为促进蒙古语言文字的规范化、标准化、学习使用制度化及其繁荣发展，使蒙古语言文字在社会生活中更好地发挥作用，根据《中华人民共和国宪法》《中华人民共和国民族区域自治法》和其他有关法律法规，结合内蒙古自治区实际制定的。

2005 年中央民族工作会议召开和《中共中央、国务院关于进一步加强民族工作加快少数民族和民族地区经济社会发展的决定》（中发〔2005〕10 号）印发后，自治区党委、政府及时召开贯彻落实会议并制定印发了《内蒙古党委、政府关于进一步加强民族工作，加快我区经济社会发展的决定》（内党发〔2005〕20 号），对优先普及少数民族义务教育和高中阶段教育、各级财政设立民族教育专项资金、加强双语教育、培养蒙汉兼通少数民族高层次人才等提出了具体要求并明确了一系列优惠政策措施。

2005 年 3 月至 9 月，针对蒙汉双语教育学校在城镇化进程中出现的生源减少、办学经费不足和教师队伍不稳定，高校少数民族毕业生就业困难以及社会层面对民族教育的地位作用认识不到位等问题，内蒙古自治区第十届人大常委会组织开展了全区民族教育法律法规执法检查。

2006 年 3 月，内蒙古自治区人民政府决定在"十一五"期间组织实施"自治区民族教育发展工程"，并于 2007 年 5 月以自治区人民政府名义正式印发了《内蒙古自治区民族教育发展工程实施方案》（内政办发〔2007〕63 号），要求率先实现民族中小学办学条件的标准化。

2007 年 10 月，为进一步贯彻落实中央和自治区加强民族教育工作的方针政策，内蒙古自治区人民政府印发了《关于进一步加强民族教育工作的意见》（内政发〔2007〕103 号），从五个方面提出了 23 条具体政策措施，为民族教育的深化改革和创新发展指明了方向。

2012 年 2 月，内蒙古自治区人民政府印发了《内蒙古自治区民族教育人才培养模式改革实施方案》（内政办发〔2012〕19 号）和《内蒙古自治区民族教育发展水平提升工程实施方案》。"民族教育人才培养模式改革"

既是国家教育体制改革试点项目，也是自治区中长期教育改革和发展规划纲要确定开展的重大改革项目。"民族教育发展水平提升工程"是自治区中长期教育改革和发展规划纲要及自治区"十二五"期间确定实施的重大工程项目。

2013 年 1 月、2 月，内蒙古自治区人民政府分别印发了《关于进一步做好普通高等学校毕业生就业工作的意见》（内政发〔2013〕4 号）和《关于进一步加强高等学校专业结构调整的意见》（内政发〔2013〕25 号），就进一步促进蒙古语授课大学毕业生就业、培养蒙汉兼通应用型人才、拓宽少数民族大学毕业生就业创业渠道等方面制定了一系列优惠政策，明确了具体措施。

2016 年 9 月 29 日，内蒙古自治区第十二届人大常委会第二十六次会议审议通过《内蒙古自治区民族教育条例》。

（二）内蒙古自治区教育发展成就

内蒙古自治区成立之初，教育比较落后，全区只有 1 所蒙古族中学、3 所蒙汉合校中学、282 所蒙古族小学、54 所蒙汉合校小学。在校蒙古族中学生 468 人、小学生 2100 人。内蒙古自治区的教育发展到 2011 年前后时已经有了长足进步，取得了喜人的成就。全区的教育情况与全区少数民族教育情况如表 1～表 5 所示。

表 1 2010 年内蒙古自治区教育基本情况

单位：所，人

项目	学校数量	少数民族学校数量	在校生人数	少数民族在校生人数
幼儿园	1911	148	224871	41084
小学	3139	382	1493013	180071
普通初中	890	158	832216	89317
普通高中	306	51	519643	67539
职业初中	15	1	7185	31
职业高中	143	18	161674	15635
普通高校	41	—	351928	—

表 2 2010 年内蒙古自治区少数民族教育基本情况

单位：所，人

	少数民族学校数量	其中:蒙古语授课学校数量	少数民族在校生人数	其中:蒙古语授课学校在校生人数
幼 儿 园	148	126	41084	34083
小 学	382	340	180071	141791
普通初中	158	137	89317	66722
普通高中	51	43	67539	47765
职业初中	1	1	31	31
职业高中	18	17	15635	7426

表 3 2010 年分盟市义务教育普及程度及中小学生师比

单位：%，人

	小学			每一教职工负担学生人数			
	入学率	升学率	辍学率	小学	普通初中	普通高中	职业高中
总计	106	100.67	1.77	11.1	9.63	9.73	12.15
呼和浩特市	100.02	94.77	0.86	15.6	17.18	7.38	8.62
包头市	106.35	97.53	0.07	14.97	11.41	10.21	12.82
乌海市	112.75	105.26	0.35	13.28	8.54	10.88	—
赤峰市	101.04	100.00	0.76	9.55	9.77	12.25	15.64
通辽市	110.53	100.6	1.18	11.73	9.12	11.71	25.86
鄂尔多斯市	112.12	99.72	-0.47	12.21	10.36	7.55	10.62
呼伦贝尔市	108.48	100.97	2.60	9.05	5.47	9.26	6.63
巴彦淖尔市	107.34	100.05	1.19	11.96	11.70	8.39	14.80
乌兰察布市	104.30	100.05	3.96	8.77	11.40	10.55	7.86
兴安盟	110.37	96.02	2.45	8.80	6.35	10.28	7.68
锡林郭勒盟	111.53	104.55	-0.01	11.01	11.92	7.84	6.47
阿拉善盟	110.45	100.76	-1.28	13.06	7.50	7.02	13.89

表 4 2010~2011 年内蒙古自治区教育普及程度

单位：%，个百分点

	2011 年	2010 年	增减值
小学适龄人口入学率	99.96	99.99	-0.03
初中阶段毛入学率	113.14	106.26	6.88
小学毕业生升学率	100.68	100.23	0.45
初中毕业生升学率	95.97	91.52	4.45
小学五年保留率	93.72	95.11	-1.39
初中三年保留率	93.25	94.63	-1.39
义务教育巩固率	88.73	83.40	5.33
高中阶段毛入学率	91.50	89.73	1.77
高等教育毛入学率	30.52	25.94	4.58

表5　2010~2011年内蒙古自治区专任教师学历合格率

单位：%，个百分点

	2011 年	2010 年	增减值
小学	99.79	99.66	0.13
其中:专科毕业及以上学历教师比例	88.13	85.3	2.83
普通初中	99.11	98.84	0.27
其中:本科毕业及以上学历教师比例	73.04	69.92	3.12
普通高中	95.3	94.18	1.12
其中:研究生毕业教师比例	4.64	3.56	1.08
职业高中	82.7	82.11	0.59
其中:研究生毕业教师比例	1.72	1.1	0.62
幼儿园	98.6	98.37	0.23
其中:专科毕业及以上学历教师比例	78.92	75.92	3
特殊教育	98.98	99.45	- 0.47
其中:专科毕业及以上学历教师比例	87.78	85.15	2.63

　　截至2013年，全区有中小学校3456所，在校学生259.80万人。其中小学2308所，在校学生131.06万人；普通初中749所，在校学生68.85万人；普通高中277所，在校学生49.42万人；职业高中122所，在校学生10.47万人。全区有幼儿园2740所，在园幼儿51.55万人；普通高校49所，在校本专科学生39.92万人、研究生16897人。

　　截至2013年，全区有独立设置的少数民族中小学校537所，在校学生33.38万人，分别占全区中小学校总数和在校学生总数的15.54%、12.85%。其中实施双语教学的484所，在校学生20.85万人，分别占全区中小学校总数和在校学生总数的14.00%、8.03%。现有独立设置的少数民族幼儿园205所，在园幼儿6.95万人，分别占全区幼儿园总数和在园幼儿总数的7.48%、13.48%。其中实施双语教学的186所，在园幼儿4.75万人，分别占全区幼儿园总数和在园幼儿总数的6.79%、9.22%。全区有36所普通高校开设了100多个蒙汉双语授课专业和少数民族预科班，在读学生5.79万人，占全区在校大学生总数的14.50%。

　　截至2013年，全区有少数民族在校中小学生69.49万人，占全区在校中小学生总数的26.75%；其中蒙古族在校中小学生61.82万人，占全区在校中小学生总数的 23.80%。现有少数民族在园幼儿 12.47 万人，占全区在园幼儿总数的 24.19%；其中蒙古族在园幼儿 11.11 万人，占全区在园幼儿总数的 21.55%。现有少数民族在校大学生 10.73 万人，占全区在校大学生总数的 26.88%；其中蒙古族在校大学生 9.32 万人，占全区在校大学生总数的 23.35%。现有少数民族在读研究生 5032 人，占全区在读研究生总数的 29.78%。

全区蒙古族在校中小学生中，接受蒙汉双语教学的学生占总数的 33.74%；蒙古族在园幼儿中，接受蒙汉双语教学的幼儿占总数的 42.75%；蒙古族在校大学生中，接受蒙汉双语教学和少数民族预科教育的大学生占总数的 62.12%。

截至 2013 年，全区有中小学专任教师 21.41 万人，其中少数民族 6.09 万人，占 28.44%；有幼儿园专任教师 2.87 万人，其中少数民族 0.72 万人，占 25.09%；有普通高校专任教师 2.46 万人，其中少数民族 0.72 万人，占 29.27%。专任教师合格率如下：小学 99.91%、初中 99.38%、普通高中 96.71%、职业高中 85.03%、幼儿园 98.81%。

截至 2013 年，全区有双语教学中小学专任教师 24954 人、幼儿园专任教师 2926 人。专任教师学历合格率如下：小学 99.98%、初中 99.25%、普通高中 95.70%、职业高中 91.25%、幼儿园 99.27%。

2013 年，全区学前教育三年毛入园率为 74.72%，小学适龄人口入学率为 99.86%，初中阶段毛入学率为 97.68%，高中阶段毛入学率为 96.57%，高等教育毛入学率为 33.99%，义务教育巩固率为 88.09%，高中阶段教育普职比为 6∶4。全区已于 2007 年全面完成了"两基"达标任务。

2013 年全区生均校舍面积：小学 8.24 平方米、初中 12.49 平方米、普通高中 16.88 平方米、职业高中 14.5 平方米、普通高校 33.65 平方米。生均图书：小学 17.84 册、初中 24.53 册、普通高中 22.71 册、职业高中 23.88 册、普通高校 82.35 册。生均仪器设备值：小学 722 元、初中 1211 元、普通高中 2018 元、职业高中 3858 元、普通高校 11159 元。生活设施、运动场地未作统计。

就蒙古族教育而言，自治区用蒙古语授课学校的教职工人数情况如下：截至 2013 年，有幼儿园教职工 2596 人，其中专任教师 1933 人，学历合格率为 99.70%，专科毕业及以上学历教师比例为 76.63%；小学教职工 18955 人，其中专任教师 15154 人，学历合格率为 99.93%，专科毕业及以上学历教师比例为 80.02%；普通初中教职工 10012 人，其中专任教师 7573 人，学历合格率为 98.21%，本科毕业及以上学历教师比例为 57.63%；普通高中教职工 25117 人，学历合格率为 92.09%；职业高中教职工 2905 人，学历合格率为 86.26%。

三　内蒙古自治区双语教学现状、发展历程及取得的成就

内蒙古自治区成立 70 多年来，特别是改革开放以来，在党和国家的大力支持下，在自治区党委、政府的正确领导下，民族教育工作坚持改革创新，探索出了一整套适合地区特点，兼顾普遍性与特殊性的教育模式，形成了与区内普通教育相协调、从幼儿教育到高等教育、层次结构合理且相互衔接、具有鲜明民族特色和地方特色的办学体系，走上了质量、效益、特色相统一的发展之路，为自治区的经济建设、社会发展和民族团结进步事业做出了积极贡献。

（一）双语教学的发展概况及保障机制

1947 年时，内蒙古自治区的教育比较落后，牧区的蒙古族小学基本未开设汉语文，城市的蒙古族中小学生大部分不学蒙古语文，只有很少的蒙古族中小学生学习蒙汉双语文，双语教学比较落后，甚至没有正规的蒙古文教材。

为了改变这一状况，中央政府和自治区政府根据双语教育的实际，先后出台了一批政策法规来推动双语教育的发展。

1947 年 6 月成立了蒙文小学课本编译处，属文教部下设机构，编写蒙古语文各科教材。

1954 年，内蒙古自治区人民委员会决定：学校的设置实行蒙汉分班分校，即蒙古族聚居的地区蒙汉分校；杂居地区蒙汉合校分班；散居地区以

苏木、旗（县）为单位，集中办寄宿制民族学校，以利于实行蒙古语文教学。

1964 年，内蒙古自治区党委决定在民族学校试行《全日制蒙古族及其他少数民族中小学暂行工作补充条例》（草案）（简称"民族教育三十条"）。条例对各级各类双语教育的内容、目标做出明确的规定。

1981 年，自治区政府提出了优先发展、重点支持民族教育事业的方针，并针对改革开放后民族教育恢复发展时期的特殊情况，特别加以重申，在统筹规划各类教育事业的发展中，优先重点安排民族教育；在学校建设、招生收费、教师队伍和教材建设、改善办学条件、救助困难学生等各个方面，向民族教育倾斜。

之后，内蒙古自治区又于 2000 年、2003 年、2007 年对蒙古语授课高考学生的蒙古语、汉语、外语记分办法做出了规定。特别是《内蒙古自治区蒙古语言文字工作条例》、《内蒙古自治区党委政府关于进一步加强民族工作加快我区经济社会发展的决定》（内党发〔2005〕20 号）和《内蒙古自治区人民政府关于进一步加强民族教育工作的意见》（内政发〔2007〕103 号）等政策，有力地促进了蒙古语言文字教育教学工作，保障了蒙古语言文字的繁荣发展。随着双语教育法律法规保障体系的不断完善，双语教学更加深入人心。内蒙古自治区的双语教育工作已经步入了法制化管理轨道。

2007 年之后，自治区组织实施民族教育发展工程，把目标、任务具体化；印发了《内蒙古自治区人民政府关于进一步加强民族教育工作的意见》（内政发〔2007〕103 号），把"优先重点"这一方针细化为具体的政策和措施，标志着内蒙古自治区民族教育事业的发展进入重要的历史机遇期。针对自治区内各地经济发展不均衡、财政收入差别较大的状况，自治区政府首先对蒙古语授课义务教育学校寄宿生加大生活补助力度，小学生每人每天补助 4 元，每学年补助 1080 元；初中生每人每天补助 5 元，每学年补助 1350 元；所需经费全部由自治区财政核拨。2009 年，自治区财政共投入 2.72 亿元。

此外，锡林郭勒盟、鄂尔多斯市、呼和浩特市、包头市、巴彦淖尔市、乌兰察布市、阿拉善盟等盟市还实行了对蒙古语授课高中生免学费、补助生活费、发放奖学金，对蒙古语授课的幼儿园儿童实行生活费补助等优惠政策。

从 2010 年起，自治区政府着手研究制定提高蒙古语授课义务教育学校公用经费标准和寄宿生生活费补助标准等方面的政策措施，认真落实政府工作报告中提出的"逐步在民族语言授课高中阶段和民族幼儿教育阶段实现免费教育"要求。

自治区政府在落实"两免一补"政策（免学杂费、免教科书费、补助寄宿生生活费）的同时，进一步落实"两主一公"（"两主"是指以寄宿制为主，以助学金为主，"一公"是指公办学校）的办学模式，把相关政策落到实处，确保少数民族学生在标准化的民族学校里学好、住好、吃好，在德、智、体、美等各方面得到健康、全面发展。

经过长期努力，内蒙古自治区明确了双语教育的指导思想和工作原则，即：认真贯彻执行党和国家的教育方针政策，把大力发展民族语言文字作为重要任务，把学习掌握母语作为基本要求，把学习运用汉语作为必备素质，把学习使用外语作为一项发展能力，坚持因地制宜、分类指导原则，尊重学生意愿，加强宣传引导，努力培养适应国家及自治区经济建设和社会发展需要的民汉兼通的双语型人才。

双语教育工作经过几个重要时期的发展、完善、调整和提高，逐步积累了较丰富的经验，形成了从幼儿教育到高等教育较系统的双语教学体系。明确要求以蒙古语授课为主的幼儿园要实行公办体制，加快发展，为蒙古语授课教育提供稳定的生源；以蒙古语授课为主的中小学要开设汉语和外国语课程；以汉语授课为主的蒙古族中小学要开设蒙古语文课程，使毕业生达到蒙汉兼通水平；蒙古语授课高中毕业生考入区内高校后，一部分学生继续加强蒙古语授课专业知识学习，同时强化汉语教学，提高毕业后的工作、学习和发展能力；另一部分学生学习汉语授课专业，开设大学蒙古语文课程，努力掌握专业知识和本领，增强社会适应能力，要积极推进中国少数民族汉语水平等级考试和蒙古语文应用水平等级考试工作。

目前，内蒙古自治区的民族教育已基本形成了从幼儿园教育到高等教育、从普通教育到成人教育、以蒙古语授课为主加授汉语文、布局比较合理的双语教学体系。现行的双语教学体系为蒙古族教育、教学质量的提高起到了促进作用。全区少数民族学生的就学和升学比例均高于全区平均比例，蒙古语授课学生的高考升学率连续多年高于全区平均水平。在自治区范围内，实现了以民族语言文字授课为主，兼学汉语文，蒙汉兼通的要求。实践证明，内蒙古自治区的双语教学模式是可行、有效的。

（二）重视民族语言文字规范化和信息化建设

搞好民族语言文字的规范化、标准化和信息化工作是开展双语教学的前提与基础。自治区政府高度重视蒙古语言文字的规范化、标准化和信息化工作。2005 年出台的《内蒙古自治区蒙古语言文字条例》中明确规定：要使用规范字，推广蒙古语标准音，加强蒙古语文的规范化、标准化、信息化工作。目前，在自治区内，已经形成了较为完整的标准化体系，取得了多项重要成果。

名词术语与民族文字的规范化。早在 20 世纪 80 年代初，内蒙古蒙古语文工作委员会（八省区蒙古语文协作小组办公室）在多年研究的基础上，确定了我国蒙古语基础方言、标准音，于 1980 年以内政发〔1980〕80 号文件下发，并转发八省区。1982 年，经自治区人民政府批准，恢复内蒙古自治区蒙古语名词术语委员会，并在审定、统一常用名词术语和专业名词术语以及外国国名、地名、人名等自然科学、社会科学新词术语的基础上，开始审定、统一各类新词术语。到 2009 年底，已公布新词术语公报106 期，约 12000 条（发往八省区使用），审定出版汉蒙对照各类专业名词术语丛书近 40 种。

1985 年、1999 年，自治区开展了两次民族文字的规范化工作，规范了现行蒙古文中一些不规范语词的书写形式；从 4000 个不规范的书写形式中筛选 1000 多条意见较一致的基本词进行规范，并于 2000 年以《蒙古文正字法公报》形式公布。1999 年正式出版了《蒙古文正字法词典》《蒙古语辞典》，1996 年规范公布"蒙古文字母排序"。2000～2008 年，自治区规范统一了"蒙古语言中的英语借词书写法""蒙古文标点符号应用与规范"。2009 年，研制发布"现代蒙古语常用词词表"（4767 个）等多项规范内容。

标准化。2000 年，研制发布"蒙古语术语工作原则与方法"国家标准。2001 年，研制发布"蒙古语术语缩略语书写原则与方法"地方标准和"蒙古语辞书编纂工作原则与方法"国家标准。

信息化。2000 年，修订发布"蒙古文编码键盘布局"国家标准。2000 年，研制发布"蒙古文编码国际标准"。2002 年，研制上报"蒙古文罗马字转写"国际标准。2003 年，研制上报"八思巴文编码"国际标准。2005 ~ 2008 年，研制上报蒙古文信息技术国家标准 22 项。2007 年，研制"蒙古语术语数据库""汉蒙大词典"。20 世纪 90 年代，开展了蒙古语百万词、五百万词词频统计。到目前为止，基本实现了日常办公微机化，开发了字、词处理及通用软件，商用和研究、排版印刷软件，建立了民文网站、网页。

目前，自治区蒙古族中小学教师蒙古语标准音培训率达到 90% 以上，编写出版汉英蒙名词术语系列词典共 13 卷，研制成功并投入使用的蒙古文信息处理软件已有十多种，部分软件已应用于教育教学工作当中。

（三）现行的双语教学模式

自治区开展双语教育的对象主要是蒙古族学生，部分鄂温克族和其他民族学生自愿在民族学校接受以蒙古语授课为主的双语教育，部分朝鲜族学生在民族学校接受以朝鲜语授课为主的双语教育。

从总体上讲，内蒙古自治区的双语教学模式主要有两种：一是以蒙古语授课为主，小学二年级起开设汉语课程；二是以汉语授课为主，小学二年级起开设蒙古语文课程。朝鲜族学校的双语教学模式也可归纳为上述两种模式，不过使用的民族语是朝鲜语。这两种模式的主要区别在学前教育及小学阶段，其他阶段的共性较多。

从初中一年级起，全区民族学校均开设外国语课程。在民族学校中，高中毕业前不存在分段情况，进入高校后实行蒙汉语授课分流。

一部分接受蒙古语授课的高中生升入高校后，继续以蒙古语授课为主学习各类专业课程，同时加强汉语文教学；另一部分接受蒙古语授课的高中生升入区内高校后，通过一年预科学习，进入汉语授课专业学习，同时继续学习大学蒙古语文课程。这两类学生比例约为 3∶2。

（1）以蒙古语授课为主，加授汉语文课程的模式。在通用蒙古语的地区，学前阶段的双语教学模式是在幼儿教育中，以蒙古语授课为主，同时引入汉语教学和活动内容。

小学阶段以蒙古语授课为主，从小学二年级起开设汉语文课程。蒙古语为第一教学语言，汉语教学课时计划分别为 2 ~ 6 年级每周 3 课时、7 ~ 9 年级每周 4 课时、10 ~ 12 年级每周 3 课时。随着时代的发展，一些有条件的地方从小学一年级起开设汉语文课，从小学三年级开始开设外语课。

（2）以汉语授课为主，加授蒙古语文的模式。在蒙古语不太通行的地区，学前阶段的双语教学模式以汉语授课为主，适当引入蒙古语教学内容。在小学阶段，以汉语授课为主，从小学二年级起开设蒙古语文课程，让孩子在小学阶段学好母语，在一定程度上掌握蒙古文。

（3）双语学校的中、高考政策。内蒙古自治区世居的少数民族种数不多，少数民族人口相对集中，蒙古语受众范围较大，为双语教学的体系建设提供了条件。为了确保蒙汉双语教学的可持续发展，自治区在中考、高考等方面采取了一些行之有效的措施，具体表现在以下几方面。

一是在高中招生方面实行双轨制——普通初中的学生考普通高中，民族初中的学生考民族高中。虽然民族初中的学生要多考一门蒙古文，其他学科的考卷也为蒙古文，但他们所考高中的轨道不同，这就保证了各族学生在中考方面的公平性。

二是在高考方面，普通高中与全国高考政策一致，民族高中的高考政策则针对少数民族实际，在方式上有所不同。民族学校的三语实验班所考科目与非实验班相同，区别在于学科的权重：三语实验班的高考中，汉文（MHK）和蒙古文（乙卷）两科的成绩分别以 50% 的分值计入总分，英语按 100% 记分。非实验班的高考中，汉文（MHK）和英语两科的成绩分别以 50% 的分值计入总分，蒙古文（甲卷）按 100% 记分。

（四）双语师资队伍、教材建设及现代教育技术在双语教学中的运用

1. 双语教学的师资队伍

内蒙古自治区的双语师资队伍主要依靠区内师范类本科院校培养，部分教师（外语、计算机类）来源于部属高校和内地高校，多数教师是自治区按计划定向培养的。在自治区内，从事双语教学的教师主要是蒙古族，只有少部分汉族教师从事汉语课程教学。

自治区实施双语教学的学校制度健全、管理规范，与普通学校的发展是同步的。双语教学教师的数量基本能满足需求，专任教师合格率较高，普通话水平测试通过率达到90%以上。

为了提高教师的业务水平，自治区不断加大双语教师和民族中小学校长队伍的培训工作力度。近几年，自治区平均每年免费培训民族中小学校长100多人，免费培训各学科双语教师1000多人，2009年自治区级培训人数达到3000人。与此同时，许多盟市还想方设法加强校长队伍建设，选拔一批后备干部送到北京、上海等地挂职锻炼。同时还通过招聘等方式，使一大批优秀大学毕业生充实到民族中小学的教师队伍中来。这些措施为双语教育提供了必要的师资保障。

2. 双语教材建设

要搞好双语教学，教材是重要因素。自治区高度重视双语教材建设和教学资源的开发使用工作。为了研发出适合内蒙古自治区双语教学的教材，相关部门依据《蒙古族中小学语文课程标准》和《蒙古族中小学蒙古语文课程标准》编写出大量蒙古文教材。汉语教材依据《全日制民族中小学汉语课程标准》编写，其他学科均依据国家出版的教材进行编译。

目前，自治区已经建立起了完整的民文教材体系，每年编译审查出版各类中小学蒙古文教材及教辅用书160多种、大中专蒙古文教材60多种。不仅在区内做到了课前到书、人手一册、满足需要，还供应蒙古语文协作八省区的学生使用。到2009年底，自治区已经完成了《蒙古族中小学语文课程标准》《蒙古族中小学蒙古语文课程标准》《蒙古语文应用水平等级

考试》的研制工作。

为了提高少数民族学生的学习效率、提升民族教育的质量，教育部门注重充分发挥现代教育技术的作用。自治区于 2007 年完成了教育部农村中小学现代远程教育工程项目中的《蒙古文版本教学资源》（第一阶段）的开发建设工作，包括中小学大部分学科资源、通用专题教学资源和蒙古族特色专题资源，已经通过卫星传输供学生和教师使用。2010 年底，自治区将完成《蒙古文版本教学资源》（第二阶段）的开发建设任务，内容涵盖中小学各个学科，率先在少数民族地区实现多学科、全方位、高标准的优质教育资源共享。

目前，内蒙古自治区在各级、各类学校中均开展了现代远程教育，各类教学设备齐全，民族学校都能按要求开设计算机课程，双语教师都能够运用信息技术手段开展课堂教学。

（五）双语教学的研究与指导工作

内蒙古自治区十分重视双语教学的研究工作，在内蒙古师范大学设立了民族教育改革与发展研究中心，成立了中国少数民族教育协会双语教育研究会。内蒙古自治区教学研究室、教科所、电教馆等均设立民族教育研究机构，安排专职人员，加强各级各类双语教学的研究工作，对一线教师的教学进行指导。学校通过开展教育科研活动，提高了教育教学质量和效率。

（六）主要工作及成绩

1. 认真贯彻"优先重点"发展方针

内蒙古自治区在统筹规划各类教育发展中，优先安排民族教育。在学校建设、招生收费、教师队伍和教材建设、改善办学条件、安排工程项目、救助困难学生等各个方面向民族教育倾斜，确保了各级各类民族中小学的办学条件处于当地同级同类学校中优质水平，为民族教育的加快发展和提高教育教学质量奠定了坚实基础。尤为突出的是经费支持方面，自 2007 年起，内蒙古自治区财政每年安排民族教育专项补助资金 2000 万元，

2013 年起增加到 6000 万元。各盟市、旗县财政也按照要求安排了 50 万 ~ 300 万元的专项经费，年投入 5000 多万元。全区各级财政每年投入的民族教育专项补助资金达到 1 亿多元。

2. 坚持推行"两主一公"办学模式

内蒙古自治区从成立之初就在民族中小学实行"助学金为主、寄宿制为主的公办体制"，确保了少数民族学生在逐步完善的标准化学校里学习生活，德智体美各个方面得到了全面发展。在长期以来实行助学金制度的基础上，2007 年秋季起，加大了对蒙汉双语授课义务教育学校寄宿生的生活补助力度，小学生每人每学年 1080 元，初中生每人每学年 1350 元。2012 年秋季起，补助范围扩大为民汉双语（包括蒙古语授课、朝鲜语授课）教学的中小学寄宿制学生，标准提高到小学生每人每学年 1350 元、初中生每人每学年 1620 元、高中生每人每学年 1890 元。自治区财政每年需投入 2.79 亿元。2011 年春季起，对全区民汉双语教学普通高中学生实行免学费和免教科书费用政策，自治区财政每年需投入 0.95 亿元。2000 年起，对高中阶段蒙古语授课考生考入区内高校的，实行减免 20% 学费政策，减收部分按现行财政管理体制由自治区和地方财政补贴。

3. 全面加强双语教学工作

立足实际，科学合理地选择了双语教学模式，积极稳妥地推进了双语教学。所谓双语教学，是指以本民族语言授课为主加授汉语或者以汉语授课为主加授本民族语言的教学。内蒙古自治区民族学校的双语教学现有以下模式：第一，以蒙古语授课或者朝鲜语授课为主加授汉语的，简称为双语教学一类模式；第二，以汉语授课为主加授蒙古语或者加授朝鲜语的，简称为双语教学二类模式。

内蒙古自治区长期坚持双语教学一、二类模式，且强调以一类模式为主。首先，蒙古语文完全符合人类文明和中华文化的发展要求，具备适应当今世界社会科学领域和自然科学领域各个学科知识发展需要的编译、吸收和创新能力。其次，根据科学规律，积极稳妥地开展双语教育。自治区党委和政府高度尊重群众意愿，依法行事，有效保障了各民族使用和发展自己语言文字的自由和权利；积极创造条件，提供少数民族自由选择学习语言的空间与平台，而不是包办代替。

内蒙古自治区倡导并鼓励少数民族学生学习使用国家通用语言文字和本民族语言文字，研究制定了一系列推行蒙汉双语教育的文件和政策。率先对蒙汉双语教学的学生实行 12 年免费教育；进一步完善了蒙汉双语教学高考学生的考试科目及记分办法；制定了促进蒙汉兼通大学毕业生就业的优惠政策；每年免费培训蒙汉双语教学中小学各个学科教师 3500 多人次和 600 多名校（园）长；每年编译出版 220 多种蒙汉双语大中小学教材；完成了蒙古文版本教学资源的开发建设任务，总容量为 295.73GB，总时长为 1064 小时，在民族地区实现了少数民族语言文字教学的多学科、高标准优质教育资源共享。为加强民族学校管理和教学质量评价，完成了《内蒙古民族中小学教育管理与教学质量评估系统》的开发研制，正在试运行。

4. 广泛开展特色学校建设和教育科学研究活动

内蒙古自治区各级各类民族学校已经牢固树立了以质量求生存、以特色求发展的办学理念，主动把传授科学文化知识与传承民族优秀文化有机结合。义务教育学校努力实现文化学习、品德养成、素质提高的统一；高中教育努力实现多样化、特色化发展；高等教育努力实现"三个服务"目标；各级各类学校全面加强校本教研和教育科学研究，加强与国内和境外学校的学习交流；既扩大了民族教育的影响力，促进了民族团结进步事业的发展，又培养了一大批德才兼备、高素质的少数民族合格人才，为自治区的长期可持续繁荣发展、和谐稳定发挥了重要作用。

5. 努力提高少数民族人才培养质量

截至 2013 年，内蒙古自治区区内高校在读的少数民族本专科学生接近 11 万人、研究生接近 0.5 万人，其中接受蒙汉双语教育和少数民族预科教育的本专科学生接近 4.5 万人；通过协作培养形式，在其他 7 个省区就读汉语授课新型专业的蒙古语授课高考本科学生 0.2 万多人；通过少数民族预科教育形式，在部属高校和内地高校就读的少数民族本专科学生 1.5 万多人；自 2007 年起，攻读"少数民族高层次骨干人才计划"的硕士研究生达 3345 人、博士研究生达 728 人，为自治区的经济社会发展储备了数量可观的少数民族高素质人才。

6. 各级党政领导高度重视，社会各界热切关注民族教育事业

各盟市根据当地实际，纷纷制订出台促进民族教育加快发展的政策措施。锡林郭勒盟几年前就已实行为学习蒙古语言文字的幼儿园儿童减免保育费、补助生活费的政策，为接受蒙汉双语教学的普通高中生每人每年补助 1000 元生活费；阿拉善盟除为各级各类蒙汉双语授课学生补助生活费外，还大幅度增加了蒙汉双语授课学校的公用经费；乌兰察布市克服财政困难，2013 年起为所有蒙汉双语授课学校寄宿生免除生活费；通辽市为加快学前教育发展，于 2012 年、2013 年两年内新建了 80 所蒙汉双语授课苏木（乡/镇）幼儿园并已投入使用，还于 2013 年承办了全区学前教育现场会，产生了强烈反响。其他盟市不同程度地从救助困难贫困生、提高寄宿生生活费补助标准、保障大中专学生就业等方面制定了一系列优惠政策，支持蒙古族和其他少数民族教育事业的发展。

7. 形成了明确的双语教育工作指导思想和原则

认真贯彻执行党和国家的教育方针政策，把大力发展蒙古语言文字和传承民族文化作为重要任务，把学习掌握蒙古语作为基本要求，把学习运用汉语作为必备素质，把学习使用外语作为一项发展能力，坚持因地制宜、分类指导原则，尊重学生意愿，加强宣传引导，努力培养适应国家和自治区经济社会发展需要的蒙汉兼通的各类专门人才和外向型应用人才。

8. 加强民族教育理论研究，统一思想认识

发展好民族教育，要正确理解和把握民族教育、双语教育的内涵。目前在一定层面和一些地区，指导民族教育工作时不同程度地存在着一些模糊认识。如：混淆少数民族教育与少数民族地区教育的关系，忽略了少数民族教育的特殊性问题；不能正确理解双语教学的基本内涵，只强调少数民族学生学习汉语，忽视了民族语言文字的学习使用和民族文化传承的问题；在坚持依法办教育、按教育规律办事等方面存在偏失等。特别是对民族教育、双语教学、双语教学模式、双语人才、双语教师等几个基本概念的理解认识方面还存在争议，需要进一步加大理论研究和实践指导的力度。内蒙古自治区在这方面历经长期探索，加大宣传力度，形成了广泛共识，顺应了少数民族群众意愿，取得了实际成效。这也是民族教育为内蒙古自治区的长期稳定、边疆安宁、民族团结、经济社会繁荣发展所做出的突出贡献。在内蒙古自治区所称的民族教育，是指对自治区行政区域内的蒙古族及其他少数民族公民所实施的以学校教育为主，以双语教学为重点，以传授科学文化知识和传承本民族文化为基本内容的各级各类教育。双语教育的目的在于使少数民族同胞既能够精通本民族的语言文字，又掌握国家通用语言文字，而不是放弃本民族的语言文字，转用汉语文，强调少数民族在掌握好母语的基础上，学习使用国家通用语言文字。

四 内蒙古自治区双语教学工作中存在的主要问题

尽管内蒙古自治区探索出了一整套适合地区特点又兼顾普遍性与特殊性的教育模式，双语教学取得了优异的成绩。但是，由于内蒙古自治区地域辽阔，区内社会、经济发展不平衡，各地区差异较大，在双语教育的发展过程中还存在一些问题。

（一）师资方面

随着内蒙古自治区学校布局调整，学校不断向城市（镇）集中。受编制所限，学校所需的一线教师无法得到及时的补充，这使得整个双语教师队伍年龄结构和知识结构趋向老化，一线双语教师的工作负担较为沉重。

与普通学校相比，民族学校的学生多数来自农村和牧区，学生家庭的经济条件较差，一些学生交不起学费，要靠政府资助才能完成学业。城区的普通学校在这方面的情况则要好于民族学校，因此学校间的预算外收入存在较大的差异，民族学校教师与普通学校教师间收入差异就表现得特别突出。一些民族高中的教师表示，其收入与同一城市普通高中条件相同的教师相比，每月要少 1500 元左右。概括起来主要有以下几个方面的问题。

1. 中小学教师依然短缺，结构不合理

以通辽市为例，各科目都存在双语教师短缺现象，内蒙古自治区其他盟市也存在相同的问题（见表 6～表 9）。

在内蒙古的双语教育工作开展过程中，政府重视双语教师队伍建设，所取得成效比较明显，数量短缺的问题得到一定缓解。以内蒙古通辽市为例，蒙古语授课初中专任教师从 2010 年的短缺 276 人增长到 2011 年的短缺 109 人。蒙古语授课小学专任教师从 2010 年的短缺 727 人增长到 2011 年的短缺 435 人。但从目前数据来看，内蒙古双语教师短缺问题依然严重，主要集中在以下几个方面。

（1）小学教师短缺问题比初中教师短缺问题更加严重。

（2）各学科都缺少双语教师，但部分学科更加突出。

（3）相比市区，旗（县）教师短缺现象更加突出。

表6 2010 年通辽蒙古语授课初中专任教师学科短缺情况

单位：人

	蒙语文	汉语	英语	数学	物理	化学	政治	历史	生物	地理	音乐	体育	美术	计算机	研究性学习	自治区课程
市区学校	11	12	15	11	6	2	4	4	4	4	2	4	1	1	2	2
旗县学校	12	13	42	13	7	4	4	5	7	12	20	12	19	6	11	4
合　计	23	25	57	24	13	6	8	9	11	16	22	16	20	7	13	6

表7 2011 年通辽蒙古语授课初中专任教师学科短缺情况

单位：人

	蒙语文	汉语	英语	数学	物理	化学	政治	历史	生物	地理	音乐	体育	美术	计算机	研究性学习	自治区课程
市区学校	0	0	2	0	0	0	0	0	0	0	0	0	0	0	0	0
旗县学校	8	9	20	3	4	6	3	3	6	4	9	6	8	7	2	9
合计	8	9	22	3	4	6	3	3	6	4	9	6	8	7	2	9

表8 2010 年通辽蒙古语授课小学专任教师学科短缺情况

单位：人

	蒙语文	汉语	英语	数学	科学	品德与生活	研究性学习	自治区课程	音乐	体育	美术	计算机	书法
科尔沁区	1	0	2	0	0	0	0	1	4	3	3	2	1
科左后旗	17	28	23	19	11	10	32	12	33	35	37	25	14
奈曼旗	3	0	5	3	0	0	0	0	3	6	4	0	0
开鲁县	0	1	1	1	0	0	1	0	2	2	2	1	1
扎鲁特旗	18	25	21	16	13	11	7	9	26	21	26	19	12
霍林郭勒市	0	0	0	0	0	0	0	0	1	0	1	1	0
科左中旗	4	6	37	1	4	0	1	1	27	22	26	19	3
合计	43	60	89	40	28	21	41	23	96	89	99	67	31

表9　2011年通辽蒙古语授课小学专任教师学科短缺情况

单位：人

	蒙语文	汉语	英语	数学	科学	品德与生活	研究性学习	自治区课程	音乐	体育	美术	计算机	书法
科尔沁区	0	1	3	0	0	0	0	0	2	2	0	0	0
科左后旗	29	23	18	20	6	3	3	2	19	20	20	19	15
奈曼旗	3	0	5	3	0	0	0	0	3	6	4	24	0
开鲁县	2	2	1	2	0	0	1	1	2	2	2	2	1
扎鲁特旗	25	15	7	21	7	6	7	6	17	18	17	11	11
霍林郭勒市	1	1	0	1	0	0	0	0	1	0	1	0	0
科左中旗	—	—	—	—	—	—	—	—	—	—	—	—	—
合计	60	41	31	46	13	9	11	9	42	46	44	56	27

2. 教师队伍的年龄总体偏大，新教师补充不足

从年龄结构上分析，在小学阶段，46岁以上教师占教师总数的49%，初中阶段占27%，高中阶段占25%（见表10）。这说明双语教师资源分配不均衡，这种状况在小学阶段尤为突出。农牧区这一年龄段教师家庭负担重，继续学习困难大，给教师队伍整体专业化发展带来了一定的难度。尤其是近几年新课程改革实施以来，出现了农牧民群众对年龄偏大教师的教育教学效果总体不够满意的现象。

表10　2011年通辽市蒙古族专任教师年龄结构

单位：人

	25岁及以下	26~30岁	31~35岁	36~40岁	41~45岁	46~50岁	51~55岁	56~60岁	61岁以上
小学	4559	0	122	899	1342	1660	1918	2092	926
初中	2604	126	623	931	858	955	578	298	65
高中	1321	91	548	396	400	409	328	152	35

3. 代课教师数量较多，专业水平较低

教师数量短缺的另外一个表现是代课教师数量依然较多，这主要是教师绝对数量不足造成的。内蒙古民族学校的教师编制长期处于饱和状态，甚至处于超编状态，但是双语教师人数还有相当大的缺口。聘用代课教师

成为各校缓解教师数量短缺问题的主要途径。例如，通辽蒙古族学校在编教师147人、代课教师90多人。调查发现，只有少部分代课教师具有中专以上学历，大部分代课教师学历不合格。由于没有受过专业教育和培训，教学理念相对落后，教学水平相对较低，再加上工作情绪不稳、待遇低，这些教师工作积极性不高。大量代课教师的存在，严重影响了教师队伍的整体水平。

4. 教师培训及继续教育的针对性不强

双语教学教研队伍力量较弱，教研活动及教学交流活动等满足不了一线教师提高专业素养及教育教学发展的需要。调研中，民族中小学一线授课教师普遍反映：因为接受蒙古语授课的学生数量少，所以民文教材、教辅的发行数量少、成本增高，出版单位出版民文图书的积极性不高。"新课改"后，教材难度加大，现行教师继续教育的内容设置不具体、不合理、不科学。教师培训时，通识及教材培训较多，教育技术、教学方法培训少。教师需要的知识技能没有条件学，不需要的课又被迫交钱去学，培训的时效性及教师的需要则不被重视。

教师们表示，希望上级业务主管部门重视对双语教学的研究，加强研究力量，加强对一线教师的业务指导。与普通学校相比，针对蒙古文授课师生的教育教学交流、学科竞赛等较少，少数民族学校师生外出学习、交流展示的机会较少。以上因素导致一些教师在教学过程中，不会处理教材，教学方法、手段单一，师生的眼界不够开阔，在一定程度上影响了教师的教学效果和学生的学习效果。

（二）学生方面

1. 双语学校存在着生源减少的现象

随着内蒙古自治区经济、社会的发展以及基础教育改革的进行，"撤点并校""两主一公"等教育方式深入推行，接受双语教育的学生情况发生一些新的变化，主要特点是生源减少。分析其中原因，主要有以下几个方面。

一是接受双语教育的学生多数来自基层，在寄宿制学校读书，上学距离较远，在吃、住、行等方面的生活费用开支较大，加上需要学习蒙、汉、外三种语言，课业负担重。

二是民族语言授课学校学生高考升学面窄，影响了少数民族学生学习本民族语言的积极性。

三是与汉语文教学环境相比，民族语文教学的教辅资料、课外读物较少，汉语教学参考资料不足的矛盾难以解决。

四是在就业压力较大的环境下，民语授课毕业生就业渠道较窄，一般局限于报纸、电台、电视台等事业单位，这些单位受编制所限，不能大量接收双语毕业生，客观上降低了民族学生学习民语的动力。

五是计划生育政策的效果在民族地区已经显现，民族地区群众的生育观念也发生了变化，出生人口减少，入学人口相应减少。

2. 学生的学习及心理负担较重

学校布局调整导致学校的"服务半径"加大（在我们调查的学校中，许多学生家庭居住地与学校的距离达 200 公里，甚至更远）。为了上学，一些学生从小学甚至幼儿园开始就离开父母到学校（幼儿园）寄宿。部分学校由于条件限制，不能为学生提供住宿条件，一些学生只能以投亲靠友或在学校周边租房居住的方式求学。离家求学的学生只能在寒暑假或在长假期间回家，过早的独立生活使他们面临诸多困难，加上课业压力较大，这些因素对学生（尤其是低龄学生）的成长及心理会产生一定的负面影响。

（三）双语教材方面

1. 新教材的适应性不强

新课程改革实施以来，国家鼓励和支持有条件的单位、团体和个人编写符合中小学教学改革需要的高质量、有特色的教材，特别是适合农村地区和少数民族地区使用的教材。各地区都根据本地的教育实际，选用适合本地区、本学校的教材。就内蒙古大部分蒙语授课的学校而言，除英语课外，其他学科通常选用内蒙古教育出版社出版的教材，英语课通常选用北京市仁爱教育研究所编写的教材、人民教育出版社编写的教材、内蒙古教育出版社编写的教材等。

对于新教材的适应性，有很多教师和研究者也提出了不同的看法。

针对汉语文教材而言，有的教师认为新的汉语文教材强调听说读写能力的培养，属于对考试的一个补充；有的老师反映新的汉语文教材减少了一些讲读课，减轻了学生的学习负担；有的教师认为新教材涉及面大，内容丰富，在深度上有些篇目适合学生，通俗易懂，学生们读一遍就能明白；有些老师自身也感觉到有一些难度，有点驾驭不了教材内容，只能通过查阅大量的材料理解其中的意思，老师们教起来费时，学生学起来也困难，这样就影响教学进度，应当组织一线教师对新教材进行适当的修改；有的教师认为，新教材是课标规定的教材。大部分老师认为新教材本身的内容是好的，但是选择一个适合新教材的教学方法还需要一段时间。

对于蒙语文教材，有的老师认为，新教材跟之前的教材有一些不同，但是基本上差不多。有的教师认为，新教材虽然是为蒙古族高中编写的，但是选材的范围还是仿照汉授的初中的教材，只不过加了一些蒙语词语的解释，其余的跟汉授教材完全一样。教材的难度倒是没有问题，在听说读写方面都能照顾到，但是还有需要改进的地方，如针对少数民族的特点，增加一些民族文化知识会更能体现民族特色。有的教师也表示，不会使用新编教材，因为新编教材和参考书没有系统、细致地讲解语法的根据、原因等内容，只是做简单图示。内蒙古教育科学研究所蒙语文教研室研究员认为，新旧教材在内容方面存在某些矛盾之处，使学生无所适从；同时，新教材没有让蒙古族学生掌握系统完整的母语和语法知识；只重视知识的传授，不管是课程内容还是科目数量都已经超出了学生的接受能力，尤其是对那些学习困难的学生来说，课程内容难度大，导致学生厌学。他还指出，新版蒙语文教材没有参考书也有可能提高教学质量，因为参考书给教师定了个模版，老师们只按照参考书讲课，会失去自己的见解，也会抹杀学生的创造性。如蒙语文课文的课后作业，学生们可以有不同的答案，但是老师如果以参考书上的答案为标准去批改学生的作业，长此以往，这样的标准答案便会抹杀学生的创造性思维。没有参考书，教师们要自己研究教材，要创造性地提高教学质量，不依靠参考书而依靠自己的能动性，不仅对教师是一种解放，对学生也是如此。

蒙语授课高中的英语教师认为，新的英语教材只适合部分学生，因为学生的英语成绩两极分化，有的学生英语成绩比较好，有的学生之前没学过英语，成绩比较差。新教材对于好的学生是适宜的，对于基础差的学生就不适宜。基础差的学生就得从 ABC 开始，好的学生在高考中平均成绩在 110 分左右，这就是两极分化。没学过英语的学生你想拔高讲高中英语也不现实。

2. 双语教材建设缓慢

要搞好双语教学，教材是个重要的因素。自治区高度重视民族文字和汉语教材建设和教学资源的开发使用工作。为了研发出适合内蒙古自治区双语教学的教材，相关部门依据《蒙古族中小学语文课程标准》和《蒙古族中小学蒙古语文课程标准》编写出大量蒙古文教材。汉语教材依据《全日制民族中小学汉语课程标准》编写，其他学科均依据国家出版的教材进行编译。

3. 教辅材料紧缺、质量有待提高

双语教材、教辅研发成本较高，内蒙古的民语教材及教辅的编、审、印等各个环节都还有改进空间；少数民族学生缺乏必要的教辅及课外读物。调研中，民族学校教师表示，要当好双语教师，首先要是一个翻译家，因为他们现在使用的教材、教辅存在很多问题。

（1）教材编写的科学性有待提高。以初中的汉语文教材为例，一线教师反映其课文有的来自普通初中课本，有的甚至来自高中教材，致使教材的难度和层次缺乏科学性。

（2）教辅材料的编审不严，存在编校质量问题。据一线教师反映，他们使用的教辅材料中还存在诸如段落颠倒、少段、注音注释不准确、一些专业术语翻译错误等问题。

（3）印刷质量存在问题。如一高中老师反映蒙古文版的物理教辅材料不如汉文版的好，一些图像模糊不清。

（4）民族学校的乡土教材较少。

（5）高中汉文教辅材料与 MHK 脱节，学生对教辅材料重视程度不够。

（6）适合蒙古族学生使用的教辅品种不全，课外读物较为缺乏，尤其缺乏自然科学类的民文课外读物。现有民文教辅材料不能适应教学的需要，错误较多、题型老化。

（7）教师所用教辅材料不配套，影响了教师对教材的把握，这一点在"新课改"后表现得尤为突出。

五　提升内蒙古自治区蒙汉双语教育水平的对策与建议

教育是社会的一个子系统，它与其他系统相互依存又相互制约，解决内蒙古自治区双语教育所面临的问题，除了从教育系统内部寻找对策外，还需从社会这个大系统中寻求解决办法。

（一）各级政府要提高认识，加大对民族教育法律法规和方针政策的宣传力度，强化民族教育各项优惠政策的落实，加快相关配套立法的研究进程，落实各项财政补助

（1）建议国家及自治区决策层对少数民族双语教学做出准确定位，严格执行《国务院关于深化改革加快发展民族教育的决定》和《国务院实施〈中华人民共和国民族区域自治法〉若干规定》第 22 条规定：国家保障各民族使用和发展本民族语言文字的自由，扶持少数民族语言文字的规范化、标准化和信息处理工作；推广使用全国通用的普通话和规范汉字；鼓励民族自治地方各民族公民互相学习语言文字。国家鼓励民族自治地方逐步推行少数民族语文和汉语文授课的"双语教学"，扶持少数民族语文和汉语文教材的研究、开发、编译和出版，支持建立和健全少数民族教材的编译和审查机构，帮助培养通晓少数民族语文和汉语文的教师。

（2）建议各级政府认真贯彻落实新形势下做好民族工作的五项指导原则，尤其是第三项坚持因地制宜、因族举措、分类指导；第四项坚持国家帮助、发达地区支援、民族地区自力更生相结合。这是指导民族工作以及

民族教育工作不能偏离的重要原则。

（3）自治区各级政府应提高对民族教育的认识水平，充分认识到边疆民族教育在维护国家统一、保持边疆稳定、增强民族团结、促进区域经济发展等方面的特殊地位和重要作用，全力营造社会各界关心支持民族教育事业发展的舆论环境；认真执行《宪法》和《民族区域自治法》，切实保障少数民族学生的合法权益。

（4）自治区各盟市要进一步加大贯彻落实《内蒙古自治区人民政府关于进一步加强民族教育工作的意见》（内政发〔2007〕103号）的力度，把政策用好用足，把相关措施执行、落实到位，同时加大督察工作力度。

（二）建议内蒙古自治区根据社会发展的需求，调整教育结构，采取开源分流的办法，拓宽高中等专业学校少数民族毕业生的就业渠道，确保民族教育的可持续发展

教育经济学告诉我们，一定社会的教育结构只有与一定社会的政治、经济、文化相适应，只有不断满足社会对人才的各种需求，才能使教育事业持续发展。

第一，建议内蒙古自治区在对教育结构进行调整时，适度控制、调整区内普通高等院校的规模。以社会发展对人才的需求为导向，大力发展中高等职业教育，拓宽少数民族初高中毕业生升学的渠道（开源），疏通中高等职业学校毕业生的就业渠道。

第二，建议内蒙古自治区内采用蒙古语授课的中高等教育专业在保证学生学好母语的同时，针对专业特点，采取有力措施提高学生的汉语水平，强化专业学习的职业性，增强毕业生就业的竞争力。

第三，建议发挥政策导向作用，拓展中高等专业学校毕业生的就业途径（分流）。具体建议：制定相关政策，要求区内各级政府机关、企事业单位在员工构成中，确保少数民族占相应的比例；在现行的各种涉及用人的招考中，允许少数民族学生用母语应考。在毕业生招聘录用方面，应该给予少数民族学生在同等条件下优先录用的政策，扩大双语毕业生的就业渠道。以双语教学毕业生的高就业率拉动新生的入学率，把民族教育的可持续性发展落到实处。

（三）建议加强民文教材研发队伍的建设，设立民文教材、教辅、课外读物研发基金，以确保学生用书的科学性

中央及自治区政府应高度重视民文教材、教辅及课外读物的研究开发工作，确保少数民族学生能够接受科学、优质教育，建议如下。

（1）自治区政府要加强民文教材、教辅研发队伍建设，在人员编制、队伍管理、职称评定等方面予以一定政策优惠。

（2）因内蒙古自治区承担着八省区蒙文教材、教辅及课外读物的研发工作，建议教育部和自治区对蒙文教材建设予以必要的支持与倾斜，设立民文教材、教辅、课外读物研发基金。基金可由中央、自治区、相关省区政府和教材出版单位按一定比例筹措，专用于民文教材、教辅、课外读物的翻译、研发工作。

（3）采用科研立项管理的方式，在全区乃至全国范围内，吸收大专院校、教育研究院（所）、民族语文翻译单位、教育出版机构、影视媒体、一线名师广泛参与此项工程，以提高民文教材、教辅、课外读物的编撰水平，丰富品种。

（4）为鼓励出版单位多出精品，建议政府有关部门将民文教材、教辅、课外读物纳入相应的图书评选对象，在相关省区甚至全国范围内，设立奖项，用以支持、鼓励民文教材和教育图书建设。

（四）改革双语教学教师继续教育的模式，充分提高教师教育的针对性和时效性

随着社会、科学迅速发展，新知识、新事物不断涌现，应对现行的教师继续教育模式加以变革，适应社会的发展趋势。让教师以"订单"的方式获得继续教育服务，当本地区、本系统的继续教育方式不能满足教师教育的需求时，可以鼓励教师通过其他渠道学习，并承认其学分。

（五）加强双语教学的科研工作，在中小学和幼儿园广泛开展校本教学研究活动，为搞好双语教学提供有力的智力支撑

（1）建议各级政府高度重视双语教学教研队伍的建设，在编制、经费等方面给予保障，为教育科研单位配齐中小学和幼儿园各学科教研人员。

（2）建议各级教研机构创造性地开展工作，把优秀的一线双语教师吸收为兼职研究员。

（3）建议各级教研部门及一线教师降低"科研重心"，在民族学校开展校本教学研究活动，组织教师针对双语教学中反映的问题，开展教育科研活动，总结、推广一线教师的鲜活经验，使教师通过科研活动提高自身的素养，提高双语教学质量。

（4）建议各级教育部门在组织普通学校安排教师教学交流、学科竞赛、教师培训等活动时，采取双轨制的办法，将从事双语教学的教师也纳入其中，以此来开阔师生的眼界。

（六）采取有效措施，提高民族学校教师的待遇，确保其收入与普通学校大体相当

建议内蒙古自治区采取有效措施，规范各级各类学校的收费行为，将公立中小学、幼儿园的收费归口管理，按照转移支付的办法来平衡学校间经费，控制、缩小同一类型学校教师收入的差距，保护民族学校教师的利益和工作积极性。

执笔人：苏　德

张　莞

杨俊生

｜十二｜
延边朝汉双语教育发展的现状调查

双语教育是我国民族教育体系的重要组成部分，直接关系着民族教育质量的提升，影响着民族教育事业的发展进程。本文主要介绍课题组在延边朝鲜族自治州获取的双语教育发展情况，主要包括延边朝鲜族自治州双语教育政策及历史发展脉络，双语教学的模式、师资队伍现状，双语教育从幼儿园到高中甚至到大学的衔接情况，利益相关者（州教育局领导、学校校长、教师及学生等）对双语教学的态度，双语教育目前存在的困境和问题等。

调研主要采用了观察法、访谈法和问卷调查法。观察法，主要采用相机和录像设备进行记录，观察学校建筑、教师办公室、学生活动室、计算机室、图书室等硬件设施，学校布局、简介、展板、标语等。访谈法主要采用的是集体座谈法，座谈共有 5 次，分别在延吉市的延南小学、第十三中学（初中）、图们第五中学（初中）、延吉市第一中学（高中）和延边大学召开，参加座谈的人员主要有延边州教育局双语办主任、所调研中小学校的校长、双语班及汉语班负责人、延边大学师范学院领导班子以及双语教育方面的资深学者，如许青善教授、姜勇德教授、张贞爱教授等。在问卷调查法当中，收回有效教师问卷37 份，其中朝鲜族占 94.6%（35 人）、汉族教师占 5.4%（2 人）。收回有效学生问卷有 190 份，其中第十三中学学生共 121 名，占 63.7%；第一中学学生 69名，占 36.3%。男生 87 名，占 45.8%；女生 103 名，占 54.2%。朝鲜族学生有 169名，占 88.9%；汉族有 18 名，占 9.5%；其他民族有 3 名，占 1.6%。

一　吉林省延边朝鲜族自治州双语教育发展的背景和概况

（一）延边朝鲜族自治州双语教育发展的社会背景

新中国成立后，党中央实行各民族一律平等的政策。1952 年 8 月 9 日，经政务院会议通过，中央人民政府委员会批准，毛泽东主席亲自签署颁布了《中华人民共和国民族区域自治实施纲要》，为在民族地区实行民族区域自治奠定了法律基础。从此，各少数民族在党的领导下，努力发展自身的经济文化和教育事业，积极投身于建设社会主义的大潮中。近代教育伊始，延边朝鲜族自治州的民族教育事业就位居全国民族教育前列。"1952 年在延边地区基本上普及了小学教育，1958 年又普及了初中教育。新中国成立初期，朝鲜族地区的专门高中很少，很多都是附设在初中里的高中班。到 1965 年，延边地区的高中由 1 所增加到了 11 所，高中生也由 1951 年的 531 名增加到 4327 名。早在 1949 年，延边就创办了全国第一所少数民族综合大学——延边大学。1958 年，延边州成为全国第一个扫除文盲的少数民族自治州"。①

朝鲜族人民历来重视教育和文化传承。朝鲜族素来有"宁可啃树皮，也要供子女读书"的重教意识。重教氛围一直支持着朝鲜族教育事业的发展和进步，也是朝鲜族教育能走在民族教育前列的重要基础。《延边朝鲜族自治州教育条例》第二十三条就明确规定："朝鲜族学校应加强民族团结教育，重视朝鲜族优秀文化传统教育，加强朝鲜族的语文、历史、音乐、舞蹈、体育、美术等具有民族特色的学科教学。"朝鲜族教育注重将民族文化融入各学科教学当中，便于文化传承和知识的学习。

（二）双语教育概况

朝鲜族学校中小学教师的学历水平一直都高于全国平均水平。2005

---

① 《朝鲜族简史》编写组、《朝鲜族简史》修订本编写组：《朝鲜族简史》，民族出版社，2009。

年，全国普通小学、初中、高中专任教师学历合格率分别是 98.62%、95.24% 和 83.46%，其中朝鲜族学校专任教师学历合格率分别是 98.93%、95.81% 和 91.65%。[①] 在调研中获知，中小学教师均能达到州教育部门的相关要求。问卷中"学历"一栏的结果显示，37 份有效问卷中，教师全为本科及以上学历。问卷中"职称"一栏的结果显示，副高级职称的教师有 1 人，中教高级教师职称的教师有 11 人（占被访教师的 29.7%），中教一级职称的教师有 12 人（占被访教师总数的 32.4%），小教高级和中教二级职称的教师均有 3 人（均占被访教师总数的 8.1%），其余均为中教初级以下职称。幼儿教师队伍建设也得到了进一步加强。大多数幼儿园已经达到了"两教一保"的要求，个别幼儿园甚至实现了"三教一保"。在调研中看到，新苗幼儿园的硬件设施非常发达，教师队伍达标率非常高，来自师范院校学前教育专业的教师占绝大多数。教师受培训机会很多。问卷显示，教师受培训的内容主要有学科教学交流、试卷命题、省骨干教师培训、小班化教育教学策略、小班化教学的高效课堂培训、双语教学模式培训推广、网络新课程远程同步等。

二 双语教育的主要进展和经验

（一）延边州双语教育的主要进展和经验

延边州在党的领导和大力支持下，形成了从幼儿园到大学的双语教育体系，其特色鲜明，民族文化教育内涵丰富，可谓我国民族教育界的典范。所以，此次调研主要是基于延边州朝鲜族双语教育的发展历史和现状，借鉴其优秀的经验，分析其遇到的现实困难以及新问题。

1. 提出双语兼通的目标

延边州双语教育历史非常悠久。以 1906 年为起点，朝鲜族近代教育发展起来，虽然没有明文规定说必须学好两种语言，但是课程中有国语课（当时没有称作汉语），首要原则是尊重本民族的语言教育，同时注重汉语

---

① 许青善、姜永德主编《中国朝鲜族教育史》，延边教育出版社，2009，第 277 页。

的学习。并且，对英语、日语和俄语的学习都有涉猎。总的来看，朝鲜族非常重视本民族语言、汉语和外国语的教育，双语教育具备雏形。后来，提出了"民汉兼通"的目标。其中，"兼通"既是目标，又是原则，明示了培养双语人的目标，揭示了两门语言学科的地位，以及民汉两种语言的关系处理原则和准则。"民汉兼通"是贯穿延边双语教学改革始末的发展目标和工作理念。但这一目标的确立并不是一蹴而就的，而是遵循了循序渐进的原则，从"追赶"到"兼通"再到"强化"，反映决策者对双语的关系、定位，双语教育的目标、工作原则的总认识和基本观点，以及对包括课程、教材、学制、教法、模式在内的双语教学各要素进行重新整合的基本理念。

2. 延边州朝–汉双语教育步入法制化轨道

延边州将双语教育纳入法制化轨道，除了比较早地宣布双语教育的目标之外，1988 年颁布《延边朝鲜族自治州朝鲜语文工作条例》。1997年修订本第十八条指出，"自治州自治机关重视对朝鲜族幼儿进行本民族语文的训练工作。自治州内朝鲜族中、小学教学用语应当用本民族语言，语文教学应以朝鲜语文教学为主，也要加强汉语文教学，使学生掌握朝、汉两种语言文字"。在双语教育的经费保障方面，《延边朝鲜族自治州朝鲜族教育条例》第三十一条和第三十二条规定，"自治州人民政府逐步增加经费，解决朝鲜族学校的教学用图书和课外读物出版资金短缺的问题"，"自治州自治机关拨出专项经费，编制朝鲜族学校音像教材，建立朝鲜文教育教学资料信息库"。这样就从法律上保障了双语教育的经费，使得双语教育有序、健康开展。该条例第二十五条指出，"朝鲜族中小学用规范的朝鲜语言文字授课，经自治州教育行政主管部门批准，具备条件的部分课程可以用汉语言文字授课，职业技术学校和中等专业学校可以用朝鲜语言授课，也可以用汉语言文字授课。在基础教育阶段，要加强朝鲜语文教学和汉语教学及外国语教学，使学生兼通朝、汉语，为学习使用多种语言文字奠定基础"。2005 年出台的《延边州朝鲜族中小学双语教学改革实施意见》，指导各级各类学校双语教育的改革实验，为其提供法律依据和政策支持。

3. 双语教育模式积极稳妥推进

延边朝鲜族双语教育模式经过了几个发展阶段。

20 世纪 80 年代，基本上是采取双语兼学的单用模式。将朝鲜语和汉语纳入学科范畴，教学模式是"以朝语授课，加授汉语"。此时，延边州开展了双语教育改革实验，双语实验有效证明了双语教育模式的实效性。实验取得了很多成果，有效指导了双语教育实践。

20 世纪 90 年代，双语教学改革实验证明，汉语单语/单科授课制不符合学生的实际需求，满足不了中小学教师教育教学的需要，延边州提出了把"双语兼学单用"改为"双语兼学并用"的思想，进一步加大双语教学改革实验力度。实验基地设在延边第一中学。"双语教学并用"，意思是将朝鲜语和汉语两门课作为课程纳入学习计划，双语都作为教学用语在非语言学科（数、理、化等科目）上使用。

2000 年后，延边州教育行政部门也开展了双语改革实验，确认了朝鲜族学校部分学科采用汉语授课的教学模式，地方法规也将此纳入其中。"部分学科采用汉语授课制"意思是在有条件的学校可以用汉语授课，但是以本民族语言为主导语言，其他学科除汉语课程外，也可用汉语授课。基于汉语课提前开设的改革，着手进行中小学朝文、汉语课时比例调整计划。根据国家义务教育课程改革实施方案，减少朝文课时（同期汉族学校语文课时也从 24% 减少到 21% 左右），适当增加汉语课时，使朝文、汉语学科在课程计划中所占比例分别达到 15% 和 16%。这种课时安排基本完成了朝文与汉语同期起始、兼学并举的课程安排任务，较好地体现了"精化朝语，强化汉语"的双语教改路子，也形成了"双语兼学并用"的模式，确立了汉语在有条件的学校，可以作为部分课程的教学用语的模式。

目前各中小学主要施行的是"双语兼学并用"模式。此模式并非单一语言或单一学科分类的教学模式，而是与教学语言、学科和素质教育相结合的教学实践活动，称为"一主四辅"。"一主"指主课堂，以朝语和汉语作为两种课堂教学语言，"四辅"就是开展有效的语言实践活动、创设良好的校园语言学习环境、深化部分学科双语授课制实验、加强朝鲜族文明文化教育。

"四辅"之一是搭建平台，开展有效的语言实践活动。朝鲜族中小学校很强调学生的阅读行为、习惯的养成教育，以读书活动为主线，开设阅读鉴赏课，积极创造学生独立阅读的环境和条件，以保证每一个学生都能保质保量地完成双语课程标准规定的各年段阅读量。另外，开展丰富多彩的双语教育、竞赛活动，如主题班会、写作竞赛、诗朗诵、故事会、辩论会、演讲赛等，并通过加强与汉族学校的互动，为学生提供双语学习的机会，使其在语言实践中提升自己，进而达到提高双语学习水平的目的。例如，在我们的访谈中，延吉市十三中学语文组副主任说道："我们课外朝语和汉语语言实践活动组织了不少。我们州里面还有市里面每年五月就是双语月活动。双语月活动，我们就会积极开展各种活动，然后平时，我们朝语组和汉语组也会以这两个组为单位，以学完的诗歌单元为基础，搞一些诗歌的仿写、小创作比赛等活动。或者是学完课文之后，以班级为单位来进行朗读课文的竞赛，然后在各班的学生中选出学年朗读竞赛、演讲比赛等比赛的选手。我们开展各种语言实践活动来有效地促进学生双语能力的提高。"

"四辅"之二是创设良好的校园语言学习环境。该模式创设双语语言学习环境，重点突出朝鲜族学校的多元文化办学特点，坚持双语并行、规范使用，注重学校文化与精神的塑造，使"双语兼通"观念注入全体师生的心理认知结构中。学校充分利用校报、宣传栏、走廊壁挂、校园网等媒介，通过学校重大活动、会议、集会等场合用语的双语化、双语交替，畅通师生的沟通、表述渠道，进行有意识的引导和启迪，营造良好的双语学习氛围。

"四辅"之三是拓展渠道，深化部分学科双语授课制实验。在部分学科中进行双语授课，在学生原有的课程背景、语言背景、心理特点、思维习惯的基础上，在非语言学科教学中渗透汉语学习，适当拓展学生积累汉语言材料的领域，以便达到其他学科知识的跨语言迁移和衔接、提高学生掌握和应用汉语能力的目的。在实施过程中，各地区中小学校可以根据师资条件、学生实际、学段衔接、学科评价等多种因素，立足实际，自行选择实验科目，以英语、计算机、体育等共性学科和非考试类科目为主体，适当控制规模、过程，逐步实现多学科教学、学习用语的双语兼容并蓄。

"四辅"之四是提升内涵，加强朝鲜族民族文化教育。《朝鲜族民族文化教育》属于地方课程，是一门进入全州朝鲜族中小学课程计划的必修课程。朝鲜族中小学，都按照全州统一制定的课时、教材、计划安排、实施民族文化教育。主要围绕朝鲜语言文字的规范使用、情感教育等内容，给学生传授朝鲜语言、文字及主要文化特点，丰富学生的学习内容，注重知识性与养成性的有机结合，培养学生良好的行为习惯和个性品质，促进自主学习、主动发展，提高他们的综合语文素质和文化涵养。通过语言学习的四种主要辅助手段，加强和肯定朝汉双语兼学并用的模式。

在问卷调查中，课题组问到学校是否在开设民族文化课程。在教师问卷中，来自三所学校的37位教师中有25位教师选择了学校开设了民族文化课程，占教师总数的67.6%；而选择没有开设民族文化课程的教师有7位，占18.9%；选择不知道的有5位，占13.5%（见表1）。

进一步分析问卷发现，选择不知道是否开设民族文化课程的教师一般是体育和音乐教师等，因为民族文化课程作为地方课程开设，音、体、美教师对此了解不多。

表1　学校是否开设了民族文化课程

单位：人，%

学　校	是否开设民族文化课程			合计
	是	否	不知道	
延南小学	5(100.0)	0	0	5(100.0)
十 三 中	10(83.3)	2(16.7)	0	12(100.0)
延吉一中	10(50.0)	5(25.0)	5(25.0)	20(100.0)
合　计	25(67.6)	7(18.9)	5(13.5)	37(100.0)

4. 开展民族文化教育课程推动双语教育

（1）明确民族文化教育的功能和意义

在《延边州教育局关于印发在全州朝鲜族中小学开展朝鲜族民族文化

教育的指导意见的通知》中，明确了民族文化教育的功能：贯彻党的民族政策的需要，落实新课程、创建朝鲜族学校办学特色的需要；使朝鲜族学生树立正确的道德观、人生观和价值观，提高朝鲜族学生综合素质和文化涵养以及生存能力的教育载体和渠道；正确把握和实施新课程，牢固树立以学生发展为本的教育观念，为学生的现在和将来奠定坚实基础，促进民族教育健康发展的重要举措；发扬光大民族文化，提高民族自豪感和责任感，形成民族自强的思想动力的长远战略。

同时还明确了民族文化教育开展的重要意义：要加强民族特色校园文化建设，使朝鲜族学校树立坚定的精品意识，文化立校，特色立校，不断提升朝鲜族学校办学水平和办学品位，为构建"质量加特色"的民族的、优质的、稳定的朝鲜族教育发展模式进行有益的探索和努力；要面向全体学生，因材施教，继承和弘扬民族传统文化，使朝鲜族学生了解和认同本民族文化，崇尚文化，热爱文化，不断提高和培养朝鲜族学生的民族文化素养和技能、专长，促进朝鲜族学生健康、和谐、全面的发展；要发挥积极影响，加强引导，弘扬和培育中华民族精神，使朝鲜族师生树立正确的祖国观、民族观、历史观，拥护党的民族政策，热爱社会主义祖国，学会和谐共处，自觉维护民族地区安定团结的政治局面。

（2）各级各类学校设置民族文化教育课程

朝鲜族民族文化教育属于地方课程，是延边州朝鲜族中小学的一门必修课程，课程进入全州朝鲜族中小学课程计划，统筹规划，规范管理。课程开设学年为小学一年级至初中二年级，课时为每两周一次，每学期八课时。民族文化教育课时可与学校校本活动课程的课时结合在一起，穿插交替安排。

小学的民族文化教育以情感培养和行为养成相结合为重点，以朝鲜族传统美德教育和民俗风情介绍为基本内容，在民族语言文字的情感教育、基本礼仪、衣食住行、民族艺术、民族体育等方面进行体验性养成教育。小学一、二年级通过使用音像教材，形象、具体、直观地进行学校环境教育，重点传授基本礼仪、纪律规范、行为准则、卫生保健等学校生活中常见的、有代表性的社会知识。自小学三年级开始启用文本教材，三、四年级主要围绕民族语言文字的规范使用、社会行为、人际关系、民族传统礼仪礼节等内容，进行具体的情境分析和场景体验，重在培养良好的行为习惯和个性品质。五、六年级较完整地介绍和讲解民族传统节日、传统仪式、民俗习惯、建筑文化、饮食文化、民族服装、民族艺术、民族体育等知识，使学生了解民族传统文化，掌握一定的常识和技能。初中一、二年级的民族文化教育以朝鲜族历史文化教育为主要内容，进行爱国主义教育和民族意识教育，并在文学艺术、地理文化、民俗风情、礼仪文化、音体美等方面进行较为系统的实践性教育。

课题组发现各级各类学校校园布局中蕴含着许多与民族文化有关的图片展示、文化展厅等，以此作为民族文化传承的一部分，将民族文化以形象化、生动、直接的方式展示给学生。图1和图2是学校布置的民族文化展厅。

在访谈中，课题组了解到，学校开展民族文化教育活动的方式非常丰富、多样，学生在其中学到了很多民族文化的相关知识。在"学校是否开展民族文化活动"一题的问卷调查中，大多数教师也提到，学校经常举办民族文化活动，丰富了学生的校园生活（见表2）。

图1 延南小学民族文化教育展厅

图 2　新苗幼儿园民族礼仪教育展厅

表 2　学校是否开展民族文化活动

单位：人，%

学校	是	否	不知道	合计
延南小学	5(100.0)	0	0	5(100.0)
十 三 中	9(75.0)	1(8.3)	2(16.7)	12(100.0)
延吉一中	11(55.0)	5(25.0)	4(20.0)	20(100.0)
合计	25(67.6)	6(16.2)	6(16.2)	37(100.0)

5. 大力加强双语师资队伍建设

根据《吉林省促进中小学教师专业发展行动计划》相关文件的要求，吉林省在 2009 年又制定印发了《吉林省教育厅关于落实吉林省促进中小学教师专业发展行动计划全面开展中小学教师继续教育工作的实施意见》(2009~2013)，该意见指出在 2009~2013 年，有计划地对教师实施继续教育，加强中小学教师队伍建设，提高中小学教师整体素质，全面实施素质教育，进而全面提高基础教育质量。意见还在目标任务和要求上给予了指导，要求"抓好师德建设项目，促进教师职业道德水平的全面提高"，"组织实施中小学教师全员培训，促进教师素质全面提高"，"实施农村中小学教师专业发展援助项目"等，对教师队伍建设做出了部署和指导。同时在教师培训经费方面也给予了政策上的保障措施，要求各地方建立专门的经费保障机制，为教师培训提供资金支持。

在一系列政策保障下，延边州的教师队伍建设力度不断加大。

（1）师资队伍达标率升高

在调研中获知，延边州师资队伍达标率非常高，中小学教师均能达到州教育部门的相关要求。

（2）教师为学生提供了双语使用环境

从教师日常用语和教学用语来看，大多数教师在日常生活中以本民族语言为主，在教学语言上，两种语言使用相当（见图3、图4）。

如图3所示，37位教师中，日常所说语言主要是少数民族语言的教师占55%，平时少数民族语言和汉语都说的教师比例有25%，而只有20%的教师日常用语是汉语，其中选择此项的教师主要是汉族教师。说明朝鲜族教师会说母语，并且在日常生活中也以本民族语言交流。如图4所示，37位教师中，以少数民族语言为教学语言的教师占45%左右，以汉语为教学语言的占36%，两种语言都用的教师占19%。

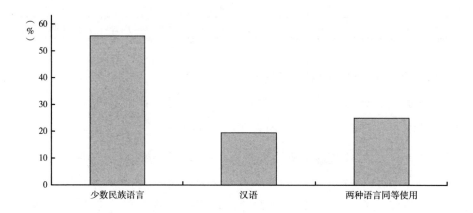

图3　教师日常语言使用情况

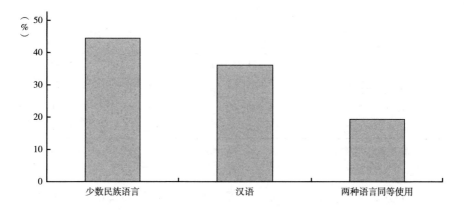

图 4　教师教学语言使用情况

　　表 3 是教师对自身语言能力的评价。从教师对自己的汉语、民语和外语的四方面（口语、书面阅读、写作和教学）水平来看，均值最高的是汉语的书面阅读水平，为 1.92，而且标准差最小，意味着此选项的离散程度低，教师选择较为接近。在民语中，较为满意的是民语口语水平，平均值为 1.78；不满意的是民语写作水平，且离散程度较高，为 0.728。教师认为外语教学水平较低，均值为 0.50，且离散程度较高，为 0.638，也就是说教师的外语教学水平并不一致。可能外语教师更好一些，而普通教师并不满意。这说明外语教学语言多由非常专业的教师来使用，难度高于汉语和民语教学语言。

表 3　教师的语言能力自评

题目	样本量	均值	标准差
汉语口语水平	36	1.83	0.378
汉语书面阅读水平	36	1.92	0.280
汉语写作水平	36	1.81	0.401
汉语教学水平	36	1.78	0.422
民语口语水平	37	1.78	0.534
民语书面阅读水平	36	1.64	0.723
民语写作水平	36	1.61	0.728
民语教学水平	36	1.64	0.683

续表

题目	样本量	均值	标准差
外语口语水平	28	0.75	0.645
外语书面阅读水平	29	0.79	0.726
外语写作水平	28	0.57	0.690
外语教学水平	28	0.50	0.638

注：能力等级为三级，0：不会；1：一般；3：熟练。

图 5 是学生在问卷中回答的 "是否能听得懂教师讲的课" 的结果。"能听懂" 的学生占 60%，"听懂一些" 的学生占 32%，"听不太懂" 和 "一点儿也听不懂" 的学生共占 8%。说明教师在课堂中的教学语言能让大部分学生听懂。听不懂课程的学生表示原因主要是教材比较难。

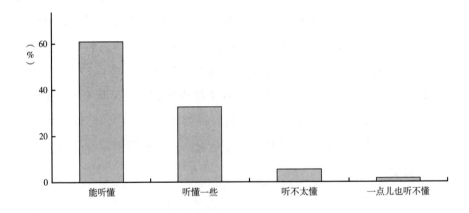

图5 学生是否听得懂教师讲课

（3）加强双语师资培训力度

延边州的教师培训及时且有效。2009 年延边州印发了《2009 年度延边州教育局中小学教师全员培训指导方案》，具体规划了2009～2013 年延边州的教师培训指导方案，对培训对象与学习时间都进行了指导，涉及准备与宣传阶段、实施阶段、复习阶段和考核阶段。在学习形式上有网络学习和文本学习。在培训内容上，包括朝鲜语文和汉语文。朝鲜语文的网络培训内容主要是 "朝鲜族高级中学朝鲜语文课程标准"、"'高中朝鲜语文课程标准'解说"、"高中语文新课程创新教学设计"（下篇）（《沁园春长沙》《荷塘月色》《祝福》《装在套子里的人》《雷雨》《窦娥冤》《赤壁赋》），学分共40分。汉语文的网络培训内容是"《全日制民族中小学汉语新课程标准（试行）》及解读（文本）"、"《新课程理念下的创新教学设计——初中语文》"（《春》《苏州园林》《我的叔叔于勒》《沁园春·雪》），学分共30分。从中可以看出，从省级到州级，政府和教育部门对教师队伍建设的高度重视和关注。

教师受培训机会很多，近期受培训的内容主要有学科教学交流、试卷命题、省骨干教师培训、小班化教育教学策略、小班化教学的高效课堂培训、双语教学模式培训推广、网络新课程远程同步等。

6. 从学校管理、教师到学生对双语教育持积极态度

（1）学校对双语教学的态度

如表4所示，共有22名教师认为学校鼓励进行双语教学符合（包括比较符合与非常符合）学校的实际情况，占教师问卷总数的59.4%；有11名教师认为学校鼓励进行双语教学的情况一般，占29.7%；另有4名教师认为不符合（包括不太符合与很不符合）自身学校的实际情况。当然，在三所学校中，选择符合情况的占多数，这与我们访谈到的情况符合。

表4　学校是否鼓励进行双语教学

单位：人，%

学校	很不符合	不太符合	一般	比较符合	非常符合	合计
延南小学	0	0	1(20)	0	4(80)	5(13.5)
十 三 中	0	1(8.3)	3(25.0)	5(41.7)	3(25.0)	12(32.4)
延吉一中	2(10)	1(5)	7(35)	5(25)	5(25)	20(54.1)
合计	2(5.4)	2(5.4)	11(29.7)	10(27.0)	12(32.4)	37(100)

（2）教师对双语教育持积极态度

如表5所示，有17位教师（48.6%）认为两种语言同等重要；也有教师（35.1%）认为汉语对学生来说更为重要。在座谈中，从教育局领导、学校领导到一线教师都认为两种语言对少数民族学生的长远发展有好处；只懂一门语言，不能适应社会的发展和广泛的交流；不能偏废任何一门语言，因为只有掌握好了第一语言才能学好第二语言，第一语言是学好其他语言的基础；学好母语也是为了继承本民族的优秀传统文化。

表5　教师认为哪种语言对学生更为重要

单位：人，%

选项	人数	百分比
少数民族语言	1	2.7
汉语	13	35.1
两种语言同等重要	17	48.6
外语	2	5.4
其他	4	8.1
合计	37	100.0

教师选择上述选项的原因主要如下："学生工作或外出需要"（81.1%）、"生活使用需要"（48.6%）、"掌握好民语是学习其他语言的基础"（40.5%）、"应保存本民族文化"（35.1%）、"为了更好地掌握其他知识"（35.1%）、"升学考试需要"（13.5%）、"其他"（2.7%）。

（3）学生对双语教学持肯定态度

图6是学生更喜欢学习哪种语言的分布情况选择"两种语言都喜欢"的学生占36%（67位）；选择"少数民族文字"的学生占34%（65位）；选择"汉语"的学生占20%（38位）；选择"其他"的学生有10%（18位）。在"其他"一栏的开放性问题中，学生回答的有日语、英语等外语。总体来看，学生学习第二语言的兴趣非常浓，对双语教育持积极态度。

（二）成功经验的原因分析

1. 党和政府对双语教育的高度重视，将双语教育纳入法制化轨道

党和政府从政策层面为我国各少数民族的双语教育做了非常有力的铺垫。《宪法》明确了少数民族拥有使用本民族语言和文字的自由。在这一最高法律保障下，延边朝鲜族自治州在重教氛围下努力挖掘适合自身发展

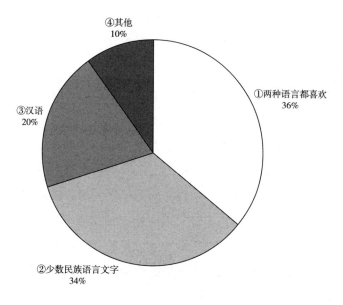

图6 学生更喜欢学习哪种语言

的双语教育之路，探索出了一条极具特色、融入民族文化传承的双语教育之路。当地从20世纪之初，就已经开始重视汉语作为第二语言的学习，提出了双语教育的目标就是培养民汉兼通的人才。

而且，延边州根据全国双语教育政策和自身实际，总结出了一条自身办教育的路子，并将双语教育推向法制化轨道。在座谈过程中，谈到双语教育政策的演变情况，州教育局朝改办主任赵主任提到，有一段时间，双语教育的指导政策对下面的学校产生了偏差，让教师们无所适从。但是经过政府和教育部门的深刻研究，将其继续推到原轨道，积极、稳妥地推行双语兼学并用模式，提倡在非语言类科目仍然可以用两种语言教学，将其逐渐概括为"一主四辅"的双语教育模式。这种定性化的概念在中小学更加容易实行。双语教学的积极稳妥推行，与政府的高度重视和政策的支持是分不开的。目前，《延边朝鲜族自治州朝鲜族教育条例》和《延边朝鲜族自治州朝鲜语言文字工作条例》都将本民族语言和汉语兼学并用的模式作为条例内容单独列出，将双语教育法制化。在文件中也明确了两种语言的学习是对两门语言学科的学习，将在非语言类学科教学中采用何种语言教学这一主动权交予学校根据本校实际情况来操作和控制。"条件好的学校，可以用汉语展开教学；条件不成熟的学校，仍需用民族语来教学。"延边州政府和教育部门非常重视双语教育，这对学校的双语教学起了很大的指导作用。

2. 政府和教育部门及教师对双语教育的共识，理论与实践相互促进

除了制定相关双语教育政策之外，延边朝鲜族自治州坚持科学办教育的理念，以实验为先导，开展对双语教育的理论和实践研究。在双语教育问题上，从20世纪50年代开始，就建立了双语教育改革办公室，建立实验点，开展双语教育改革实验。从现实问题出发，用科学的实验资料和数据说话，总结出了很多优秀的实验成果，为一线教师开展双语教学提供了很多可以借鉴的理论和经验总结，取得了大量的优秀成果。可以说，以实验为先导的双语教育是双语教育改革的必要措施，更是深入发展双语教育的前提条件。

在一系列科学实验的指导下，州政府和教育部门乃至一线教师都对双语教育的相关概念达成了共识。第一，只有学好本民族语言，才能更有效地学习第二语言。因为民族语言是文化的载体，是学好第二语言的重要语言基础和思维基础，没有母语的学习，第二语言也将不能深入和完全把握。第二，两种语言的学习不是抛弃任何一种语言进行单科突进行为，而是在加强本民族语言文字学习的基础上，强化国家通用语言的学习。第三，双语教育不只是学习两种语言，更是对两种语言背后的文化的学习。

朝鲜族双语教育模式的前提是不将语言看作单一的、死板的使用工具，而是将双语学习看作生动的、蕴含文化底蕴的教育实践活动，这赋予了双语教育深层次的学科和文化内涵。而目前"一主四辅"的双语教育模式在一系列实验改革的理论验证和实际需求下探索而成，成为现阶段延边州民族学校双语教育教学的有力指导模式。从中发现，只有在科学的双语教育理念指导下，在先进和适宜实践需求的理论指导下，双语教育才能科学、有效地实施。

3. 开展小班化教学，提高双语教育质量

2008年，延边州制定和下发《全州朝鲜族中小学小班化教育实施方案》，2008～2009学年度全州朝鲜族中小学起始年级全面实行小班化教育。

小班化教学采取多元的教学策略，丰富了双语教育的教学方法。例如，小组合作教学法、分层目标教学法和活动式教学法，通过多向的互动和自主学习，提高了教学质量。同时在教学评价体系上，提倡发展性、过程性、多元性、主体性的统一。自治州为小班化教育配置资源，为双语教育的开展提供了重要保障。从班额定员、移动桌椅等硬件设施到班师比、教师编制的设定以及完善的师资培训工作，都保障了双语教师的充足和最佳的教育效益和办学效益的实现。

4. 朝鲜族人民的重教传统和有利的外部环境，有力地配合了双语教育

朝鲜族非常重视传统语言和文化的学习，为学生学习母语提供了丰富的语言和文化环境。同时，延边州所处的地理位置为学生学习第二语言提供了语言学习环境和学习动力。延边朝鲜族自治州汉族和朝鲜族几乎各占一半，朝鲜族学生在学习汉语时，有良好的汉语学习环境。对本民族语言和传统文化的重视，也鼓励着年轻一代加强母语的学习，并不断保护民族传统优秀文化。

此外，延边州地处吉林省东部，中、俄、朝三国交界处，东临日本海。延边州在优越的地理条件下，同时享受国家的西部大开发部分优惠政策，自治州内已建立了一个国家级开发区、四个省级开发区，已形成了国家级珲春边境经济技术合作区与中俄互市贸易区、国家级珲春出口加工区"三区合一"的格局。这样优越的地理位置和优惠的政策已吸引了大量外商和外资来中国办企业。掌握多门语言、进入外企成为很多学生的就业目标。双语教育背景成为学生今后就业的一大优势，当地很多汉族学生也在积极地学习第二语言。可见，有利的外部环境为延边州的双语教育开展提供了强劲的发展动力。

三　延边州双语教育面临的问题

（一）人口增长率过低造成的学生生源急剧减少

第六次全国人口普查结果显示，2000 年到 2010 年的 10 年之间，延边州净增人口 61954 人，增长 2.80%，年平均增长率为 0.28%。1990 年到

2000年，延边州人口净增长129744人，年均增长0.61%，两个10年相比，后一个10年比前一个10年人口净增长减少了67790人。在"父母有几个孩子"的问题上，选择家长有一个孩子的学生占多数，约为73.6%；选择家长有两个孩子的学生占24.2%；选择家长有三个孩子的只占2.2%（见图7）。

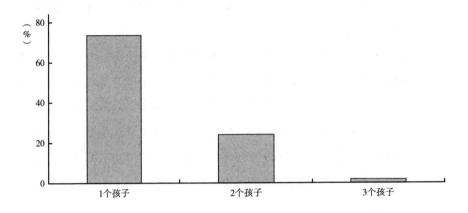

图7　学生对"父母有几个孩子"这一问卷中问题的回答

与此同时，学校生源萎缩幅度很大。以图们市第五中学为例，几年前有1000多名学生，目前共377名学生；延吉市第十三中学2000年后学生人数从2000人缩减到目前不足500人，生源缩减幅度非常大。

生源减少如此剧烈，给与其相关联的师资队伍带来了影响，生师比缩小。图们市第五中学有377名学生，教师有100名，生师比为3.7∶1，意味着大约4名学生就配备一位教师。教师课时量有所减少，与其他民族地区相比，不存在一个教师兼任几门课程的情况，一方面，教师在备课和辅导学生作业方面的时间都很充裕，有利于教学质量的提高。但是，另一方面，学校申请编制、招聘新教师存在一定困难。因为教师招聘需要根据学校实际情况，由上级安排教师编制和新增教师数量，而学校因为教师总量已满额，甚至存在超编的情况，无法申请新的教师编制。有的学校领导认为，新教师不能得到及时补充，教师年龄结构得不到优化，知识结构也得不到优化，不利于学校的长远发展。

针对此情况，有的学校将教师进行了分流。将一些年龄较大的教师分流到宿舍管理处、后勤处等非教学岗位。延边州政府和教育部门还推出"小班化教学"制度，缓解了生源减少而师资饱和的问题，从更大程度上来说，提升了整体的教育质量。在座谈过程中，中小学校领导和延边大学资深教授都非常赞同"小班化教学"这一制度，认为这是符合延边州实际情况的教育政策，对提升教育质量具有至关重要的作用。

（二）人口流动大对流出地/流入地的双语教育造成一定影响

1. 人口流动对留守儿童教育造成的影响

2008 年 4 月 27 日，中央民族大学朴光星博士在首届中国朝鲜民族史学会研讨会上发言：45% 到 70% 的朝鲜族在大规模地移动，在演出当代移民史。一是移民地域非常广阔，流向了 80 多个国家……二是连续流动，从一地到另一地，从韩国到日本再到美国。且目的明确：定居不重要，掌握经济利益是最重要的；逐利而行，是 21 世纪的新的游牧民族。15 年间，朝鲜族总人口的 50%，劳动力的 70%，扩散到世界上的许多国家。延边朝鲜族也没有脱离这一人口流动大潮。在我们课题组座谈过程中，也了解到家长出国打工的情况非常多。在问卷"家长从事什么工作"的开放性问题中，选择父亲"出国"的学生比例为 15.3%，母亲出国的学生比例为 11.1%。其中，母亲和父亲同时出国的学生比例大约占 8.9%。可以看出，学生家长出国打工的比例非常高，人口流动非常大。

对学生的流出地和流入地的民族教育的影响不可小觑，对双语教育的影响不能忽视。家长出国打工，将孩子留在国内读书，孩子将缺少一份关爱。尤其对于父母均在国外打工的学生来说，学生在生活上受到的关照少，对他们的教育将产生不利的影响。对老师来说，如何平衡教师的角色和家长的角色，是一个难题。为此，2003 年底州委、州政府对单无亲学生做出重要指示和专项部署，州教育局积极组织力量到基层进行广泛而深入的调研，连续三年召开单无亲学生教育现场会和研讨会，增强对单亲学生教育的忧患意识和紧迫感，采取一系列重要措施，加强单无亲学生教育和管理工作力度，提高了单无亲学生教育工作的针对性和实效性。

2003～2008 年，州及县市多方筹集资金，前后投入 2000 多万元，相继在七个县市（除敦化外）建设 10 所"学生之家"，落实编制，安排专兼职教辅人员，进一步加强对单无亲学生的教育和管理，取得了明显成效。截至 2008 年 5 月，全州 10 所"学生之家"入住学生有 452 名，其中朝鲜族学生 427 名，汉族学生 25 名，特困生 178 名，单无亲学生 354 名；现有专职辅导教师 65 人。

2. 人口流动对流动儿童双语教育造成的影响

家长携儿童到外地打工，儿童在流入地学习汉语并不成问题，但是母语学习则受到很大限制。大多数流入地目前并没有针对少数民族流动儿童开设专门的民族学校，提供学习母语的校园环境。流动儿童一般进入当地普通学校就读。由此，儿童在迁出居住地后，双语教育的环境就此缺失，儿童的民族语言学习和文化保护在流入地缺乏延续和传承。延边大学一些老教授对此表示担心。许青善教授和姜勇德教授都提到，"我国现在是免费九年义务教育，孩子跟随家长到了打工所在地，政府并现在出台了城市流动人口工作条例，但是并没有将少数民族的孩子考虑在内，没有将他们的民族教育考虑在内"。因此，我国对流动人口方面的相关政策仍然不够完善，针对少数民族流动人口的教育政策更是缺乏。

四 关于促进朝鲜族双语教育进一步发展的建议

（一）积极稳妥推进现行的双语教育模式

双语教育是个复杂性命题。当前国内的双语教育面临着复杂的环境：一是各少数民族的语言及其发展各有不同；二是国家通用语言的普及程度各有差异；三是不同民族地区以及各少数民族对双语教育的认识不尽相同。复杂的双语教育环境，使得双语教育成为一个复杂性命题——既不能主观武断率性地"一刀切"，也不能大手一挥随意地"切一刀"，甚至也不能模式化地"概而言之"。没有调查，就没有发言权，而没有研究，就不能形成正确的结论。面对复杂的双语教育环境，双语教育的解决之道，必须且只能是通过扎扎实实地进入田野开展调查并进行理性探索和研究，从而真正获得有针对性和实效性的答案和对策。

延边州现行的"一主四辅"的双语兼学并用模式是在延边州双语教育改革实验和当地教育实践基础上形成的，符合目前延边州中小学的实际情况和发展要求。积极稳妥推进现有的模式是确保双语教育稳步前进的基础。保障以朝语和汉语作为两种课堂教学语言的主课堂，推进课前活动、语言实践活动、语言环境以及民族文化教育的"四辅"活动。保证学生语言学习的辅助手段，加强和肯定现行的双语兼学并用模式。

（二）巩固小班化教学成果

小班化教学评价必须改革评价价值取向，构建适合小班化教学的方法、体系，实现以人为本的人性化教育评价，保证小班化教育的有效、有序实施。"十二五"时期是延边州在义务教育阶段全面推行小班化教学的重要时期。在延边州朝鲜族出生率急剧萎缩的情况下，应继续办好小班化教学，并巩固小班化教学成果，加大对小班化教学的保障力度，从班额、师资编制和培训等方面继续加大力度做好投入，不断完善小班化教学评价体系。为了促进学生的全面、充分发展，实现优质教育，小班化教育在整合利用原有资源的基础上，还需要进一步优化资源配置，给予一定的政策、人员、资金支持。根据州教育局《关于在全州朝鲜族中小学实施小班化教育的指导意见》，在班额设置方面，力争将小学阶段班额数控制在30名以内，初中阶段班额数控制在35名以内，并根据普通教室数量核定学校办学规模。在小班化教师培养和培训方面，应广泛组织教师学习小班化教育理论，切实转变教育观念，增强实施小班化教育的自觉性和责任感，主动适应小班化教育改革的要求；重点确保学科教研员的培训和转变，通过建立一支胜任小班化教育指导工作的教研员队伍，推动全州小班化教育师资培训工作。在小班化教学制度方面，建立由校长牵头负责的校本研究培训制度，在管理和指导上突破传统课堂教学模式，整合学校各方面力量，把全体教师组织到小班化教学研究中，把学校办成促进教师专业发展的学习型、研究型场所，提高学校小班化教育实施和管理能力。在师资编制方面，应确保专任教师工作负荷适度，保证他们有自主学习、教学研究的时间，保护他们的改革积极性。尤其在小班化教学过程中，确保双语教师在教学中参与改革的士气。

（三）积极研究出台"少数民族流动儿童/留守儿童教育工作条例"

近年来，由于朝鲜族流动人口过多，延边州"单无亲"朝鲜族学生的数量在不断增多，应继续对创办"学生之家"的学校给予更多优惠倾斜政策，从人力、物力、财力方面加大投入力度，保障经费到位、师资编制充足。同时，由于流动儿童数量也在不断增多，学生在流入地接受双语教育的环境非常缺乏，对民族文化保护和传承有不利影响。许青善教授和姜永德教授指出，应加快对"少数民族流动儿童/留守儿童教育工作条例"的研究，使流动儿童和留守儿童的教育问题得到法律支持，为我国双语教育的延续性和民族教育的可持续发展提供法律依据。

延边州双语教育模式的生成是当地经过历史的积淀、多次改革和实验总结概括出来的一种经验模式。该模式可以概括为：遵循双语教育的特殊规律，根据学生语言能力发展的特点，分阶段、分层次设定与实现双语教育目标，制定符合延边朝鲜族自治州实际需要的双语教育政策，按步骤、按计划在民族学校实施双语教学实践活动，并最终形成"一主四辅"的双语教育改革模式。需要说明的是，延边模式是具有延边特点的模式，对于我国其他地区、其他民族而言，只能提供某些方面的借鉴，而不能被照搬照抄地移植或直接拿来使用。各地区、各民族应该根据自身双语教育的历史、政策、语言、文化等特点发展符合自身实际需要的双语教育模式。

延边朝鲜族自治州已形成极具特色的双语教育体系，可谓我国民族教育的典范：在双语教育模式上采取"兼学并用"的模式，并践行了"一主四辅"的双语教学实践活动；在教学管理上，实施"小班化"教学；在师资队伍建设方面，做到了因需培养和有效培训；在创办学校和实施教学中，一切都遵循着"民族特色加优势"的发展思路，使双语教育有坚实的文化基础。这得益于党中央和教育部门对双语教育的高度重视，得益于当地政府及其教育部门和一线教师对双语教育发展规律等理论的共识，得益于朝鲜族群众对教育的高度重视和有利的外部环境。我们应认真总结其经验，并加大借鉴和分享的力度，明确双语教育的必要性和重要性，坚持双语教育的法制化轨道，使我国的双语教育沿着科学发展的道路积极稳妥地推进。

双语教育是一个系统工程，没有政府支持和政策保障，双语教学工作就非常难做。朝鲜族在紧跟国家政策和社会发展的同时，开发出了极具自身特色、和文化并进的双语教育模式，不仅是我国民族教育的典范，也是民族认同和国家认同有机结合的典范。延边州是我国最大的朝鲜族聚居地，在新的世纪，延边州政府及其教育部门更加明确了双语教育的必要性和重要性，坚定了双语教育法制化的思路，确定了科学办教育的正确指导方针。我们应认真总结并借鉴其经验教训，同时应关注新的问题，不断解决问题，再创佳绩。不能忽视出生率急速下降给双语教育带来的影响，在新的时代背景下，还要关注全球化以及市场经济产生的社会流动问题。

执笔人：苏　德

王渊博

张　莞

| 十三 |

凉山彝族自治州彝汉双语教学调查研究

一 四川省民族教育发展情况

四川省是我国西南地区一个比较典型的多民族省，面积有 48.5 万平方公里，省内共有 21 个市州、181 个县（市、区）。2010 年第六次人口普查结果显示四川人口总量为 8041.8 万人，其中少数民族人口 490.8 万人，占四川省总人口的 6.10%。四川省有 14 个世居民族，是全国最大的彝族聚居区、唯一的羌族聚居区、第二大藏族居住区。四川省境内有 3 个民族自治州（甘孜、阿坝、凉山）、4 个民族自治县（木里、马边、峨边、北川）与 16 个少数民族待遇县，少数民族生活地区面积达 32.8 万平方公里。因为四川省存在以上特殊情况，所以从中央政府到四川省都高度重视本地区民族教育工作，把发展民族教育、提升少数民族人口素质作为促进民族地区发展、维护民族地区稳定与加强民族团结的重要战略。2001 年以来，通过实施《四川省民族地区教育发展十年行动计划》（简称《十年行动计划》）、《国家西部地区"两基"攻坚计划（2004～2007 年）》和藏区"9+3"免费教育计划，四川省民族地区教育步入了历史上最好最快的发展时期，实现了由初创到以普及九年义务教育为标志的历史性跨越。2001 年以来，四川省共筹措落实资金 65 亿多元用于民族地区教育，新建和改扩建学校项目 3523 个，总建筑面积达 431 万平方米，学校建设基本实现了由解决"一无两有"到规范标准化建设的历史性突破。

从 2001 年起，四川省将办好寄宿制学校作为重要任务纳入了《十年行动计划》，并在政策、经费等方面给予重点倾斜和支持。目前，四川省民族地区寄宿制学校已达 1820 所，义务教育阶段在校寄宿学生为 41 万余名。四川省已经投入 2420 万元资金为 499 所寄宿制学校修建小农牧场和种植养殖基地，安排 6.9 亿元资金累计补助 184.4 万人次寄宿制学生，全部免除义务教育阶段学生的学杂费并免费提供了教科书。在教师培训方面，共投入 1 亿多元资金资助脱产、学历培训在职教师 1000 余人，短期培训教师、校长和管理人员 10 万余人次，有效提升了民族地区教师队伍素质。在教学仪器设备与远程教育方面，投入 2.75 亿元资金，按三类模式装备民族地区所有初中、小学及教学点的远程教育设备设施。2009 年春，四川省委、省政府启动实施了藏区免费职业教育计划，决定争取用 5 年时间，为藏区免费培养 5 万名中职学生，2009 年共招收了 1 万余名藏区学生到内地 85 所省级以上重点中职学校免费学习，保证藏区学生健康成长。

二 凉山彝族自治州民族教育情况

四川省凉山彝族自治州是全国最大的彝族聚居区，现有人口 506.4 万人，其中彝族人口 259.7 万人，占全州总人口的 51.3%。凉山彝族自治州也是典型的少、边、穷地区，是全国唯一的由奴隶制社会一步跨千年进入社会主义社会的特殊地区。凉山州的少数民族教育事业，一直是在国家民族政策和教育方针的关怀和指引下发展壮大的。为了提高全州的教育质量，党中央、四川省委、四川省政府及当地的有关部门做出了大力扶持民族地区教育发展的英明决策，并且颁布制定了一系列重要的政策法规等，以为其民族教育事业的发展保驾护航。例如，2000 年 12 月，四川省委、省政府批转了《四川省民族地区教育发展十年行动计划》（川委发〔2000〕53 号），文件确定：省政府每年筹集 3 亿元，连续 10 年协调落实 30 亿元资金，用于发展四川省民族地区"两基"攻坚和各类教育事业。2001 年 2 月 9 日，四川省委、省政府在成都隆重召开了"四川省民族地区教育工作电视电话会议"，《十年行动计划》正式启动并实施。

2004 年又开始实施《国家西部地区"两基"攻坚计划（2004～2007年）》等。

自 20 世纪 90 年代开始，全州积极贯彻国家《义务教育法》和《扫除青壮年文盲工作条例》，大力推进"两基"工作，到 2000 年底，全州共有14 个县市（除金阳、美姑、布拖三县）实现"普初"和基本扫除青壮年文盲，"普初"地区人口占全州人口的 96.8%，全州青壮年人口非文盲率为 94%。1998 年西昌、德昌两县市在全州率先实现"普九"，到 2000 年底"普九"地区人口占全州总人口的 29.4%，少数民族中小学在校生达到20.74 万名，其中小学生达到 18.53 万名，比 1990 年增加了 25.80%；初中学生达到 1.85 万名，比 1990 年增加了 23.33%；少数民族学龄儿童入学率达到 83.66%，比 1990 年提高了 28.86 个百分点。截至 2009 年底，民族自治地方 51 个县市中已有 50 个县市基本普及九年义务教育，"普九"地区人口覆盖率达到 99%，各级各类学校达 3853 所，在校生达 128 万余人，民族地区基本普及九年义务教育、基本扫除青壮年文盲的历史性目标整体实现。

三 凉山彝族自治州彝汉双语教育情况

（一）凉山彝汉双语教学的历史沿革

从凉山彝汉双语的教学发展过程来看，可以将彝汉双语教学分为四个阶段，每个阶段都有一定的特点，下面进行简单的梳理。

第一阶段：新中国成立之前，凉山彝区彝汉双语教学可以说是一片空白。彝族及其语言文字虽然具有非常悠久的历史，但在新中国成立之前的凉山彝区，受政治、经济、社会及自然环境条件的限制，古彝文（老彝文）的传承和使用只在极少数毕摩和上层人士中进行，当然这种进行只是以家庭教育和毕摩教育的方式进行。因此，凉山彝区在漫长的历史中没有形成正规的学校教育。在明清时期，当地设立了一些官学书院，但教学只使用汉语、汉文，彝文一直得不到普及和发展，适应本地区的教育也得不到普及和发展。由于地理环境的限制、社会状态的封闭，当地经济、社会发展缓慢，这样的奴隶社会缓慢前行了将近两千年。直到清末民初，这种封闭才稍稍被打开，才有一些知名的上层人士办起了私塾式的学堂学习彝文。清光绪三十三年（1907 年），安宁场土司岭镇开办过 18 个学生的学堂，用彝语和自己刻印的彝文课本传授彝族传统文献《玛牧特依》和欧洲知识摘要，学堂只授彝文，不授汉文，这是有记载的凉山彝区最早的彝文学校教育。1937 年 3 月，土司岭光电在甘洛田坝捐资兴办了边民斯补小学，开设彝文课，自己编写教材，到高年级后再转为汉语教学，现今一些有威望的老一辈彝族干部（如孙自强）等就是这所学校培养出来的。

第二阶段（1949～1957 年）：初步试行阶段。新中国成立后，国家对少数民族语文教学极为重视，为一些没有文字的少数民族创造了文字，对一些不完备的少数民族文字进行了整理和规范，并制定了一系列民族语文法规和政策，为各少数民族实施和发展民族语文教学提供了强有力的政策和法律保障。在这样的背景下，1950 年，陈士林教授以老彝文字形不统一、难以大规模进入学校教育为理由，借用 26 个拉丁字母，创制了"凉山彝语拼音文字方案"（又称新彝文）。1951 年，先后在西南民族学院、凉山彝民团（9000 余人）和 47 所民族小学进行试验和推广。1952 年开始，在凉山州和原西昌专区全面推广新彝文教学，并达到了相当规模。当时，小学低段只开设彝语文课，不开设汉语文，汉语文到小学三年级才开设，算术课翻译成彝文教学。这是凉山彝族地区彝汉双语教学真正的开始。

第三阶段（1958～1977 年）：停顿阶段。1958 年后，受到极"左"思潮的影响，又由于新彝文拼成的单词和句子太长，不便记录使用；新彝文增加了 3 个俄文字母，引起使用上的混乱；彝族本身就有很古老的音节文字，因此新彝文不符合群众意愿，群众不接受等，新彝文的推行被停止，彝文教学也因此被迫中断了近 20 年。"直接过渡"造成的后果是教学中语言与文字脱节、语言与思维脱节、语言与环境脱节、学生读到小学毕业，仍然是"会读而不知其意，会背而不会使用"，导致教学质量低，办学效益差。昭觉县比尔区洛呷村，在直接过渡的 20 多年时间里，只培养了一名生产队会计，直到 1984 年开办一类模式双语教学后，才培养了一批大中专生。

第四阶段（1978 年至今）：恢复、发展、完善阶段。1974 年 11 月，四川省民委组织彝语文工作组，对原有的老彝文进行了规范和整理，并在调查研究、广泛征求意见的基础上，拟订了《彝文规范试行方案》。1975 年 12 月，四川省委同意《彝文规范试行方案》，并先在部分地区、学校进行扫盲和教学试点，取得成功。1978 年秋，彝语文就以一门主课的形式，正式列入全州民族中小学的教学计划，在全州 73 所小学 123 个教学班 2554 名小学生中开设，即实施二类模式双语教学，这标志着彝语文教学已进入一个全面恢复和快速发展的时期。1980 年，国务院正式批准《彝文规范方案》；同年 9 月，西昌师范学校开办彝语文专业。1982 年，中专招生考试彝语文以 15 分的成绩计入总分，此后每年增加 5 分至现在的 50 分。1984 年秋，在昭觉、喜德等 11 个彝族聚居县的 27 个乡 95 所小学开办以彝语文为主要教学语文，同时开设汉语文课的彝文小学，即实施一类模式双语教学。1985 年，四川省彝文学校开办彝语师资班。1989 年，西昌师专设彝文系。1990 年，在 11 个彝族聚居县的县城中学或民族中学开办一类模式初中。1993 年，在喜德民族中学和昭觉民族中学开办一类模式高中。1996 年第一届一类模式高中毕业生升入西昌师专和西南民大。2005 年 6 月，一类模式高考与全国普通高考接轨，毕业生可升入全省、全国的任何高等院校。从 1978 年到 2009 年，通过短短 30 年的艰苦探索与实践，凉山彝汉双语教学已取得了较大的成就。

（二）凉山彝族自治州彝汉双语教学所取得成绩

1978 年凉山州开始实施双语教学二类模式（即各科以汉语文为主要教学用语，同时开设一门少数民族语文课程的教学形式），这是对全州广大地区普遍采用的用少数民族语辅助教学方法的提升、发展和规范，是少数民族地区教育教学观念和方法的一次跨越。在二类模式取得明显效果的基础上，为了进一步推进和深化双语教学，1984 年又实施了双语教学一类模式（即各科以彝语文为主要教学用语，同时开设一门汉语文课程的教学形式）。凉山州探索和总结出了"母语起步，汉语会话过渡，双语并重"、

"双语教学，两类模式，四级规划，两次分流，两次接轨"的办学经验，培养了大量民汉兼通的少数民族人才，进一步完善了全州的办学模式，为促进全州社会进步、经济发展、民族团结，推进全州教育事业的全面发展起到了积极的推动作用。2002年10月，凉山州教育局出台了《关于全州民族中小学一、二类双语教学模式贯彻实施基础教育课程改革的意见》，规定了精心组织、扎实落实好一、二类双语教学模式，实施课程改革的各项工作。2005年1月，州政府出台了《关于进一步加强和改进双语教学工作的决定》，力争到2015年建立起适应全州经济社会发展需要、具有一定规模、质量较高、与全国普通高等教育相衔接的双语教学体系。从2005年起，根据四川省招生委员会、四川省教育厅联合下发的《关于一类模式高中毕业生参加全国普通高校招生统一考试的通知》（川招委〔2005〕8号）精神，凉山州狠抓一类模式高中毕业生高考接轨工作，通过MHK、单列计划、单独划线录取等办法，取得了很好的成绩。2009年7月，州教育局出台了《关于进一步加强双语教学工作的意见》（凉教〔2009〕73号）等。以上措施使得凉山州的双语教育取得了巨大的成绩。

在中央政府与四川省委、省政府以及凉山彝族自治州的高度重视之下，本地区的彝汉双语教学取得了一定的成绩，从表1可以看到发展的情况。

表1　凉山州双语教学开设面基本情况

单位：所，人

年份	一类模式				二类模式				小学专任教师	中学专任教师
	小学	初中	高中	学生数	小学	初中	高中	学生数		
1991年	117	9	2	7390	498	63	9	49093	527	174
1995年	217	8	2	11660	490	67	7	41133	718	374
2000年	119	6	2	8283	509	60	5	65014	828	342
2006年	51	7	2	5952	650	87	11	139127	1059	252
2007年	65	8	2	5295	525	30	3	113806	1023	234
2008年	58	8	2	5173	498	35	5	124607	1134	262
2009年	50	7	2	5589	523	40	7	164613	1465	304
2010年	42	7	2	6737	546	48	7	216741	1579	366
2011年	38	6	2	7828	696	71	8	236479	1646	476

续表

年份	一类模式				二类模式				小学专任教师	中学专任教师
	小学	初中	高中	学生数	小学	初中	高中	学生数		
2012 年	36	6	3	8246	724	80	8	247925	1697	517
2013 年	34	6	3	8368	751	88	8	258089	1706	528
2014 年	17	5	3	8505	863	80	10	252335	1783	532

四 凉山彝族自治州彝汉双语教育研究方法与研究过程

（一）文献法

参考文献主要来自三个方面，涉及中央政府、四川省委省政府以及凉山彝族自治州关于彝汉双语教学的政策研究、个案研究和实际教学总结的研究成果，其中涉及的文献类型有四类：

（1）政策法规文件：各类关于彝汉双语教学的政策文件；

（2）电子文献：主要有中国知网（CNKI）、中国优秀博硕士学位论文全文数据库、万方数据库等；

（3）书籍：国内外教育相关书籍；

（4）统计年鉴：教育统计年鉴等数据库。

（二）问卷调查法

采用问卷对教师与学生进行分别调查，其中教师 14 人、学生 392 名，学生基本情况如表 2 所示。

表 2　学生情况调查表（N=392）

单位：人

年级	彝汉双语教学模式人数		合计
	一类	二类	
初一	68	93	161
初二	63	55	118
高一	49	0	49
高二	64	0	64
合计	244	148	392

（三）数据统计法

对所得数据使用 SPSS 社会统计软件进行分析，然后对所得数据进行定性整理分析，从中得出内部规律。

五 凉山彝族自治州双语教学存在特殊困难

（一）双语教学师资问题严重

1. 双语教师培养渠道不畅通

调研发现，目前从事彝汉双语教学的教师数量偏少、专业化培训程度普遍较低，导致所培养的学生质量偏低。在被调查的 14 名教师之中，只有为数不多的教师参加了一定的培训，大部分教师并没有接受过任何培训，如图 1、图 2、图 3、图 4 所示。

从图 1 数据可见，在 14 名被调查的教师之中，参加过国家级培训仅有 9 人次，自治区级培训 8 人次，地州级培训 10 人次，县市级培训及校级培训 19 人次，共 46 人次。此调查题为多选题，所以这里存在重复参加培训的人员，从人数来说比 46 人次还要少得多。

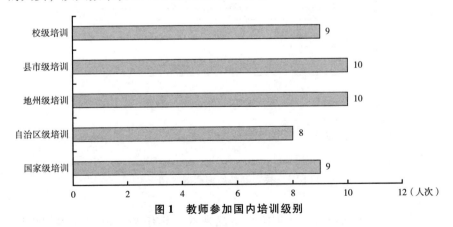

图 1 教师参加国内培训级别

从图 2 教师参加培训类型来看，14 名被调查的教师共参加 52 人次培训。而在这其中，参加过语言类培训的只有 5 人，仅占 35.7%。从这个比例可以看到教师语言类学习存在人数不足的问题。

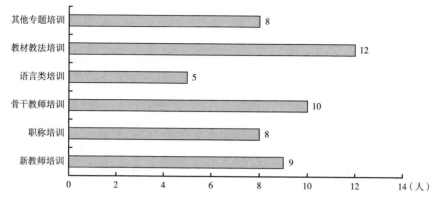

图 2　教师参加培训类型

从图 3 教师参加培训有效性情况来分析，在 14 名被调查教师之中，认为最为有效的培训是教材教法培训，一共有 12 人，与图 2 相对比，占比为 100%；而参加职称培训的 8 人中只有 1 人认为有效，仅占 12.5%；在参加语言类培训的 5 人当中，认为此培训有用的有 4 人，占到 80%，比例还是较高的。

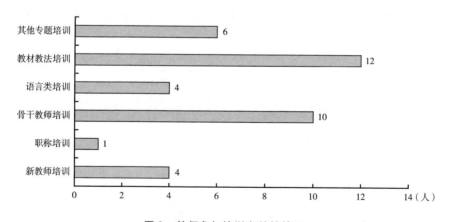

图 3　教师参加培训有效性情况

从图 4 教师希望参加培训类型情况来看，共有 49 人次希望参加培训。因为此题为多选，共有 6 个选项，平均选择数约为 8.2。这平均人次占被调查的 14 名教师的 58.3%，这部分教师希望参加培训、得到提升。但是，至少还有 41.7% 的教师不希望参加任何培训。而在这其中只有 5 人希望参加语言类培训，只占总人数的35.7%；希望参加民族文化培训的教师只有7人，仅占总人数的50%。这说明对语言文化的培训还没有得到大部分教师的认可，需要加强这个方面的宣传与支持。

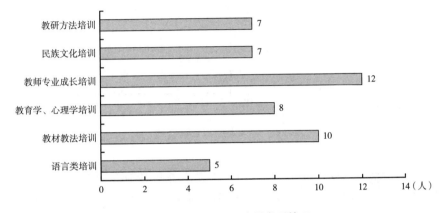

图4　教师希望参加培训类型情况

2. 许多教师对彝汉双语教学的认识存在偏差

这种认识偏差的存在，也会导致其在教学中投入精力与学生培养质量的差别。

从图5教师对双语教师的认识来看，有12人选择"具备使用汉语和民族语进行教学能力的教师"，占被调查教师的85.7%，是所有选项之中最多的，也就是说大部分教师基本能够把握双语教师的内涵。但是从其余几个选项来看，选择"在双语教学班上课的教师"有4人，占被调查的14名教师的28.6%，也就是有将近1/3的教师认为，在双语教学班上课的教师就是双语教师，这就说明许多教师对双语教师的理解存在偏差。

3. 教师的工资待遇普遍偏低

凉山州教师工资偏低，甚至无法满足基本的生活保障，对当地学校校长、教师的大量访谈以及问卷调查都反映出这样的情况。

从图6可以看到，被调查的14名教师中有71%的教师月收入不足3000元，甚至有7%的教师月收入不足2000元。这样低的工资待遇，使得许多教师都感觉到生活压力比较大，生活入不敷出，其原因在于凉山地区

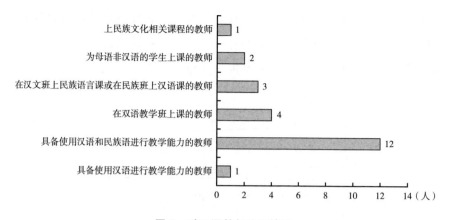

图 5 对双语教师认识情况

的教师家里都有两三个孩子需要抚养，很多家庭有老人需要赡养。因此，所得收入根本不能满足生活用度，很多教师迫于生存的压力，根本无法安心教书育人。

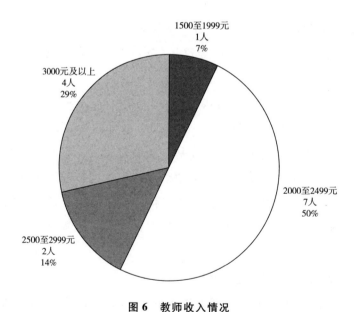

图 6 教师收入情况

4. 双语教师师资不足、教材与学习资源不足

从调查的结果来看，大部分教师认为开展双语教学最大的困难是合格的双语教师不足，需要补充师资，其次是教材等学习资源的不足。

从图 7 可以看到在被调查的 14 名教师中有 11 名教师认为"学校双语教育缺少足够的双语师资"是顺利开展双语教育的最大困难，占被调查总人数的 78.6%。认为"没有合适的教材和教辅"的有 10 人，占被调查总人数的 71%。认为"学校没有配套的学习资源（双语图书、语言材料等）"的有 7 人，占被调查总人数的 50%。

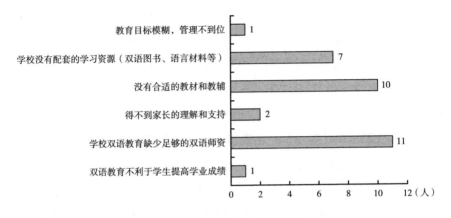

图 7　双语教育工作主要困难

（二）寄宿制学校存在不容忽视的问题与困难。

自实施《十年行动计划》、"两基"攻坚和"两免一补"政策以来，凉山州寄宿制教育规模不断扩大，办学条件明显改善，标准（规范）化管理深入推进，办学效益和教育教学质量稳步提升，寄宿制教育取得了跨越式发展。全州共有寄宿制学校 646 所，其中小学 490 所、初中 156 所；寄宿制学生 264287 人，其中小学生 123747 人、初中生 140540 人；享受生活补助的学生 227739 人，其中小学生 106834 人、初中生 120905 人。但是目前凉山彝族自治州寄宿制学校仍存在一些不容忽视的问题与困难。

1. 寄宿制学校学生饮食方面存在困难

在全州 646 所寄宿制学校中，有规范食堂（厨房、餐厅、储藏室等）的 270 所，占 41.8%；有厨房但无餐厅的 271 所，占 42.0%；食堂设施设备不配套、不完善的 370 所，占 57.3%。在全州 646 所寄宿制中小学校中，饮水困难的有 270 所，占 41.8%。从以上数据可以看出，凉山彝族自治州学生在饮食方面存在比较大的困难，学校设施不能满足学生们的健康饮食需要。

2. 寄宿制学校学生住宿方面存在困难

在全州 646 所寄宿制中小学校中，宿舍达不到适用、够用标准的有 482 所，占 74.61%。据这次调研统计，全州寄宿制中小学校需要更换和补充免费卧具 16.49 万套。无浴室的有 439 所，占 67.96%；在有浴室的学校中，浴室需要改扩建和完善设施设备的有 196 所。厕所小、厕所蹲位少、上厕所需排队、夜间学生上厕所远或影响环境卫生而需要改建、扩建的有 397 所，占 61.46%。总体来看，学生住宿方面表现出"少"与"小"等问题。

3. 寄宿制学校活动场地、小农场、医务室等设施不足

在全州 646 所寄宿制中小学校中，运动和活动场地小、设施设备和文体器材欠缺的有 479 所，占 74.15%。有小农场的 221 所，占 34.21%，其中小农场建设搞得好的有 53 所、搞得一般的有 128 所。设立了医务室的有 40 所，占 6.19%，无医务室和校医的学校大多请当地医院、卫生院来协作防治常见病、流行病，对师生的小病小痛医治不方便。而校内的卫生保健工作主要靠行政、后勤部门和班主任共同承担。

4. 许多高海拔地区学生取暖工作难以保障

凉山州的 646 所寄宿制中小学校中，地处海拔 2500 米及以上的有 138 所，地处海拔 2000~2500 米的有 164 所。2013 年起，四川省政府对全州海拔在 2500 米及以上的义务教育阶段学校学生实施冬季取暖工程，补助标准为每生每年 200 元。全州 14 个县市的 188 所学校实施了这一项惠民工程，共补助资金 2088 万元，受益学生达 104435 人，但仍然不能全部覆盖。大部分高寒山区因缺电、缺燃料，无法实施这一取暖工程，这部分学校只能采取为学生添置防寒服、被子、绒毯等方式来缓解防寒取暖问题。

（三）双语教学存在双语教材单一，教参、教辅、音像制品匮乏的情况

调研发现，针对目前双语教材、教辅的编译、出版、使用情况，大家颇有微词，其中，反映最为强烈的问题是 2008 年出于对中小学生减负的考虑，四川省教育厅颁发"双八条文件"，禁止编译出版教辅材料。当地的教师、家长、学生等普遍认为这种对教辅"一刀切"的做法不切实际，甚至与汉族学生相比，出现了不公平、被边缘化的现象。大家普遍认为，汉族学生获取学习资料的方式与渠道很多，而针对彝族学生的学习资料与资源本来就少，经过这样的改革，更是雪上加霜。再加之，彝语文教学辅助资料相对于汉语文材料用量小，出版社积极性不高，致使双语学校教学辅助资料严重缺乏。此外，彝族学生汉语课程与汉族学生使用同一教材，不符合彝族学生学习汉语（第二语言）的实际，不利于提高彝族学生的汉语文水平。

对 14 名教师调研发现，有 10 人认为"没有合适的教材和教辅"是学校不能顺利开展双语教学的第二大原因，占所调查人员的 71.4%。

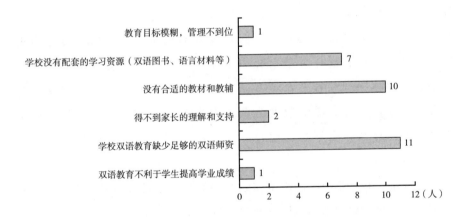

图 8　学校推行双语教育工作的困难

笔者使用问卷调查了 14 位教师，问题是"目前的教材能否满足学生的需要"，所得结果如表 3 所示。

从表 3 可以看到，在被调查的 14 名教师中，认为"比较符合"与"非常符合"的教师共有 5 人，占 35.7%，比例还是比较低；而认为"一般"及以下情况的人数比例占到 64.3%。

表3　目前的教材能否满足学生的需要

目前的教材能否满足学生的需要	频率(人)	百分比(%)
很不符合	1	7.1
不太符合	2	14.3
一　般	6	42.9
比较符合	4	28.6
非常符合	1	7.1
合计	14	100.0

（四）学前双语教育严重滞后，绝大部分农牧村地区尚无幼儿园

根据《国务院办公厅转发教育部等部门（单位）关于幼儿教育改革与发展指导意见的通知》（国办发〔2003〕13号）文件精神，双语教学应紧紧抓住幼儿学习语言的关键时期，坚持从幼儿入手，以农村教育为重点，大力推进幼儿、学前教育双语教学工作。四川省凉山地区由于地广人稀、居住分散、交通不便，学生接受教育大多需要在校寄宿，而目前国家和省教育经费基本上不能用于学前教育阶段学校建设和发放生活补助，需靠收费方式筹措办学经费。另外，本地区生活水平不高、生活经费不足，使得凉山地区尤其是农村地区的学前教育难以开展。

据调查，有一半以上的学生在幼儿园的学习中没有接触到汉语，这在一定意义上可以说明凉山地区学前双语教育非常滞后。

（五）升学渠道狭窄，"出口"瓶颈有待突破。

目前，凉山地区双语学生高中毕业后，报考高校与专业选择面都很窄，不能满足学生需要。目前只有西南民大和西昌学院的部分专业招收双语毕业生，形成"千军万马过独木桥"的局面，这就造成大量学生由于没有机会进入高一级学校学习深造而失学。同时，由于在长时间基础教育阶段的学习中没有获得更多生活技能，这些失学的学生感觉不如一直在家辍学的孩子更有生活能力，这样就造成"读书无用

论"有所抬头。

从表4可以看出,在回答"是否想过长大以后离开家乡学习、工作、生活"这个问题时,260名学生中有193名学生回答"是",占74.2%,说明大部分学生希望能离开家乡学习、工作与生活,但由于现实原因有好多学生只能得到令人失望的结果。

表4 是否想过长大以后离开家乡学习、工作、生活

单位:人

是否想过长大以后离开家乡学习、工作、生活	模式		合计
	一类	二类	
是	75	118	193
否	10	9	19
不确定	39	9	48
合计	124	135	260

(六) 学生学习双语的语言环境相对较好

语言学习最为关键的条件是良好的语言环境,尤其是第二语言的学习,语言环境更加重要。在调研的过程中,笔者发现凉山彝族自治州学生学习双语的环境相对较好,学生使用双语的机会相对较多。

从对"上学前讲哪种语言"的回答可以看到,在入学之前,只使用本民族语言的学生有207名,占所调查人员的52.8%;只使用汉语的学生有37名,占9.4%。相对于本民族语言的使用情况,单纯使用汉语的人数占比很小。而能使用双语的学生有130名,占33.2%,这就是说在入学前有约1/3的学生已经有了双语基础,说明双语的语言环境相对较好(见表5)。同时,上述情况也说明在入学前大部分学生是使用本民族语言的,双语学习更多是为了在本民族语言基础上习得汉语。当然此处所论及的本民族语言基础只是一种日常使用的口语,而彝语书面语与汉语的水平基本是相同的。

表 5　上学前讲哪种语言

上学前讲哪种语言	频率（人）	百分比（%）
本民族语言	207	52.8
汉语	37	9.4
两者都用	130	33.2
其他	18	4.6
合计	392	100.0

从对"在课堂上讲哪种语言"这个问题的回答情况可以看到，在被调查的 392 名学生中，课堂上使用本民族语言的只占 3.8%，使用汉语的有 206 人，占所调查人数的 52.6%。使用双语的学生为 161 人，相对于入学前的人数有所增加，但增加的不是太多（见图 6）。

表 6　在课堂上讲哪种语言

在课堂上讲哪种语言	频率（人）	百分比（%）
本民族语言	15	3.8
汉语	206	52.6
两者都用	161	41.1
其他	10	2.5
合计	392	100.0

从对"在家里与父母交流语言"的回答可以看到，使用本民族语言的学生有 254 人，占所调查人数的 64.8%；使用汉语的学生只有 23 人，占所调查人数的 5.9%；两者都使用的有 89 人，占所调查人数的 22.7%（见表 7）。从这些数据来看，家庭环境并不利于学生的双语习得，甚至在一定程度影响了学校双语教学的效果。

表 7　在家里与父母交流语言

在家里与父母交流语言	频率（人）	百分比（%）
本民族语言	254	64.8
汉语	23	5.9
两者都用	89	22.7
其他	26	6.6
合计	392	100.0

从对"在课外与教师交流语言"问题的回答可以看到，使用本民族语言的只有 10 人，占所调查人数的 2.6%；使用汉语的有 236 人，占所调查人数的 60.2%；两种语言都使用的有 138 人，占所调查人数的 35.2%。这就说明在课外教师与学生交流过程中能使用汉语的人数达到 95.4%，几乎全部能够在本民族语言的基础上使用汉语，课外交流是双语学习的一个重要环节（见表 8）。

表 8　在课外与教师交流语言

在课外与教师交流语言	频率（人）	百分比（%）
本民族语言	10	2.6
汉语	236	60.2
两者都用	138	35.2
其他	8	2.0
合计	392	100.0

从"与朋友交流语言"问题的回答可以看到，两种语言都使用的人数为 232 人，占所调查人数的 59.2%，要比单纯使用本民族语言的 79 人与单纯使用汉语的 62 人高出许多，这就说明同学、朋友之间的交流是双语学习不可忽视的因素，会为学生提供一种比较融洽的学习氛围。在这个环境中学生可以没有压力地进行交流学习，练习所学内容（见表 9）。

表 9　与朋友交流语言

与朋友交流语言	频率（人）	百分比（%）
本民族语言	79	20.2
汉语	62	15.8
两者都用	232	59.2
其他	19	4.8
合计	392	100.0

从对"在课堂老师通常讲哪种语言"问题的回答来看，回答只使用汉语的人数有 279 人，占所调查人数的 71.2%；两种语言都使用的 106 人，占所调查人数的 27.0%，而回答只使用本民族语言的只有 7 人，这说明在课堂上基本所有教师都使用汉语，以增强学生对汉语的掌握与应用。（见表 10）

表 10　在课堂老师通常讲哪种语言

	频率（人）	百分比（%）
本民族语言	7	1.8
汉语	279	71.2
两者都用	106	27.0
合计	392	100.0

从对"老师在课堂上要求用哪种语言回答问题"问题的回答上可以看到，回答只使用汉语的有336人，占所调查人数的85.7%；回答两者都使用的有38人，占所调查人数的9.7%。这两种答案合计达95.4%，说明教师对学生汉语口语的要求比较高，要求学生能更加熟练地使用汉语（见表11）。

表 11　老师在课堂上要求用哪种语言回答问题

老师在课堂上要求用哪种语言回答问题	频率（人）	百分比（%）
本民族语言	4	1.0
汉语	336	85.7
两者都用	38	9.7
随便	14	3.6
合计	392	100.0

从对"老师要求在课间用哪种语言与同学交流"问题的回答来看，回答只使用汉语的有207人，占所调查人数的52.8%；回答两种语言都使用的有122人，占所调查人数的31.1%；而回答随便使用什么语言的有59人，占所调查人数的15.1%（见表12）。这就说明教师不仅重视学生在课堂上对汉语的使用，同时也重视学生课下对汉语的使用情况。当然这里也有一个不容忽视的问题，那就是有些教师对学生使用语言情况并不是太在意，随学生的喜好而定。这部分教师在学生中的影响相对较大，这对学生双语学习可能会产生不利的影响。

表 12　老师要求在课间用哪种语言与同学交流

老师要求在课间用 哪种语言与同学交流	频率（人）	百分比（%）
本民族语言	4	1.0
汉语	207	52.8
两者都用	122	31.1
随便	59	15.1
合计	392	100.0

从对"你觉得你能更流畅地阅读哪种文字的书籍"问题的回答来看，回答使用汉文阅读的有 333 人，占所调查人数的 84.9%；回答使用本民族文字的有 36 人，占所调查人数的 9.2%（见表 13）。从这些数据可以看出，学生经过一定时间的学习已掌握了使用汉文阅读的能力，但是不足的是，学生使用本民族文字阅读的人数太少，这就导致本民族文字可能被弱化的趋势，这与双语学习的目的是不符的，需要思考与调整。

表 13　能更流畅地阅读哪种文字的书籍

你觉得你能更流畅地阅读 哪种文字的书籍	频率（人）	百分比（%）
本民族文字	36	9.2
汉文	333	84.9
其他	23	5.9
合计	392	100.0

从对"更喜欢学习哪种语言"问题的回答来看，单纯喜欢汉语或彝语的学生大致相同，而有 268 人回答两种语言都喜欢，占所调查人数的 68.4%（见表 14）。这说明从学生角度出发，希望能学习两种语言，获得两种语言使用能力。这就与现实中教师更多地强调汉语学习存在相悖的情况，这是需要教师在教学之中加以注意的地方。

表 14　更喜欢学习哪种语言

更喜欢学习哪种语言	频率(人)	百分比(%)
本民族语言	54	13.8
汉语	55	14.0
都喜欢	268	68.4
其他	15	3.8
合计	392	100.0

从教师对学生语言使用的了解情况来分析，可以看到，大部分教师还是了解学生语言使用情况的（表 15 所反映的"一般"以上的人数达到 11 人，不了解的有 3 人），也就是说教师与学生之间的沟通较好，这对学生学习语言有一定的帮助，并且对于学生提出的相应学习要求也是可以根据学生的实际情况而定的，可以初步实现因材施教，这样对学生掌握彝汉双语是有一定的意义的。

表 15　学校教师非常了解学生语言使用情况

学校教师非常了解 学生语言使用情况	频率(人)	百分比(%)
不太符合	3	21.4
一般	6	42.9
比较符合	2	14.3
非常符合	3	21.4
合计	14	100.0

从对"学校鼓励进行双语教学"的回答来分析，14 名教师中，回答"比较符合"的有 8 人，占所调查人数的 57.1%；回答"非常符合"的有 5 人，占所调查人数的 35.8%，两者之和达到 87.5%（见表 16）。这就表明大部分教师认为学校对双语教学是持鼓励态度的，从而表明学校在彝汉双语教学中起到了积极作用，这就为教师进行双语教学提供政策保障，也会尽最大努力为学生学习双语提供相应的软硬件条件。

表 16　学校鼓励进行双语教学

学校鼓励进行双语教学	频率(人)	百分比(%)
一般	1	7.1
比较符合	8	57.1
非常符合	5	35.8
合计	14	100.0

六　提高彝汉双语教学质量的建议

(一)　以法律政策为基础,增强双语教学政策保障

依据《民族区域自治法》第三十六条、三十七条规定:自治机关有权"自主地发展民族教育","决定本地区的教学用语","招收少数民族学生为主的学校,有条件的应当采用少数民族文字的课本,并用少数民族语言讲课;小学高年级或者中学设汉文课程,推广全国通用的普通话"。四川省凉山彝族自治州在实施双语教学近三十年的探索与实践中坚定不移地贯彻和落实《民族区域自治法》,这对增强民族团结,维护社会安定,促进改革开放,实现教学、生产、科技推广、经营服务相结合,提高群众办学的积极性,提高教育教学质量和民族素质,起了不可估量的作用。"双语教学能改变彝族群众的命运"是发自群众内心的呼声,因此要加强法律政策的宣传与落实,促进民族教育健康发展。

(二)　加强双语师资队伍建设

凉山州在双语师资培训上做了大量的工作。20世纪八九十年代,按照四川省的统一部署,双语教师的培养、培训工作由省、州、县分级负责,小学教师的培训由县市教师进修学校负责,初中教师的培养、培训由州负责,高中教师的培养、培训由省负责。州内几所中等师范学校均把彝语文作为一门主科开设,培养合格的小学双语师资。通过培训、在职进修和教育教学实践,凉山彝族自治州培养了一大批双语教学的骨干力量。

实施《十年行动计划》以来，凉山州加大了双语师资培训力度，按照双语教师分级管理、分级培训，高中、初中、小学教师分别由省、州、县市组织培训的原则，分期分批开展培训，特别是针对薄弱学科、薄弱环节，积极开展民族寄宿制学校校长和双语教师培训。凉山州协助省上举办了小学二类模式彝语文教师培训、MHK 师资培训和民族地区高中骨干教师多期培训。2005～2009 年，先后培训了 11 期双语教师和 6 期寄宿制学校校长、住校生管理员，双语教师培训人数达 920 人次，寄宿制学校校长和住校生管理员培训人数达 720 人次。这些成绩是凉山彝族自治州民族教育取得现有成绩的有力保障，但是，仅有这些还远远达不到凉山州民族教育发展现实的需要，需要加大师资培养力度，以满足各级各类学校对彝汉双语教师的需要。

（三）继续推动全州民族教育的发展

大力实施双语教学既是凉山州民族教育的重要组成部分，又有力促进了凉山州"普九"和义务教育的发展，并取得明显成效。

2000 年全州小学学龄儿童入学率为 92.80%、小学少数民族学龄儿童入学率为 83.66%，初中学龄人口入学率为 39.73%、初中少数民族学龄人口入学率为 19.73%；到 2009 年底，全州小学学龄儿童入学率为 96.75%、小学少数民族学龄儿童入学率为 98.51%，初中学龄人口入学率为 68.59%、初中少数民族学龄人口入学率为 66.80%，分别比 2000 年增长了 3.95 个、14.85 个、28.86 个、47.07 个百分点。2000 年全州有中小学在校生 53 万人，其中少数民族在校生 20.8 万人、少数民族女生 7.9 万人、享受寄宿制生活补助的学生 2 万人、接受双语教学的中小学生 7.3 万人；到 2009 年底全州中小学在校生达到 80.88 万人，其中少数民族在校生达到 44.52 万人、少数民族女生达到 19.09 万人、享受寄宿制生活补助的学生达到 12.932 万人、接受双语教学的中小学生达到 26.11 万人，分别比 2000 年增长了 27.88 万人、23.72 万人、11.19 万人、10.932 万人、18.81 万人。形成了具有民族地区特点，以基础教育为龙头，幼儿教育、职业教育、成人教育、高等教育协调发展的民族教育体系。凉山教育由全力实施"两基"攻坚并全面实现"两基"目标进入巩固、提高"两基"成果，强化管理，全面实施素质教育，全面提高教育教学质量和办学效益的新阶段。

虽然经过几十年的努力凉山州在民族教育方面取得了一定成绩，各级各类学生的入学率有了显著上升，但是，相比发达地区还存在很大差距，特别需要重视的是随着年级的升高，适龄学生入学比例在大幅度下降，这是一个不容忽视的问题。这对提高彝族人口素质、培养高层次彝族人才是极为不利的，因此需要继续推动全州民族教育的发展，争取提升凉山州彝族的整体素质，培养出更高层次的彝族人才。

（四）加强彝文教材、教辅材料的建设

四川省凉山州彝文教材编译室是彝文教材编译机构，是受四川省教育厅和凉山州教育局双重领导的副县级事业单位，从事全省中小学彝文教材、教参和课外读物的编译工作。现有职工 34 人，其中专业技术人员 31 人（初级职称 3 人、中级职称 17 人、副高职称 9 人、正高职称 2 人）。按照省、州教育行政部门制定的中小学彝文教学发展规划和彝语文教学计划，全室编译人员齐心协力，认真总结彝汉双语教学经验，制定了《四川省中小学各科彝文教材编译规划》。三十多年来，编译室已编译了四川省中小学《彝语文》《政治》《数学》《物理》《化学》《生物》《历史》《地理》等 860 多种彝文教材、教参和教辅读物，共出版发行近 473 万册，基本上满足了全省彝族地区实行双语教学的中小学校的彝文教材需要。教育部颁布中小学新课程标准后，该室协助省、州教育行政部门制定少数民族双语教学的彝语文新课程标准，并依据标准编写相应的教材、教参。但是，面对凉山州少数民族教育的重任，教材、教参以及教辅材料是不够的，工作人员的工作量非常大，压力很大，相应的彝文教材、教参以及必要的教辅材料难以即时、充分地得到补充，因此需要在人员配备以及经费投入上加大支持力度。

（五）及时调整双语教学的教学计划

在这个方面，凉山彝族自治州做了许多工作，比如，针对全州双语教学质量提高不快、学习成果巩固难的状况，2001 年，凉山州教委制定并印发了《关于改革和加强双语教学工作的意见》（凉教发〔2001〕9 号）。文件对全州的双语教学计划进行了适当的调整，一类模式适当增加汉语文教学课时，加大汉语文教学力度，在九年义务教育阶段的汉语文课时每周不少于 5 课时，高中汉语文课时每周 4 课时；二类模式适当增加彝语文教学课时，加大彝语文教学力度，小学一至二年级每周 4 课时，三至四年级每周 3 课时，五至六年级和初高中每周 2 课时。2009 年 7 月，凉山州教育局又出台了《关于进一步加强双语教学工作的意见》（凉教〔2009〕73 号），该文件对全州一类模式的课程设置和教学用语进行了调整。从 2011 年秋季起，义务教育阶段双语教学一类模式小学、初中起始年级的教学用语调整为汉语文、体育、美术课用汉语授课，外语用外语授课，其余科目均用彝语授课。从 2014 年秋季起，义务教育阶段双语教学一类模式高中起始年级的教学用语调整为汉语文、体育、美术课用汉语授课，外语用外语授课，其余科目均用彝语授课。这样调整将对促进双语教学质量的提高起到很好的作用。但是，随着教育部教学改革的开始，以及高考制度的调整，凉山州也要及时调整本地区教学计划，以符合学生学习与升学的需要。

（六）继续加大力度实施一类模式高考接轨工作

在四川省招委和省教育厅大力支持之下，从 2005 年起，凉山州狠抓一类模式高考接轨工作，通过 MHK、单列计划、单独划线录取等办法，取得了一定的成绩。自 2005 年一类模式高考与全国普通高考接轨五年来，凉山州共有 1016 名一类模式高中毕业生参加了全国普通高考，共录取本科 48 人、专科 199 人、本预 328 人。2005～2008 年本预 238 名学生已先后升入四川师大、四川农大、西华师大、成都中医药大学、西南医科大学、西昌学院等院校本科专业就读，为边远贫困地区少数民族学生进入普通高等院校学习开辟了新路子，也有力地促进了全州双语教学工作的开展，调动了双语学校的办学积极性，一类模式高中的生源也大幅增加。即便是这样，还是存在着升学率较低、失学人数太多的问题，这与我国普及高等教育的目标相去甚远，还需要加大力度推行一类模式与高考接轨工作，以使更多的少数民族学生进入高等学府深造。

（七）强化双语学校的管理，全面提高双语教学质量

凉山彝族自治州应紧紧围绕"强化汉语，精化本民族语，优化外语，双语或三语兼通，切实提高教育质量和办学效益"这一总体目标要求，强化双语学校的管理，包括教育教学管理和常规管理。根据州政府颁布实施的《凉山州义务教育阶段寄宿制学校标准（规范）化管理实施意见》（凉府办发〔2007〕2号）的要求，配齐配强双语学校的领导班子和教师，建立健全学校的管理制度，管理要做到严格、科学和规范，努力培养学生良好的学习生活行为习惯。在教学上，积极推进课程和教学改革，进一步完善双语教学的课程计划，一类模式学校要加强汉语文教学，二类模式学校要加强民族语文教学，强化双语相互渗透，全面提高双语教学质量，为学生提供更为宽阔的出路。

执笔人：苏　德

杨俊生

袁　梅

| 十四 |

广西壮族自治区壮汉双语教育的
现状、问题及对策

一 研究背景

少数民族双语教育是传承民族文化，保持语言文化多样性，保障各民族语言平等和政治平等的重要途径之一。据 2010 年第六次全国人口普查数据，在广西壮族自治区 5159.46 万总人口中，壮族人口为 1658.72 万人，占 32.15%。① 壮族有本民族语言——壮语。壮语属汉藏语系壮侗语族壮傣语支，分为北部和南部两大方言、12 个土语区，多以壮族聚居的县为使用区域。据广西壮族自治区语言文字工作委员会 2000 年调查，广西有 71 个县市的壮族使用壮语，有 90.46% 的壮族把壮语作为母语，有 84.95% 的壮族经常使用壮语。②

广西有着悠久的壮汉双语教育历史，自东汉以来，在壮族地区的学校教育中，就有用壮语来解释汉语文的壮汉"双语单文"教育传统。③ 历史上，

---

① 广西壮族自治区统计局：《广西 2010 年第六次全国人口普查主要数据公报》，2011 年 6 月。
② 陈海伦、李连进主编《广西语言文字使用问题调查与研究》，广西教育出版社，2005，第 165～166 页。
③ 零兴宁：《壮族汉语教学概况》，人民教育出版社，2008，第 222 页。

壮族没有本民族通用文字。1952～1955 年，中国政府组织有关专家调查壮语并研究创制了拼音壮文。1957 年 11 月，国务院颁布《壮文方案》并批准在壮族地区逐步推行。截至 1966 年，广西武鸣县等 14 个县的部分小学已开设有壮文预备班或增设壮语文课。① "文化大革命"开始后，壮文推行工作被迫中断。1981 年，广西武鸣、德保两县的 8 所小学开办壮文教学试点班，开展壮汉双语文教学实验。1983 年，广西壮族自治区人民政府决定在全区范围内实施壮文进（中小学）校实验工作。1981～1989 年，广西壮汉双语文教育主要由自治区少数民族语言文字工作委员会组织实施，采取"以壮为主"的教学模式。② 1990 年以后，广西壮文进校实验工作转交自治区教育厅民族教育处管理，重点采用"壮汉同步"的教学模式，③ 并将"以壮为主、壮汉结合、以壮促汉、壮汉兼通"确定为广西壮文进小学实验的"十六字"教学方针。2010 年《国家中长期教育改革和发展规划纲要（2010～2020 年）》颁布后，广西壮族自治区政府部门大力推进壮汉双语教育改革。2012 年以来，自治区教育厅先后印发《壮汉双语教育二类模式实施办法》《壮语文课程标准（试行）》《关于进一步加强壮汉双语教学实验工作的通知》等文件，在坚持完善"同步"教学模式的同时，于 2012 年秋季学期开始在德保县那甲乡中心小学等 15 所学校实施壮汉双语二类模式教学实验。④

广西壮汉双语（文）教育工作自 1981 年开展以来，取得了一定成就。但在当前全球一体化、民族地区市场经济快速发展的背景下，广西壮汉双语教育面临新的问题和挑战。正确认识当前壮汉双语教育面临的新问题，

---

① 广西壮族自治区地方志编纂委员会：《广西通志·少数民族语言志》，广西人民出版社，2000，第 779 页。

② "以壮为主"教学模式在小学阶段以壮文教学为主，从小学三年级开始开设汉语文课；初中阶段的全部课程（除英语外）用壮文教授，并增设一门汉语文课。

③ "壮汉同步"教学模式从小学一年级开始在壮语文课中进行壮汉双语文"同步"教学，包括教材同步（壮语文教材完全翻译同年级汉语文教材）、教学内容同步（教学内容与汉语文教材内容一致），最终达到"壮汉兼通"。

④ 壮汉双语二类模式在小学预备班（学前教育阶段）开设壮语言类教学活动课，义务教育阶段开设壮语文课程（必修课），纳入地方课程管理。"二类模式"壮语文教材属地方教材，由广西教育厅组织有关人员专门编写，力求体现广西壮族地区的语言文化特色。

应对新的挑战，需要研究者对广西壮汉双语教育实施状况及存在问题进行实事求是的调查研究。

本调研报告主要基于 2013 年至 2014 年暑假期间"广西壮汉双语教育现状调查与对策研究"课题组对广西武鸣县 3 所壮文实验学校的实地调查，力图反映壮汉双语教育行政管理人员、双语学校教师、学生及学生家长对壮汉双语教育的态度和看法，揭示武鸣县壮汉双语教育存在的主要问题，并在此基础上提出相关对策建议，为广西壮汉双语教育研究提供典型个案，为有关部门调整、改进壮汉双语教育政策提供实践依据和参考建议。

二 研究方法

（一） 文献法

在调研的前期准备阶段，课题组成员通过查阅、搜集和分析有关广西壮汉双语教育的资料，对研究课题进行了较深入的了解，并为调查问卷和访谈提纲的设计寻找具体思路。此外，在调查过程中，课题组成员重点搜集了相关政府部门、学校的内部文献，如政府文件、课程表、教师及学生的个人资料等。

（二） 访谈法

课题组成员以座谈会和个别访谈的形式，对广西壮族自治区教育厅民族教育处干部、自治区少数民族语言文字工作委员会干部、武鸣县教育局干部、民族事务局干部，以及 3 所壮文实验学校校长、教师、学生及家长进行了访谈，了解他们对壮汉双语教育的态度看法以及壮汉双语教育课程设置、教学方法、教材、教师培训、经费等方面的信息。

（三） 问卷法

本课题组主要设计了壮文实验学校学生问卷，调查对象分别为壮文实验学校的小学五、六年级学生及初一、初二年级学生，重点搜集学生的语言背景、壮语文学习状况以及对壮汉双语教育的态度、建议等信息。

（四）实地观察法

课题组全体成员均来自广西，且部分成员能使用壮语进行交流。我们利用成员的地域、语言优势融入当地，进入 3 所壮文实验学校。通过与学校校长、教师、学生进行访谈和交流，观察他们的表述和反应，并观察学校的教学环境、显性课程及隐形课程等，以便更深入、直观地了解当地壮汉双语教育的现状。

三 田野调查点概况

（一）武鸣县壮汉双语教育概述

武鸣县古称"武缘县"，1913 年更名为武鸣县并沿用至今（2015 年 2月经国务院批准撤销武鸣县行政区划设立南宁市武鸣区，但在本调研报告中仍袭使用"武鸣县"）。武鸣县位于广西壮族自治区中南部，县城距首府南宁市 37 公里，是南宁市的辖县，史有"首善之县"美誉。武鸣县是壮族的发源地之一，壮族文化源远流长，被誉为"中国壮乡"。[①]

2011 年武鸣县总人口为 68.81 万人，其中壮族人口占 86.50%，汉族人口占 13.30%，其他少数民族人口占 0.20%。[②] 武鸣县是标准壮语的发源地。1957 年国务院正式批准推行的拼音壮文以壮语北部方言为基础方言，以武鸣县双桥镇壮语为标准音，采用拉丁字母为书写形式。武鸣县是广西最先开展壮汉双语教学的县之一，也是壮汉双语教学发展较好的县之一。1957 年秋，武鸣县就成为推行拼音壮文后广西首批进行壮汉双语教学实验的四个县之一（其他三个县分别为龙州、柳城、平果）。[③] 1980 年 6

①　本段文字根据武鸣网（武鸣县门户网站）"武鸣县简介"（http：//www.wuming.gov.cn/article/detail/27080）和《武鸣县志（1991~2005）》（武鸣县志编纂委员会编，广西人民出版社 2013 年版）等资料综合整理编写。

②　武鸣年鉴编纂委员会：《武鸣年鉴 2012》，广西人民出版社，2013，第 348 页。

③　广西壮族自治区地方志编纂委员会：《广西通志·少数民族语言志》，广西人民出版社，2000，第 777 页。

月，中共广西壮族自治区委员会决定在广西壮族地区恢复推行壮文。1981年，根据自治区人民政府关于恢复推行壮文的工作方针，武鸣、德保两县率先在小学开办壮文教学试点班。武鸣县作为最早被选为开展壮文进校实验工作的县之一，迄今已有30多年的壮汉双语文教学历史。因此，选择武鸣县壮汉双语教育为研究对象，其研究结果对广西壮汉双语教育研究而言具有一定的典型意义。

（二）3所个案学校简介

目前，武鸣县共有4所小学（分别是TP镇Q小学，XH镇Z小学，LX镇G小学和CH镇C小学）和1所初中（CX镇M中学）开展壮汉双语文教学实验工作。1990年以来，4所壮文实验小学长期使用自治区教育厅民族教育处组织编写的小学壮汉双语文同步教材；M中学原使用自治区教育厅民族教育处编写的《壮语文基础知识》，2011年后使用由该校教师自行编写的校本教材。本文3所个案学校为TP镇Q小学，XH镇Z小学和位于县城CX镇的M中学。

1. Q小学的基本情况

Q小学位于武鸣县TP镇西北部，创建于1950年，是广西壮汉双语教学实验学校之一，距离武鸣县城12公里。Q小学招收的学生主要来自周围的QL、FY、WT三个自然村，覆盖人口1.1万人。2013年7月Q小学有学生293人，1~6年级共有9个班，98%的学生是壮族。近年来，该校秉承"喜、乐、和"的办学理念，确立了"传承民族文化，弘扬民族精神，凸显民族教育，培养民族新人"的办学目标，大力促进民族文化与学校教学的交融。除了实施壮汉双语教学，该校还组建了"乐庆乐"艺术团，在广西甚至全国的文艺比赛中都获得了佳绩。Q小学还广泛收集具有壮族特色的生产、生活工具，建成壮族文化遗产陈列室，至2014年已成功举办了四届壮族文化传承活动节。如今，Q小学已成为广西非物质文化遗产武鸣"三月三"歌圩——壮族山歌传承基地，并荣获"全国民族团结进步先进集体""广西壮族自治区推广壮文先进集体"等称号。

2. Z 小学的基本情况

Z 小学位于武鸣县 XH 镇，创办于 1933 年，该校于 1983 年开始实施壮文进校实验工作，是广西壮族自治区首批实施壮汉双语教学的实验学校之一。2013 年 7 月学校共有 18 个教学班、学生 708 人、教职工 45 人，有 18 名壮文教师，其中 2 名毕业于广西壮文学校。该校的壮汉双语教学取得了显著的成绩，在 2012 年全区小学生壮语标准语才艺表演赛中该校学生的节目荣获一等奖；在全区小学生讲壮语故事比赛中，有 3 位学生获得一、二等奖。学生在《广西民族报》等报刊上发表壮文习作 70 多篇，教师发表论文 160 多篇，参编多本壮汉双语教材。

3. M 中学的基本情况

M 中学位于武鸣县政府所在地 CX 镇，创办于 1985 年，是自治区民语委首批定点创办的两所民族中学之一，2010 年 8 月与武鸣县 CX 镇一中合并建成全县最大的民族初级中学。截至 2013 年 9 月有教学班 36 个、学生 1900 多人、教职工 153 人。M 中学壮文教学从 1985 年至 2010 年一直使用广西壮族自治区教育厅民教处统一编写的初中壮文教材《壮语文基础知识》，由于该教材内容偏重理论知识介绍，缺乏与壮族学生生活实际的联系，学生学习的积极性不太高。2011 年，由该校壮文教师 H 编写的《武鸣县 M 中学壮文校本教材》编印完成并在初一年级使用。《武鸣县 M 中学壮文校本教材》是目前已知的第一本广西中小学壮语文校本教材。该教材突破了传统初中壮文教材过于注重理论知识体系建构的局限，以新课改的基本理念为指导思想，注重教材内容与学生生活的联系，关注本土课程资源的开发。

在 3 所个案学校中，Q 小学、Z 小学、M 中学分别位于武鸣县的农村、乡镇和县城，招生对象分别以武鸣县农村、乡镇和县城的壮族学生为主。这 3 所学校的壮汉双语教育实施状况在一定程度上代表了目前广西壮族地区农村、乡镇和县城（城市）三类地域的壮汉双语教育面貌。

四 武鸣县壮汉双语教育实施现状及主要问题

2013 年 7 月 1 日至 8 日，本课题组对武鸣县 2 所壮文实验小学（Q 小学、Z 小学）和 1 所中学（M 中学）进行了实地考察，其间还走访了武鸣县教育局、武鸣县民族事务局、广西壮族自治区教育厅、广西民族大学等单位。2014年7月4日至10日，课题组对上述有关学校和单位进行了回访及补充调查。

（一）学生问卷调查结果

1. 调查对象的基本情况

参加问卷调查的学生有 527 人，其中壮族 503 人，占总人数的95.45%；汉族 22 人，占4.17%；瑶族 2 人，约占0.38%。被调查者来自Q 小学、Z 小学和 M 中学 3 所学校，其中 Q 小学五年级、六年级学生 152人，占28.84%；Z 小学五年级、六年级学生 181 人，占34.35%；M 中学初一、初二年级学生 194 人，占36.81%。

2. 学生的家庭交流语言情况

3 所壮文实验学校学生主要家庭交流语言的总体情况统计见表1。从表1 可见，超过55%的学生在日常生活中与祖父母交流时使用壮语，但是壮语的交流对象多为祖父母，与父母的交流则更多地使用普通话。

表1　3 所学校学生家庭交流语言的总体统计

单位：人，%

	普通话	本族语（壮语）	当地汉语方言（桂柳话）	民族语和当地汉语方言	普通话和民族语言	总计
祖父	133(26.28)	281(55.55)	45(8.89)	20(3.95)	27(5.34)	506
祖母	127(25.15)	280(55.45)	49(9.70)	20(3.96)	29(5.74)	505
父亲	235(45.11)	183(35.12)	38(7.29)	18(3.45)	47(9.02)	521
母亲	249(48.54)	173(33.72)	33(6.43)	19(3.70)	39(7.60)	513

注：括号内为占比，括号外为人数。表2～表4 同。

表2、表3、表4 分别反映 Q 小学、Z 小学和 M 中学学生的家庭交流语言的具体情况。

通过对表2、表3、表4 的比较可知，Q、Z 小学的学生（五、六年级）65%以上都会说壮语，特别是 Q 小学学生，不论是与祖父母还是与父母亲交流，使用壮语的比例均达60%以上。而 M 中学学生70%以上都使用普通话与父母交流，使用壮语与祖父母交流的仅占30%多。

表2 Q小学学生家庭交流语言情况

单位：人，%

	普通话	本族语（壮语）	当地汉语方言（桂柳话）	民族语和当地汉语方言	普通话和民族语言	总计
祖父	15(10.34)	101(69.66)	16(11.03)	5(3.45)	8(5.52)	145
祖母	11(7.64)	103(71.53)	18(12.50)	3(2.08)	9(6.25)	144
父亲	21(14.19)	93(62.84)	14(9.46)	5(3.38)	15(10.14)	148
母亲	31(20.95)	89(60.14)	12(8.11)	4(2.70)	12(8.11)	148

表3 Z小学学生家庭交流语言情况

单位：人，%

	普通话	本族语（壮语）	当地汉语方言（桂柳话）	民族语和当地汉语方言	普通话和民族语言	总计
祖父	28(16.37)	116(67.84)	12(7.02)	9(5.26)	6(3.51)	171
祖母	30(17.65)	111(65.29)	13(7.65)	9(5.29)	7(4.12)	170
父亲	75(41.67)	65(36.11)	12(6.67)	9(5.0)	19(10.56)	180
母亲	76(42.22)	62(34.44)	10(5.56)	9(5.0)	23(12.78)	180

表4 M中学学生家庭交流语言情况

单位：人，%

	普通话	本族语（壮语）	当地汉语方言（桂柳话）	民族语和当地汉语方言	普通话和民族语言	总计
祖父	90(47.37)	64(33.68)	17(8.95)	6(3.16)	13(6.84)	190
祖母	86(45.03)	66(34.55)	18(9.42)	8(4.19)	13(6.81)	191
父亲	139(72.02)	25(12.95)	12(6.22)	4(2.07)	13(6.74)	193
母亲	142(73.20)	22(11.34)	11(5.67)	6(3.09)	13(6.70)	194

3. 学生对不同语言的态度

（1）学生对不同语言是否"好听"的评价。表5反映的是3所学校学生对普通话、当地汉语方言和本族语是否"好听"的评价。

从表5可知，在三种语言（汉语、壮语、当地汉语方言）是否"好听"这一问题上，65.15%的学生认为普通话"好听"（包括"非常好听"

和"好听"），57.22%的学生认为壮语"好听"，27.86%的学生认为当地汉语方言（桂柳话）"好听"。可见，学生对普通话、壮语和当地汉语方言的评价程度呈现由高到低的特点，其中对普通话的评价程度是最高的。

表5　3所学校学生对不同语言是否"好听"的评价

单位：%

	非常好听	好听	一般	不好听	非常不好听	好听
普通话	27.27	37.88	34.28	0.38	0.19	37.88
桂柳话（汉语方言）	6.49	21.37	57.44	10.69	4.01	21.37
本族语（壮语）	20.53	36.69	37.83	3.23	1.71	36.69

（2）学生对学习和掌握壮语是否"有用"的评价。

图1、图2分别反映3所学校学生对"学习和掌握壮语（是否）是一件好事"和"学习和掌握壮语（是否）有用"这两个问题的看法。

根据图1，对于"学习和掌握壮语（是否）是一件好事"这一问题，约84.63%的学生选择"确实是"和"有些是"，即认为壮语值得学习；13.09%的学生选择"一般"，仅有2.28%的学生认为学习和掌握壮语不是好事。根据图2，对于"学习和掌握壮语（是否）有用"这一问题，89.21%的学生选择"非常有用"或"有点用"，9.66%的学生选择"一般"，仅有1.14%的学生认为学习和掌握壮语没有用。可见，绝大部分学生都认为壮语值得学习，并且学习和掌握壮语是有用处的。

（3）学生学习壮汉双语的目的。

表6、表7分别反映学生"学习汉语普通话的目的"和"学习壮语的目的"。

关于"学习汉语普通话的目的"这一问题，35.84%的学生觉得汉语是国家通用语言，学习好汉语能更好地与其他民族的人进行沟通；31.88%的学生认为学习汉语普通话是为了满足工作、学习或业务的需要；28.84%的学生认为学习汉语能够更好地了解汉族文化；3.80%的学生认为学习汉语是学校实施义务教育的要求。关于"学习壮语的目的"这一问题，48.01%的学生认为学习壮语便于与本民族成员交流，41.17%的学生为了

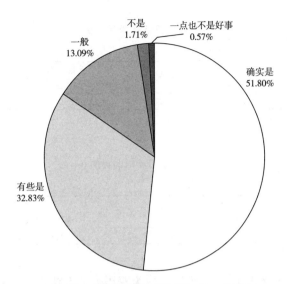

图 1 学习和掌握壮语（是否）是一件好事

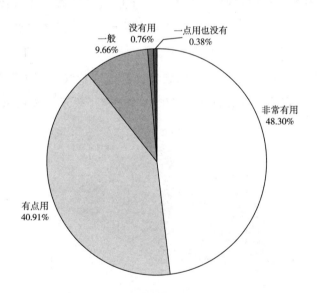

图 2 学习和掌握壮语（是否）有用

了解壮族文化而学习壮语，7.40% 的学生认为学习壮语是工作、学习或业务的需要。可见，学生学习普通话主要是为了工作、学习、交际和了解汉族文化，而学习壮语主要是为了与本民族成员交流和了解壮族文化，出于工作、学习或业务等实用目的学习壮语的只有 7.4%。

表6　学习汉语普通话的目的

单位：%

	便于与其他民族的人交流	了解汉族文化	满足工作、学习或业务的需要	学校实施义务教育的要求
人数	187(35.48)	152(28.84)	168(31.88)	20(3.80)

注：括号内为占比，括号外人数。表7同。

表7　学习壮语的目的

单位：%

	便于与本民族成员人交流	了解壮族文化	满足工作、学习或业务的需要	学校实施义务教育的要求
人数	253(48.01)	217(41.17)	39(7.40)	18(3.42)

（4）学生对本民族（壮族）人成为双语人的看法。

图3、图4、图5分别反映学生对"本民族（壮族）人都成为壮汉双语人""本民族（壮族）人都成为汉语单语人""本民族（壮族）人不会讲本民族语（壮语）"这三个问题的看法。

根据图3，对于"本民族（壮族）人都成为壮汉双语人"这一问题，60.34%的学生表示"顺其自然"，20.68%的学生表示"无所谓"，16.51

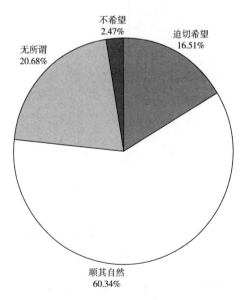

图3　本民族（壮族）人都成为壮汉双语人

的学生表示"迫切希望"，2.47%的学生表示"不希望"。

根据图4，对于"本民族（壮族）人都成为汉语单语人"这一问题，44%的学生表示"顺其自然"，29%的学生表示"不希望"，22%的学生表示"无所谓"，只有5%的学生表示"迫切希望"。

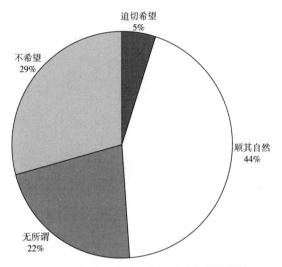

图4 本民族（壮族）人都成为汉语单语人

根据图5，对于"本民族（壮族）人不会讲本民族语（壮语）"这一问题，60.69%的学生表示"非常遗憾"，23.09%的学生表示"顺其自然"，

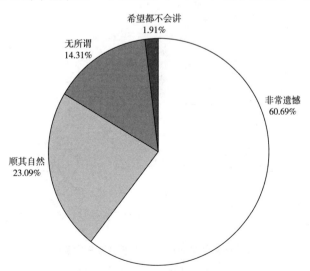

图5 本民族（壮族）人不会讲本民族语（壮语）

14.31%的学生表示"无所谓",约有2%的学生希望壮族人都不会讲壮语。

综上可见,有六成学生对本民族成员成为壮汉双语人持"顺其自然"的态度,四成学生对本民族成员成为汉语单语人持"顺其自然"的态度,只有极少数学生（5%）"迫切希望"成为汉语单语人,但同时有六成学生对壮族人不会说本民族语表示"非常遗憾"。这说明壮族学生虽然认可汉语的影响力日益壮大,但对本民族人应会说民族语这一观点仍具有较高的认同。

4. 学生对学校壮汉双语教育的态度

（1）学生在学校中的语言交流情况。

图6、图7分别反映学生在学校与同学、老师日常交流时使用语言的情况。

从图6可见,学生在校与同学交流中使用普通话的比例为74.52%,使用本族语（壮语）的比例为14.64%,使用当地汉语方言的只占3.23%,另有5.32%的学生同时使用普通话和民族语与同学交流。从图7可见,学生在校与老师交流时使用普通话的多达96.01%。这从一个侧面说明普通话的推广在壮族地区的学校中成效显著。

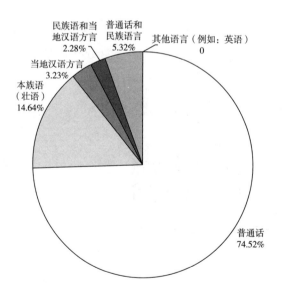

民族语和当地汉语方言 2.28%
普通话和民族语言 5.32%
其他语言（例如：英语）0
当地汉语方言 3.23%
本族语（壮语）14.64%
普通话 74.52%

图6 学生在学校中与同学交流日常用语

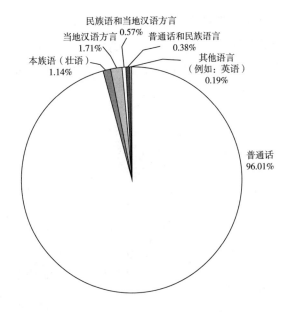

图7　学生在学校中与老师交流用语

（2）学校广播站应使用何种语言。

图8反映的是学生对学校广播站应使用何种语言的看法，74%的学生认为应使用普通话，12%的学生认为可以同时使用普通话和壮语，5%的学生认为应使用壮语。

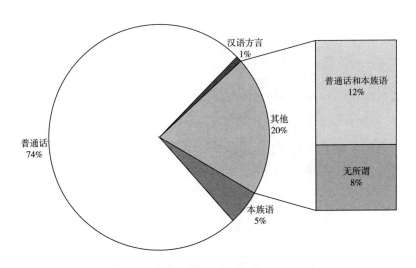

图8　学校广播站应使用的语言

（3）学校应使用何种教学语言。

图 9 反映的是学生对学校应使用何种教学语言的看法，76% 的学生认为学校教学应使用普通话，17% 的学生认为可使用壮汉双语。

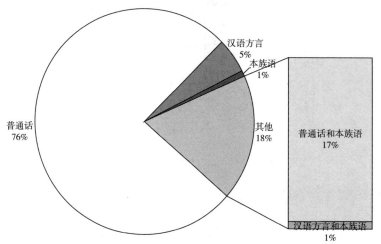

图 9　学校教学应使用的语言

（4）对乡土课程和教材的看法。

图 10 反映的是学生对"是否希望具有介绍本地区民族语言和文化的课程或课本"这一问题的看法，59% 的学生希望有相关课本或者开设相关课程，24% 的学生表示"无所谓"，17% 的学生认为没必要。

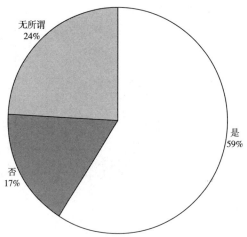

图 10　是否希望具有介绍本地区民族语言和文化的课程或课本

（5）关于壮汉双语教育教学模式的选择。

图11反映的是学生对壮汉双语教育教学模式的选择倾向，41%的学生认为可采用以汉语文教材为主、壮语文教材为辅的教学模式；29%的学生认为可同时学习壮语文和汉语文；23%的学生认为应先学习壮语文再学习汉语文；只有7%的学生认为只学习汉语文，不必学习壮语文。

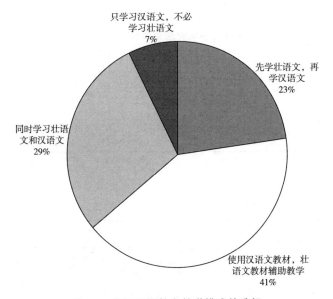

图11　壮汉双语教育教学模式的选择

5. 对掌握和学习壮语的利弊的看法

我们设计了"掌握壮语的好处"与"学习壮语的坏处"两个开放性问题（可多选，需说明理由）供学生填写。表8、表9分别是对Z小学和M中学学生回答结果的统计。

从表8和表9可见，对于"掌握壮语的好处"这一问题，Z小学学生有130人次（占71.82%）认为掌握壮语主要是"便于与本族人交流"，另有45人次（占24.86）认为掌握壮语有助于"了解本民族文化"。M中学学生有96人次（49.48%）认为掌握壮语首要的好处是"了解本民族的语言和文化，保护、继承本民族的文化"，其次是"便于和本族人交流"（90人次，占46.39%），还有就是"能听懂老人的话，特别是爷爷奶奶那一代不会说普通话的人"、"工作、学习上的需要"、"用壮语和本族人交流时会增进感情" 以及 "多掌握一门语言"。

对于"学习壮语的坏处"这一问题，Z 小学学生有 45 人次（占 24.86%）、M 中学学生有 50 人次（占 25.77%）认为容易混淆，另有小学生 10 人次（占 5.52%）和中学生 6 人次（占 3.09%）认为用壮语骂人不太好。

表 8　Z 小学学生关于掌握和学习壮语利弊的开放性回答

观点	人数	理由
学习本族语言的好处（理由）	130	便于与本族人交流
	45	了解本民族文化
学习本族语言没有坏处	120	没有
学习本族语言有坏处（理由）	45	学习过程中容易跟汉语混淆
	10	骂人的话较多

注：总人数 181 人。

表 9　M 中学学生关于掌握和学习壮语利弊的开放性回答

观点	人数	理由
掌握本族语言的好处（理由）	96	了解本民族的语言和文化，保护、继承本民族的文化
	10	听懂老人的话，特别是爷爷奶奶那一代不会说普通话的人
	90	便于和本族人交流
	3	工作、学习上的需要
	3	用壮语和本族人交流时会增进感情
	2	多掌握一门语言
学习本族语言没有坏处	80	没有
学习本族语言有坏处（理由）	50	受壮语语音影响，导致普通话和其他语言不标准，带有壮语的语调，普通话会跑调
	6	用壮语骂人
	6	学习过程中容易与汉语、英语混淆
	2	影响学习

注：总人数 194 人。

6. 学生问卷调查结果小结

通过对武鸣县 3 所学校学生的调查问卷统计，我们可以得出以下结论。

（1）壮语的使用和交流有明显的代际和地域差异。在代际语言传承方面，壮语的使用频率随着交流对象辈分和年龄的降低而减少，汉语的使用频率则随着交流对象辈分和年龄的降低而增加。在地域方面，从农村到乡镇再到县城（Q 小学位于武鸣县壮族聚居村落，Z 小学位于武鸣县乡镇中心，M 中学位于武鸣县城），学生的壮语掌握和使用程度逐渐降低，汉语的掌握和使用程度情况则相反。

（2）绝大多数学生赞同学校开展壮汉双语教育，但在壮、汉语学习的出发点上有所区别。89.21% 的学生对学习和掌握壮语表示赞同，其中 48.01% 的学生认为学习壮语便于与本民族的成员交流，41.17% 的学生认为学习壮语的目的是了解壮族的文化。可见，学生学习和掌握壮语主要是因为对民族的自我认同，对自己民族的文化及语言有着较深厚的感情。35.48% 的学生觉得学习好汉语便于与其他民族的成员交流，31.88% 的学生认为学习汉语是由于工作、学习或业务需要，28.84% 的学生认为学习汉语的目的是了解汉族文化。可见，学生学习汉语的目的主要是满足个人未来发展的需要和对外交流，此外也有助于了解汉族文化。

（3）学校推广普通话成效显著。学生在学校使用普通话与同学、老师交流的比例分别为 74.52% 和 96.01%，76% 的同学希望以普通话作为授课语言。可见，普通话在校园生活中有很深的影响。同时，有 17% 的学生认为可使用壮汉双语开展教学。

（4）壮语在壮族学生的家庭语言生活中仍占有重要地位。统计结果表明，在位于农村、乡镇和县城的 3 所壮文实验学校，分别有约 70%、65% 和 30% 以上的壮族学生在日常家庭生活中与祖父母使用壮语交流。这说明，壮语在壮族聚居地区有着普通话不可代替的作用。壮族人之间的情感需要用自己特有的语言（壮语）来抒发和表达。这也是民族语言的独特魅力和价值所在。

（二）学校校长、教师的访谈结果

课题组对 3 所壮文实验学校进行了实地观察，通过座谈会和个别访谈的形式，与学校校长和部分教师进行交流，了解关于壮汉双语教育课程设置、教学效果、学生学习情况、教师语言态度、教学方法、教师培训、双语教育经费等方面的信息。我们将访谈结果整理如下。

1. 语言环境的差异影响壮汉双语教育的实施

课题组所调查的 3 所学校虽然都是壮文实验学校，但是每所学校的生源大不相同。Q 小学位于农村，学生大多来自周围的壮族聚居村落。Q 小学的校长 Q 告诉我们："Q 小学目前有学生 293 人，一至六年级共有 9 个班，学生主要来自周围的 3 个村，98% 的学生是壮族，都会说当地的壮语。"这一生源背景为 Q 小学壮汉双语教育工作的开展提供了非常便利的条件。学校内师生之间、师师之间、生生之间日常都用当地壮语交流，为壮汉同步双语教学模式的实施提供了良好的语言氛围。而 Z 小学位于 XH 镇，M 中学位于县城 CX 镇，学生多来自城镇。这两所学校虽然也以壮族学生为主，但大部分学生不会讲壮语，日常生活、学习基本上用普通话交流。Z 小学的教师 W 在谈到学生的语言使用情况时说："现在的（壮族）小孩都不会说壮语，跟爷爷、奶奶、爸爸、妈妈都用普通话交流。即使是壮汉双语老师，在家里也很少主动和自己的小孩说壮语，一个班 80% ~ 90% 的学生都不会壮语。所以，学校老师教起壮文来非常困难。我们教授壮文要从零开始，有时感觉比英语还要难教。"M 中学的 H 老师告诉我们："自 2010 年 M 中学合并学校之后（主要招收县城学生），我们就很少有农村来的学生了，学生基本上都来自县城，大多说汉话，小学的时候也没上过壮语班，壮语的基础很差。"可见，由于语言环境的变化，县城和乡镇的不少壮族学生从小就不说壮语了，这给 Z 小学和 M 中学的壮汉双语教育工作带来了较大阻力。

2. 小学比中学更重视壮汉双语教育工作

两所壮文实验小学 Q 小学和 Z 小学都比较重视壮文教学。Q 小学和 Z 小学一至六年级都开设有壮语文课，实施壮汉双语同步教学，[①] 并且有课后作业、期末考试（由县教育局统一出题，以壮汉互译为主）等一套较为完整的课程管理体系。此外，Q 小学每天都有 20 分钟的午读

---

① 据我们于 2014 年 7 月的田野调查，目前 Q 小学和 Z 小学一、二年级开始实施二类模式教学，采用自治区教育厅民教处编写的地方壮文教材，三至六年级仍然采用壮汉同步教学模式。

时间，专门安排朗读壮文课文。该校的壮文教师告诉我们："朗读对于任何语言的学习都有着非常大的促进作用，学校设置午读时间，非常有利于壮语的学习，效果不错。"M 中学只在初一年级开设壮文课，每周一节，课后作业及期末考核由老师自行安排，不做严格要求。该校唯一的全职负责壮文教学的 H 老师告诉我们："往年考试都是口试，今年教育局要求笔试，于是我就出试卷让学生考，不过是开卷的。"由此可见，武鸣县的壮文实验小学比中学更重视壮汉双语教育工作，管理也更为规范。

3. 壮语文的学习效果有限

两所壮文实验小学的学生在学习壮语文过程中都出现了学得快、忘得也快的现象。Z 小学的 Y 老师告诉我们："一年级学生开始学习汉语拼音，这对壮语的学习多少有些影响，学生们容易将壮语的声韵母、声韵调和汉语拼音混淆。教师教起来非常被动，需要反复不断地教，这大大降低了教学效率。"Q 小学的老师也跟我们说道："学生们学习壮语的时间较少，学习壮文的效果十分有限。语言的学习光靠上课的时间是远远不够的，很多时候壮语需要学生们课下自己去学，去了解。"Q 学校的 L 老师告诉我们"学生都能说壮语，但不一定都会读壮文。会说却不会读，对壮文的学习很片面。"Q 小学和 Z 小学的大部分学生经过一年的声韵母学习后，基本能够准确地拼读出壮文课文，但有的同学不太明白课文的意思。Z 小学的 C 老师说："读完课文他们可能都不知道是什么意思，有些学生壮文课本上的内容读得滚瓜烂熟，但是问他们其中的意思，都不知道。现在我们只能先教汉文再教壮文。"M 中学的学生更是由于缺乏语言环境、学习时间较短，绝大部分学生只能拼读壮文的声韵母，拼写对于他们来说仍有较大难度。总体上看，大部分学生的壮文水平还局限于"只会听读一些简单的壮文"层面上，壮语文的学习效果有限。

4. 壮文同步教材缺乏特色

广西中小学壮文实验学校的壮文教材均由自治区教育厅民族教育处免费提供。由于壮文实验小学的同步教材完全是翻译同年级的汉语文教材，教材内容严重脱离壮族地区的生产、生活实际，缺乏壮文化的内容和底蕴，与壮族本身没有什么关系，而且形式也比较单一，壮族学生在学习的过程中觉得很不适应，理解起来有很多困难。M 中学的 W 同学说："原来的小学壮文课本，课文内容很长，又没有图片，旁边也没有汉文注释，看着都眼花，有时候都不想翻开课本了。"Z 小学的教师告诉我们："一篇一至两页的汉文课文，翻译成壮文有五到六页，课文篇幅长，而且读起来拗口，不仅学生学起来困难，我们教起来也很麻烦。"Q 小学和 Z 小学的教师都表示，应该将民族传统文化编入教材，根据学生的年龄特点编出不同层次的教材。M 中学目前使用的壮汉双语教材是该校壮文专职教师 H 自行编写的中学壮文校本教材。该教材内容比较丰富，不仅有壮语文基础知识，还有很多反映壮族地区生活的例词、例句供学生对照学习，适合没有壮语基础的初中生入门学习。目前，广西壮族自治区教育厅已开发了学前班和一年级学段的二类模式双语教材即壮语文地方教材，并于 2013 年秋季学期开始在武鸣县壮文实验小学使用。

5. 壮汉双语教学的评价制度欠完善

壮语文教学的评价主要包括平时作业和期末考试两部分，旨在检查、考核学生的壮文学习情况和教师的教学质量，为教师了解教学实际状况、提升教学效果提供参考依据。尽管在日常教学中壮文教师一般会在每次课后布置一定的壮文口语或书面练习，每个学期期末 3 所学校都会举行壮语文考试（其中小学壮语文考试由县教育局按年级统一出壮文测试题，中学壮语文考试由教师自行设计、安排口试或笔试），小学六年级毕业班还会举办一次由自治区教育厅民族教育处统一安排的全区小学生壮语文水平毕业测试，但是由于壮语文课程不列入学生期末考试的正式科目中，壮语文学习成绩也没有计入学校的小升初和中考总分，未能与学校的升学制度进行有效衔接。这在很大程度上影响了师生的积极性，壮文教师对全力以赴地开展壮文教学存在疑虑，学生普遍不愿在壮文学习上投入太多的时间和精力。M 中学的一位壮文教师说："我以前在小学教壮文时会有这样的困惑，我那么拼命地教，肯定会影响我的考试科目（语文）的，因为镇里面老是排名，语文得多少名呀，数学得多少名，英语得多少名。大家关心的是这三科的总分排名，为了保证我语文的排名，我就尽量减少壮文的时间，多留些时间让他们学（汉）语文，不然会影响我的教学成绩。当时我们就有点敷衍了事，等领导要来检查的时候就拼命地教，让他们应付了事。"

6. 双语教师队伍不够稳定

壮汉双语教师队伍不稳定主要表现为双语教师的流动性较大，有经验的壮文教师经常被调换岗位或被派去其他学校支教。Z 小学有 18 名壮汉双语教师，其中 2 名毕业于广西壮文学校，其他老师都参加过自治区教育厅举办的双语教师培训。Z 小学的校长对我们说："我们学校前年刚派出去参加壮语培训学习的 3 个老师（壮汉双语教师），今年又调走了。双语教师队伍很不稳定，使得学校的双语教育工作很被动。有些壮文课教得比较好的老师也被安排教其他学科了。"Q 小学的一位老师说："因为 Q 小学是重点小学，县里面要求每年要抽两三个老师到其他更偏远的学校去支教，我们会壮文的老师也不例外。当时我们老师就这样想，反正也要去支教，干嘛要那么认真，所以我们教壮文的老师没有办法认认真真地去教，这个制度确实影响到老师的心情。当时很多老师都这样说，我宁愿不在 Q 小学，我也不愿意去别的学校支教。"2008 年之前，M 中学的壮文教师均为兼职教师，壮文老师既教壮文也教其他课程，壮文教师岗位流动性大，对壮文教学质量有所影响。2008 年该校 H 老师被安排为负责全校壮文课教学的专职教师后，这种局面才有了改观。

7. 双语教师的付出与回报不对等

实施同步教学的小学壮语教师既教壮语也教汉语，相比其他学科教师其工作量较大，负担更重。Z 小学的 P 老师告诉我们："小学壮汉双语同步教学的具体教学形式分为两个部分：第一个部分是壮语文教学过程，需要用一课时的时间；第二个部分为壮汉结合的教学过程，就是将汉语文课文中的重点句通过壮汉对照的方式来品析，理解其内容，这就是壮汉结合课的大致过程。有的时候我们也选择只上汉语文的不结合方式，让教学效果变得好一些、简单一些。反正壮汉结合课就是第一课时全部运用壮文（或以壮为主），帮助学生理解壮文课的内容，然后把品析句子的任务放到第二个课时汉文课的内容里面。"虽然双语教师工作量较大，但壮文教师没有得到更多的回报,在职称评定方面也没有任何优势。据了解,从 2011 年开始,自治区教育厅规定通过壮语文水平考试获得的合格证书可作为教师评职称的依据之一,然而至今未能兑现。当问及壮汉双语教育有无专项补贴的时候,Q 小学的老师们在座谈会中说:"原来在 1980 年代自治区教育厅出台壮文进校实验的指导意见之后,在民族地区壮文实验学校,教壮文课的老师可以在某些方面获得一些优惠条件,这些政策后来都不了了之了。包括 90 年代,由于我们一线的老师呼声太高了,政府才给我们(壮文实验学校的所有老师)每人每月 15 块钱的补贴。后来,这个政策执行了五六年以后也没有继续下去了。我们还算好的,15 块钱都发到我们手中,有些乡镇学校的老师补贴一直都没有领过,严重影响了他们的工作积极性。"虽然近几年来,政府投入双语教育的经费逐渐增加,但是多用于学校设施建设和教学资源开发上,真正用于教师身上的支出很少。Z 小学校长表示,只需将少量的补贴给予双语教师,就能在很大程度上调动他们的工作积极性。

8. 双语教师有较多的培训机会

自治区教育厅每年暑期都会在广西民族大学开办壮语文教师培训班(基础班和提高班),对在职中小学壮汉双语教师进行培训,每届为期 20 ~ 30 天。基础班主要培训教师掌握壮语文声韵调和拼读的基本能力,提高班主要培训教师的壮语文诵读、书写和写作等技能。参加过培训的教师们(主要是小学教师)普遍表示,培训效果良好,对提高他们的教学技能和教学方法有较大帮助。Z 小学的 C 老师认为:"这两年来参加的培训很多,学到的东西也不少,双语教师培训有很多方面的内容,不仅仅是壮文,还有班主任管理、信息技术等方面的内容。"针对即将开展的新的二类教学模式的教师培训,受访教师们认为:"壮汉双语教师培训也应该从基础开始,有条件的可以进行教材培训。我们去基础班的时候,教的也是壮语的声韵母。应该在有了扎实的基础之后,再去探讨怎么教好课这样更高层次的问题"。虽然自治区层面的壮汉双语教师培训较多,但市、县一级以及相关学校开展的壮汉双语教师培训却很少,未能形成自治区→市(县)→学校的多层次的壮汉双语教师培训体系。此外,3 所学校的教师都希望能有机会到其他民族地区（如内蒙古、新疆）交流，学习其他民族地区比较先进的双语教育经验。但是由于经费、时间、安全等因素，这一想法至今难以实现。

五 武鸣县壮汉双语教育存在问题的主要影响因素分析

（一）个人的语言态度

语言态度不是一朝一夕而是在长期的历史过程中逐渐形成的，它深藏于语言人的心理底层，形成了一种根深蒂固的语言信念，并且常常以十分微妙的方式影响着语言人对有关语言的态度和认识，影响着语言人的语言能力和语言行为。[1]

从历史上看，壮族地区的学校教育历来传播汉族主流文化，使得汉文化在壮族知识分子中影响尤其深远，不少壮族人以学习汉族文化为荣。这种历史上延续下来的心态，使得壮汉双语教育的发展缺乏明显的内部推动力。[2] 在现实生活中，人们对双语教育目标认识过于功利。不少人在思想认识上把壮汉双语教育简化为"学习汉语"，认为壮汉双语教育的唯一目标就是更好更快地向汉语文过渡。[3] 通过对武鸣县学校领导、教师的访谈，我们了解到一些家长不认同壮文教学，认为学习壮文"没什么用处"，而且在很多干部、群众的思想中已形成了"重汉（普）轻壮"的观念，甚至部分壮文教师在家中也不主动教自己的孩子说壮语。Z 小学的 W 老师说，"即使是壮汉双语老师，在家里也很少主动和自己的小孩说壮语。"一些学生在访谈中表示，自己不愿意在家庭以外说壮语，因为说壮语是很"土"的表现。

---

① 王远新：《中国民族语言学：理论与实践》，民族出版社，2002，第 92~93 页。
② 滕星、海路：《壮汉双语教育的价值取向及实现路径》，《广西民族研究》2013 年第 2 期，第 68 页。
③ 滕星：《壮汉双语教育的问题及转向》，《广西民族大学学报》（哲学社会科学版）2012 年第 4 期，第 9 页。

（二）国家的普通话推广政策

统一的语言有利于国家经济的发展和社会稳定。因此，党中央和国务院十分重视普通话的推广工作。1982 年颁布的《中华人民共和国宪法》中规定"国家推广全国通用的普通话"；2000 年 10 月颁布的《中华人民共和国国家通用语言文字法》确立了普通话和规范汉字作为国家通用语言文字的法律地位，规定"学校及其他教育机构以普通话和规范汉字为基本的教育教学用语用字"；1995 年《中华人民共和国教育法》也规定"学校及其他教育机构进行教学，应当使用全国通用的普通话和规范字"。

自 2000 年《中华人民共和国国家通用语言文字法》颁布后，普通话在广西壮族地区特别是各类各类学校中的推广和使用更为深入和广泛。M 中学教师 H 说，"因为学校要求学生课上必须使用普通话，在课下交流也尽量使用普通话，所以学生慢慢养成了在哪里都使用普通话的习惯。特别是当周围的人都在使用普通话的时候，如果你不使用普通话就会显得你很老'土'，跟不上时代。很多家长甚至是爷爷奶奶辈的也会在家里尽量使用普通话和孩子交流，为的就是孩子能够说出更标准的普通话，在学校里面能够跟得上队伍。"在我们调查的 3 所学校中，学校教师和学生都明确树立了"在学校要说普通话"的观念。调研数据表明，74.52% 的受访学生在学校与同学交流时使用普通话（见图 6），96.01% 的受访学生在学校与老师交流时使用普通话（见图 7）。在学校使用的教学语言中，76% 为普通话（见图 9）。普通话是国家通用语言，对壮族学生的升学、就业、工作等都有十分重要的影响，因而武鸣县的社会大环境也日益重视普通话和规范汉字的学习和使用。新创拼音壮文和标准壮语在武鸣县的使用空间狭窄，除学校壮汉双语文教育外，主要局限于社会用字（如有关单位使用壮汉双文书写单位名称的牌匾）、市面用文（刻有壮汉双文的印章，某些政府会议、文件及法律、法规的翻译文本）、壮族古籍整理和翻译、壮语电视节目等方面，在社会其他领域中的使用情况较少。武鸣县使用壮文的报刊目前仅有自治区民语委印发的《广西民族报》和《三月三》（壮文版）这一报一刊。武鸣广播电视台的壮语节目《壮乡新闻》和《教你讲壮语》于 2012 年 10 月 30 日开播，周一至周五每天首播 20 分钟，次日重播。

（三）应试教育的功利观念

虽然国家的教育政策和民族政策都规定了在少数民族地区的学校教育中可以实施民汉双语教学，但是广西壮族地区的学校教育一直以汉语文教学为主，对壮语文学习不够重视。受访教师认为，一个很重要的原因就是壮语文教学成绩未纳入中考、高考的评估体系中。

我们通过实地调查了解到，壮文实验小学的壮汉同步教学实际上还是以学习汉语文内容、提高学生的汉语文表达能力为重点，近年来武鸣县壮文实验小学实施的壮语文二类模式教学一般是单独设立一门壮语文课，每周两个课时，而初中的壮语文课仅是在初一年级中每周安排一个课时。由于学习时间少，学生普遍不够重视。尽管学校开设了壮文课，但现行的评价制度使教师们无法将更多的精力投入壮语文教学中。因此，学校为了保证升学率，只能将重心放在升学考试的科目上，甚至将一些优秀的壮文教师调去教其他科目。M 中学的一位老师在访谈中说："我们学校有好几位老师都是壮文专业毕业的，他们有些人比我还厉害，只不过他们教中考科目也教得很好，校长不舍得让他们来教壮文。"在现有的学校教育评价环境下，部分受访的壮文实验学校领导坦言，对开展壮语文课程"心有余而力不足"。

在家长方面，学生家长普遍只重视学校的升学率，对开展壮语文教学没有过多的关注，有些家长甚至担心孩子学习壮文占用了学习主科的时间和精力。有的家长在访谈中表明自己对孩子的语言教育的态度就是"学好汉语和英语就可以了，其他的不学也没关系。"自治区民语委 H 处长在访谈中也认为："老百姓很现实，他会考虑自己的小孩学壮文能得到什么，非常现实。如果壮文学习和升学、找工作不相关，就认为没有用。"这种功利性的教育观念无疑会对壮文教学产生消极影响。

（四）双语教师培养和评价机制不健全

目前，壮汉双语教师在培养方面存在的主要问题有两点：一是壮汉双语教师缺乏培养渠道、数量不足；二是有的壮语文教师综合素质不高，难以胜任壮汉双语教学。

2000 年以前，广西壮族自治区中小学壮汉双语师资主要由广西壮文学校和南宁、桂林、百色、巴马等 4 所民族中等师范学校培养。1999 年起，国家对中专学校实行并轨，取消了统招统分政策。2003 年以后，南宁、百色、桂林 3 所民族中等师范学校先后并入广西师范学院、右江民族高等师范专科学校（现百色学院）、桂林工学院（现桂林理工大学），巴马民师则于 2001 年改设中等幼儿教育专业，2005 年增设普通高中。以上 4 所中师在 2000 年以后都逐渐停止了壮文课程的教学。2001 年广西壮文学校增设普通高中（广西民族高中），逐年减少中师专业的招生。2004年广西壮文学校壮文专业因只招收到 7 名学生而停开。从 2007 年开始，广西壮文学校再也没有壮文专业毕业生。至此，广西壮汉双语师资的培养中断。尽管目前采取了一些补救措施，如每年自治区教育厅至少举办 1期壮汉双语师资培训，广西民族大学也开设了壮语文专业专升本函授班，但经过专门训练的合格的中小学壮汉双语教师资源缺乏已成为不争的事实。由于没有新的壮文师资补充，新招进来的教师又没有经过壮文专业训练，难以保证教学质量。我们从自治区教育厅民族教育处了解到，由于目前壮汉双语教师没有新增来源，广西壮汉双语教师一直处于紧缺状态。针对目前已开始实施的二类模式教学，自治区教育厅民教处 L 老师说："我自己觉得现在主要还是缺乏老师，老师现在水平还不完全过关。就比如二类模式新增的县还没有老师。因为广西壮校招不到学生，培养不出年轻老师。现在年轻的老师很少，几乎没有，都是四五十岁以上的老师，而且学习壮文对于他们来说比较困难。老师数量、质量上都没达到标准。"

调查表明，武鸣县壮文实验学校的双语教师很多不是正规壮文学校毕业而是"半路出家"当上壮文教师的，他们一般是通过学校壮文老教师的经验传授和自治区的壮汉双语教师培训逐步掌握壮文教学技能的，壮文的专业基础总体而言不扎实。如 Q 小学 27 位壮汉双语教师中只有 4 位是广西壮文学校毕业的，其他教师都接受过自治区教育厅组织的壮文培训。虽然自治区教育厅每年都会组织相应的壮文教师培训，但是教师们真正用于壮文教学培训上的时间还是非常有限的。此外，壮汉双语教师的选拔和准入制度也缺乏科学、规范的程序和方法。通过对 3 所学校的校长访谈了解到，壮文实验学校对于双语教师的聘用没有正式的考核规定，只要会说壮语就基本能够担任双语教师。我们在对 Z 小学部分教师的访谈中还了解到，有一些壮汉双语教师的水平甚至还不如小学高年级的优秀学生。这主要由于双语教师的准入没有限制，考核、衡量教师壮文能力的方法过分随意，没有科学的评估标准。

六　促进壮汉双语教育发展的对策分析

根据本次调研结果，我们对促进广西壮汉双语教育的发展提出以下对策建议。

（一）树立科学语言观，转变壮汉双语教育观念

从深层次因素探析，武鸣县壮汉双语教育实施中存在的问题的根源在于当地多数的干部、群众只是将壮语文学习作为汉语文学习的"拐棍"和"工具"，过于注重语言教育在应试、升学、就业、对外交往等方面的实用性和功利性，对开展壮汉双语教育的必要性和可行性认识不足，认为壮汉双语教育"没多大用处"。

因此，政府部门、学校和社会媒体应采取有效措施，提高人们对少数民族语言文字资源的开发、利用和保护意识，促进广大干部、群众的语言观念从"语言工具观""语言问题观"转向"语言资源观"。首先，政府部门和社会媒体应加强政策引导和舆论宣传，提高人们对少数民族语言文字资源重要性的认识，扩大民族语文的社会影响，在社会大众中逐步树立科学的语言观念。其次，有关部门应积极进行立法和行政干预，制定切实可行的少数民族语言文字资源开发、利用和保护的政策法规。最后，学校教育应注重将少数民族语言文字作为一种重要的教育资源和课程资源加以重点开发、利用。

（二） 继续贯彻和完善壮汉双语教育政策

2012 年 12 月，广西壮族自治区人民政府办公厅下发《广西壮族自治区人民政府办公厅转发自治区教育厅等部门关于进一步加强壮汉双语教育工作意见的通知》（桂政办发〔2012〕329 号），对推动广西壮汉双语教育发展具有重要的政策指导作用。我们建议在此基础上继续贯彻和完善壮汉双语教育政策。

第一，在立法层面上，建议颁布具有高度权威性的"民汉双语教育法"或"少数民族地区双语教育实施办法"等相关法律法规，以保障民汉双语教育政策的有效实施，使双语教育政策能够做到有法可依、规范管理。目前，在全国人大或中央政府的层面上还没有制定或通过专门的少数民族双语教育法律法规或管理办法，民汉双语教育政策缺乏专业性、权威性和针对性。

第二，在政策执行监督层面上，由于缺乏明确的壮汉双语教育执行和监督机制，不少壮汉双语教育政策的执行和管理效果大打折扣。建议自治区教育厅牵头联合自治区民语委、人社厅、财政厅等单位，安排有关人员成立自治区级的"壮汉双语教育监督管理小组"，定期对壮族双语政策的执行过程和结果进行监督管理，保证有关壮汉双语教育政策的有效实施。

第三，在相关配套政策的落实层面上，建议：①有关教育行政部门和壮汉双语实验学校应依据实际情况增设壮汉双语教师专门岗位编制；②在升学考试制度上可研究制订少数民族语文考试加分实施试行办法，规定通过自治区一级相应的壮语文水平考试者，可以享受相应的中考高考单独加分待遇（如加 5~10 分）；③除享受与其他教师同等的待遇外，在工作量审核、职称评定、教学评优等方面，同等条件下学校应优先考虑壮文教师。

（三） 设计和实施多样化的壮汉双语教育模式

本项调研发现，由于壮族地区语言环境及壮族儿童语言习得（入小学前）顺序的变化，农村、乡镇和城市壮族学生的壮语基础和语言学习资源呈现出多样化的差异。因此，自治区教育行政部门应根据壮族地区不同的语言环境、壮族学生语言使用情况的差异性以及学校师资、教材等条件，做好顶层设计规划，制订和提供多样化的壮汉双语教育模式，以针对不同地区壮语学生的语言实际状况和教学条件，供不同类型、不同层次的学校和班级采用。

可供壮族地区中小学选择实施的壮汉双语教育模式应包括以下几类：①传统的壮汉双语单文教学模式（不加授壮语文课程）；②壮文实验小学的壮汉双语文同步教学模式；③壮文中学的以汉语文授课为主，加授壮语文必修课的模式；④新式的以汉语文授课为主，加授壮族语言文化必修课或选修课的模式（可在部分小学、初中及高中实施）；⑤以壮语文授课为主的学前壮汉双语教学模式。

一方面，壮汉双语教育模式的改革和创新，需要教育行政部门、学校和教师共同努力。作为壮汉双语教育模式的组织者和领导者，教育行政部门在出台相关政策和具体实施建议的基础上，还要向相关学校提供适当的经济扶持和专业培训，提高学校和教师的积极性和执行能力。作为壮汉双语教育的环境提供者，学校需要不断增强校园的民族文化氛围，努力创设具有民族文化特色的校园环境，制定有利于双语教师专业发展的管理和评价制度。作为壮汉双语教育模式的实施者，壮汉双语教师需要加强双语教育观念，努力增强壮语文教学技能，为提高壮汉双语教育质量做好充分准备。

另一方面，地方教育行政部门和学校在壮汉双语教育模式的选择上，应充分尊重当地壮族学生和家长的意愿，并为不同模式的学习者提供合格的师资、课程、教材等教育资源，保证壮汉双语教育的质量。

（四）完善壮汉双语教师的培养和培训机制

第一，保障壮汉双语教育具有稳定的培养渠道，完善壮汉双语教师的培养制度。2013 年 10 月，自治区教育厅等单位颁布实施《广西壮族自治区小学壮汉双语教师定向培养计划》，从 2014～2018 年每年培养 100 名小学壮汉双语教师。我们建议设立"小学壮汉双语教师培养信息数据库"，由自治区教育厅民教处和有关培养院校安排专门人员，及时了解、检查、监督和反馈有关信息，对这些定向培养的师范生进行科学管理和跟踪研究，不断完善壮汉双语教师的培养制度。

第二，完善壮汉双语教师的培训机制，不断提高在职双语教师的教育教学水平。①每年定期安排所有双语教师外出学习和进修，加强培训期间的教师管理，对培训后教学效果有明显提高的教师给予奖励，鼓励、支持双语教师自主学习；②加强学校、地区之间壮汉双语教师的交流与合作，建设"壮汉双语教师科研共同体"，每个县（市）建立一家壮汉双语教师培训工作站。

（五）积极开发具有民族文化特色的壮文教材

近年来，除修订原有的壮汉同步教材外，自治区教育厅民族教育处重点组织有关人员完善二类模式壮语文地方教材的研发，2014年7月该套新教材已编印完成学前班和小学一、二年级部分，并投入有关学校使用，其他年级的教材正在编写中。

我们建议，一是在保证壮汉同步编译教材质量的基础上，积极开发壮文乡土教材（包括地方教材和校本教材）和辅助读物，使双语教材在内容和形式上能够较好体现民族和地方特色；二是积极探索开发壮汉双语教育多媒体课件和网络教学资源，如通过录制壮语歌曲或借助《壮语900句》等视频、音频课件来辅助课堂教学。

执笔人：海　路

十五

以教育公平视角审思当年少数民族
英语教育中的两大问题

一 "民－汉－英"双语教育的概念辨析

20 世纪 50 年代以来,随着国际上对双语双文化研究的普及、深入,双语教育的理论与实践研究也迅速发展起来。M. F. 麦凯和 M. 西格恩在著作《双语教育概论》中探讨双语教育含义时表明,双语教育是与单语教育相对的概念,它是从双语现象派生出来的。双语现象可以分为个体双语现象和社会双语现象。个体双语现象含义不包括个体掌握一种语言的两种变体(如方言),却包含个体掌握两种或两种以上语言的情况。目前,国际上通行的个体或社会双语现象的概念涵盖了个体掌握或某个社会通行两种或两种以上语言的情况,即双语现象包括多语现象。[①]

本文所讨论的"民－汉－英"双语教育概念指在学科教学中使用民、汉、英三种语言作为媒介的教学形式,属于广义的双语教育范畴。"民－汉－英"双语教学,是从一般意义上的双语教学派生出来的、与单语教学相对的概念。"民－汉－英"双语教育是指使用两种以上语言平等教学的现象,

---

① 戴庆厦、滕星等:《中国少数民族双语教育概论》,辽宁民族出版社,1997。

或是指在一定的教育阶段，同时进行母语和第二、第三种语言教育，使受教育者掌握三种语言。近年，在少数民族教学与研究中使用"三语教育"这一概念的学者越来越多，但笔者认为苏德在《多维视野下的双语教学发展观——内蒙古地区蒙古族中小学个案》中提出的观点值得商讨。苏德认为"民－汉－英"双语教育在教育学的范畴中所指的是一种质的内涵，并非量的内涵，双语教育是针对个人或集团的母语或第一语言而提出来的，并非学习了多少种语言就称多少种语言教育，除了母语或第一语言之外，不管学习多少种语言均属于第二语言范畴或双语教育范畴，所谓的"三语教育"就是双语教育的一种形式。① 我国少数民族双语教育存在着多种不同类型，即使是同一类型中也存在不同的类别，这在世界上其他国家教育中是不多见的。正是这种多种多样的双语教育类型构成了中国这个多民族国家的民族教育特色。内蒙古地区实行的"蒙－汉－外"双语教育，不仅是中国少数民族双语教育中的特殊类型，也是内蒙古地区民族学校教学活动的重要形式。

虽然在语言习得的研究中，第一语言习得与第二语言习得早已划清界限，但第三语言甚至更多语言的习得一直被认为是第二语言习得的延伸。近年来，在第三语言乃至更多语言习得研究中出现了不同的观点。如 L. Aronin 在 *Theoretical Perspectives of Trilingual Education* 中指出，多语现象研究的兴起得益于二语习得研究的发展，但随着理论基础的不断夯实和实证研究的不断丰富，多语现象研究已日渐成为一个独立的领域，有着不同于二语习得研究的内在属性②。

笔者认为我国少数民族学生的英语习得以双语结构作为支撑，双语结构又以民族语作为基础。虽然目前民族教育中的三种语言教学是并列进行的，但母语起到基础性的作用，汉语是第二语言习得，外语也是另一种第二语言的习得过程，所以少数民族学生学习几种外语，都是基于母语的，是基

---

① 苏德:《多维视野下的双语教学发展观——内蒙古地区蒙古族中小学个案》，中央民族大学博士学位论文，2005。

② Larissa Aronin, "Theoretical Perspectives of Trilingual Education", *International Journal of the Sociology of Language*, 2005 (1).

础性语言母语跟第二语言（汉语、英语）结合而成的双语教育结构。

"三语教育"是双语教育的一种特殊形式。它的特殊性体现在双语教育的结构上。在双语教育的结构中，母语跟汉语形成一个双语结构，母语跟外语又形成另一个双语结构。民族学生学习英语时，除了他们的母语之外，汉语也会起到一定的作用，但汉语不像母语那样起基础性的作用，只是起辅助性作用。

二 "民－汉－英"双语教育的实施现状

1992 年中学开设英语必修课之前，内蒙古民族学校基本没有实施过真正意义上的外语教育，在绝大多数民族学校中汉语既是第二语言，又被视为外语课程。内蒙古民族中学的英语教学最初是以蒙古语授课的。1992 年 8 月，内蒙古自治区教育厅签发《关于内蒙古师范大学附属中学试办高中蒙古语授课英语班请示的批准》文件，文件规定："把英语课列入实验班的教学计划，蒙古语文作为选修课；三年内完成普通中学英语课的基本内容，参加全国统一组织的高等学校升学的英语考试。加强汉语文教学，高考时把汉语文的成绩记入总分，免试蒙古语文，享受蒙古语考生（单独划分分数线）待遇。"

2000 年 7 月，内蒙古自治区教育厅印发《关于全区蒙古语授课"五四"学制小学、中学和普通高中课程教学计划的调整意见（试行）》，文件规定："在蒙古语授课小学中，汉语文课由三年级开设改为从二年级开始开设；初中一年级开设外语课，每周四学时。"自此，蒙古语授课学生的"三语"教学在全区范围内得到实施。与此同时，内蒙古自治区蒙古族中学高中阶段的英语实验班陆续增加。然而，此后的实验班与以往有不同的特点，其名称不再是"英语实验班"，而改为"三语实验班"。[①]

2002 年，国务院颁布的《国务院关于加快民族教育改革深化与发展的决定》中提到"民族中小学的双语教育要大力推广，条件允许的地区应该

---

① 乌云娜：《蒙古语授课学生的英语教学研究》，内蒙古教育出版社，2009。

开展一门外语课程"。其后，在 2003 年，《内蒙古自治区义务教育阶段蒙古民族中、小学新课程计划（试行）》出台，英语作为必修课正式被纳入民族小学课程中。随着英语教育的不断推广，英语课程的开设时间不断提前，由初中提前到了小学，又从小学高年级提前到了小学低年级。

目前内蒙古民族学校实施的英语教育主要有三种模式，其中第一种模式最为广泛采用。

表 1　蒙古族小学的语言课程设置模式

	一年级	二年级	三年级
模式 1	蒙古语	汉语	英语
模式 2	蒙古语、汉语	英语	
模式 3	蒙古语	汉语、英语	

三　"民–汉–英"双语教育中存在的问题

2000 年以后民族教育中逐渐开始强调外语教育的重要性与必要性。这背后除了高考、中考起指挥棒作用之外，蒙古族学校、师生以及家长对英语的重视与热情也是主要原因。如果我们分析蒙古族学生的英语成绩在高考中所占比例的变化，可以看出 2004 之前，英语只作为参考分不列入高考总成绩，2004 年开始占高考总分的 20%，2006 年占 30%，2008 年已达到 50%，持续至今。英语的高考参与程度变化表明，英语教育的实施正深刻地影响着原有蒙汉双语教育的内在结构，对此我们必须引起注意。下面笔者通过蒙古族学校语言课程的分析，探讨"民–汉–英"双语教育在哪些方面影响原有的蒙汉双语教育。

（一）过度重视语言教育影响学科均衡发展

1. 语言课程时间总量分析

蒙古族学生在小学到大学的 16 年学校教育中，在语言教育方面投入的时间总量与普通学校学生相同，不同之处在于蒙古族学生要在同样的学习时间内多学习一门语言。

表 2　普通学校与民族学校语言教育实施时间比较

义务教育阶段		高中	大学
小学	中学		
普通学校学习汉语与英语的时间段			
民族学校学习民族语、汉语、英语的时间段			

资料来源：Miku, Iwasaki and Goihan, *Issues Facing Ethnic Minority Education in the Inner Mongolia Autonomous Region in China: Expectations for English Language Education and the Crisis of Mongolian Language Education*, 2008.

中国双语教育的内涵因民族的不同而不同。普通学校的双语教育指汉语与外语（英语）教育，但民族学生的双语教育指民族语言、汉语和一门外语（英语）构成的双语教育。双语教育为汉族学生和少数民族学生搭建的教育平台并不在同一层面上。换言之，对普通学校的学生而言，汉语教育和外语教育搭建的是走向国内和国际的教育平台。然而，少数民族学校的民族语言和汉语双语教育为学生搭建的是通向本民族地区和中国国内的教育平台。这说明只有在民族语言、汉语、外语三种语言教育层面上，民族学校才可以为学生搭建与汉族学生一样的通往国内和国际的教育平台①。我国现有的双语政策为两种语言教育的受教育群体和三种语言教育的受教育群体搭起了平等的、同样高度的社会发展舞台，这对民族教育的发展意义重大。但实践证明，比两种语言学习付出成倍辛劳的三种语言学习过程只能培养极少部分三语能力均衡的少数民族学生。对于大多数学生而言，语言课程的过重负担使他们失去了学习其他科学知识的时间与精力。这成了民族学校学生的总体学业成绩不如普通学校学生的根本原因之一。

内蒙古的民族学校开设英语课程之前，蒙古语与汉语的课时大约占全部课时的30%。随着英语课程的开设，三种语言课程大约占据了全部课时的50%。有些学者开始对"三语教学"的社会效益提出疑问：民族学校汉语课开设时间的提前已经对民族学生的母语学习造成了一定干扰，再加上

---

① 张贞爱：《少数民族多语人才资源开发与三种语言教育体系构建》，《延边大学学报》（社会科学版）2007年第6期。

英语课程的开设,是否会使民族学生变成"语言中间人"?是否会出现三语相互干扰导致任何一种语言都无法精通的现象?在小学低年级用母语表达思想的能力尚未完全形成之时开设第二语言甚至第三语言课程,是否会影响低年级民族学生的逻辑思维和表达能力?等等。

从语言学角度分析,小学低年级同时开设三种语言课程必然存在三种语言之间的干扰问题。通常,人们在习得母语之后学习第二语言、第三语言等,母语习得后学习的语言,其作用是不及母语的,为添加性语言。对于民族语授课的学生,外语学习显然是添加性的,尽管它的作用是积极的。对民族学校的低年级学生而言,需要借助母语来形成语言的概念。语言是交际的工具,同时也是思维的表现形式。语言教学对于儿童思维方式的形成有重要的影响。"双语教育的基本假定是如果孩子没有用母语学到一些概念,他们就很难用外语理解这些概念;同样,如果孩子不能用母语读写的话,似乎很难学会用第二语言(外语)进行写作"①。因此,我国双语教育研究应该多关注民族学校母语教育与第二、第三语言教育之间的关系。

2. 语言课程词汇总量分析

表3是蒙古语、汉语、英语课程标准中需要掌握的单词数量统计。词汇部分主要由背诵、书写、阅读、会话、写作、综合训练等几部分组成,各部分之间是递进关系,各学习阶段也有具体的要求。民族学校学生虽然比普通学校的学生需要多掌握一门语言,但英语课程标准中对词汇的要求与普通学校的课程标准一致。岩崎未来与高友含通过对日本与中国初、高中共六册英语教科书中的英语单词量进行对比发现,日本教科书中共有英语词汇13307个,而中国的教科书中却有40929个,是日本英语教科书中单词数量的3倍。根据实地调查资料,笔者还发现很多蒙古族学校为了完成课程要求,大量减少音乐、美术、体育等乐趣十足的科目,而这些科目的时间全部被英语等语言课所占。英语教学实践证明,来自城镇的汉语水平较高的蒙古族学生在英语学习中获得学业成功的概率较高,英语成为他

---

① 〔美〕斯科维尔:《第二语言习得与教学译丛:Learning New Language 学习新语言》,北京师范大学出版社,2006。

们个体发展的积极因素。与此相比，来自农村牧区的汉语水平较低的绝大多数蒙古族学生没能够在三语教学模式中获益，他们在基础教育阶段就已经开始面临三语学习的重重困难。

表3 内蒙古蒙古族学校蒙古语、汉语、英语课程中规定掌握的单词数量比较

单位：个

课程要求		小学阶段	初中阶段	高中阶段
蒙古语	背诵	3300	4000	7000以上
	书写	3000	4000	7000
汉语	背诵	4000	5000	7000
	书写	3000	4000	6200
英语	背诵	800	1200	2000
	书写	800	1200	2000

资料来源：《蒙古族中小学蒙古语课程标准（试行）》《全日制民族中小学汉语教学大纲（试行）》《全日制义务教育英语课程标准（实验稿）》。

（二）"民－汉－外"双语教育中母语教育的权重系数在降低

1. 蒙古族初等中学三语成绩分析

表4中蒙古族学校近年的三语成绩平均分数显示，汉语成绩平均分数最高，蒙古语文成绩相对稳定，但2013年与2016年的蒙古语文和汉语平均分数差距较大，汉语平均分数显示明显优势。英语成绩相对低，但呈现上升趋势。

表4 内蒙古呼和浩特市某蒙古族中学蒙古语文、汉语、英语中考平均分数情况

年份	蒙古语文	汉语	英语
2013	89.6	98.3	66.4
2014	91.9	83.1	69.3
2015	90.5	92.6	76.3
2016	84.5	98.0	73.7

资料来源：张伟等：《内蒙古师范大学附属中学三语教学调研报告》，载陈中永主编《中国民族教育发展报告：（2017）内蒙古卷》，社会科学文献出版社，2017，第393页。

　　《中国民族教育发展报告（2017）：内蒙古卷》中指出："目前的'民－汉－外'的课程设置模式，导致学生的蒙古语基础不扎实。小学生从一年级学习开始学习蒙古语文，二年级开始学习汉语，三年级开始学习外语，容易导致学生第一语言基础不稳定。加之汉语拼音与外语音标易混淆，产生冲突，增加学习负担，教师的中介语言掌握不好，进而会导致其他学科的学习障碍，对学生传承民族文化以及日后发展造成不利影响。"① 如果说城市蒙古族学生母语教育的权重系数有降低的趋势，那么基于基层学校的调查表明，母语教育的重视度同样不足。金志远指出"通过对内蒙古蒙古族学校语言课程进行调查，发现学校提倡普通话，并重视外语教育，但相当数量的中、小学生不懂本地和本民族的语言。"②

　　事实上，1987 年，国家教育委员会颁布《全日制民族中小学汉语文教学大纲》首次明确规定了少数民族学校汉语文教学的特殊性——"第二语文教学"。2002 年教育部颁布的《全日制民族中小学汉语教学大纲（试行）》，将少数民族学校汉语文课的性质从"第二语文教学"进一步明确为"第二语言教学"，大纲的名称也从"汉语文教学大纲"改为"汉语教学大纲"。这标志着人们对少数民族汉语文教学的性质已经"从'语''文'并重的母语模式向强调'语'的第二语言教学模式推进"。2013 年教育部最新颁布的《民族中小学汉语课程标准（义务教育）》强调应"遵循汉语作为第二语言的规律，正确把握汉语教育的特点"。③ 因此，汉语课程在实践中十分重视汉语言学习的工具性，这与作为母语的蒙古语文课程学习性质是有区别的。蒙古族学校的母语课程和第二语言课程名称应该分别用"蒙古语文"和"汉语"表述，然而很多研究中的表述不准确，从而影响语言课程的权重系数。

---

① 陈中永主编《中国民族教育发展报告（2017）：内蒙古卷》，社会科学文献出版社，2017，第 102 页。
② 金志远：《民族文化传承与民族基础教育课程改革》，民族出版社，2008。
③ 王本华：《从"汉语文"到"汉语"，汉语教学理念的更新与发展——浅谈少数民族汉语课程改革》，《民族教育研究》，2006 年第 6 期，第 92 页。

2. 英语教学中的媒介语使用情况分析

媒介语指教学过程中传递知识的中介语言，既不同于学习者的母语，也不同于目标语的中间过渡性质的语言。任何一种语言都负载着其民族的思维方式、思想情感等，因此，多民族国家都会在少数民族教育发展中遇到用何种语言教学、教材用何种语言编写等难题。据 2017 年的统计分析，内蒙古民族学校英语课程的媒介语使用情况因地域的差异呈现多样化状态。牧业为主的地区蒙古授课的情况偏多，农业为主的地区汉语授课的情况偏多，汉语作为媒介语的情况较为普遍。同时，媒介语的使用情况也与地方或学校政策、教师的语言能力及专业能力以及学生的接受能力等紧密相关。

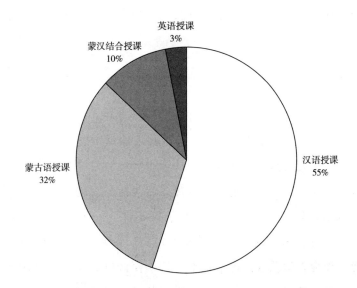

图 1 2017 年内蒙古民族学校英语课程授课语言使用情况

资料来源：高友晗：《论蒙古族学校英语教学中的媒介语问题及其改善对策》，《内蒙古社会科学》（蒙文版）2019 年第 4 期，第 187 页。

在世界很多国家，少数民族教育质量低下一直是不争的事实①。在中国，少数民族学生的英语学业成就一直低于汉族学生。国内很多相关研究

---

① 郑新蓉：《语言、文化与认知：少数民族学生教育质量若干思考》，《广西民族大学学报》（哲学社会科学版）2012 年第 4 期，第 12 页。

有效地论证过媒介语言的选择是影响少数民族英语学习效果的重要因素之一，如何克勇（2007）、张宏伟（2013）关于少数民族大学生英语学习策略的研究以及马丽范（2006）、蒋燕（2013）、龚江平（2009）、乌力吉（2006）关于青海、贵州、西藏、内蒙古等少数民族地区少数民族学生英语学习障碍的相关研究等。

如图 1 显示，内蒙古蒙古族学校的英语教学中以汉语作为媒介语的情况，也就是用第二语言讲授第三语言课程的情况最多。鉴于目前半数以上蒙古族学校英语课程的媒介语为汉语，我们不免担忧其他科目是否也有可能逐渐转向汉语授课。那么，不久的将来，作为民族教育核心的民族语言可能就会被抽离，民族学校承载民族文化、传递民族文化的功能也会随之消失。

四 结论

对少数民族教育的认识，有几种误区一直存在。首先，将少数民族教育等同于"少数民族语言教育"，认为少数民族学生学业成就的标志就是学好语言课程，尤其是汉语和英语，认为少数民族学校的教育教学活动就是以学习语言为主。其次，把"少数民族双语教育"或"三语教育"理解为"专门的语言教育"，认为"双语教育"或"三语教育"的重要标志就是学习正确发音、积累词汇、学习各种句式，强调专门的语言技能训练，以量化形式作为教学质量的衡量标准。这些误区导致民族教育在多年的发展过程中不仅忽视了学科知识与语言学习的平衡关系，也忽视了语言学习与文化理解的相互关系。实际上，在教学中，少数民族学生认知能力发展的最大困难一方面是母语表征的感性经验和认知结构在教学过程中难以被知觉，另一方面是少数民族生活、生产的世界，他们的历史、文化和语言的特征很难在教学中显性化。

内蒙古三语教学的实践证明，比两种语言学习付出成倍辛劳的三种语言学习过程，只能培养极少部分三语能力均衡的少数民族学生，对于大多数学生而言，语言学习并没有成为教育和发展认知的有效资源。过重的语言学习负担、缺乏科学论证的课程设置与媒介语言使用导致学生失去了学习其他科学知识和发展个人兴趣的时间与精力。内蒙古的蒙古族小学在开设英语课程之前，蒙古语文与汉语周课时数就已经占周总课时数的大约30%。随着英语课程的增设，三种语言的周课时累计数已达到总周课时数的37%，其语言课程比重比同年级（小学三年级）汉族小学的30%、香港特区小学的27.5%、美国小学的20%、日本小学的18.5%高出很多。

对少数民族成员而言，获得实用的语言技能无疑等同于获得个人及所属社会发展的重要机遇。在我国，汉语普通话是不同民族、不同地域的人们之间交流的重要工具，英语则是通往世界的重要工具。然而，只专注于实用语言对社会发展的推动力会导致少数民族失去自己的语言文化，甚至出现认同感的危机。

教育要适应社会经济的需要，满足不同文化背景的人的需要，不仅要追求民族间、区域间的均衡发展，也要追求有质量的发展。少数民族学生有着独特的行为规范和价值体系，只有尊重少数民族学生的民族文化与传统，了解他们的学习能力与需求，才能解决民族教育中的实际问题。

执笔人：塔　娜

┃十六┃

"蒙－汉－外"双语教学改革
实验的个案分析

一　甘旗卡一中学开展"蒙－汉－外"双语教学改革实验情况简介

通辽市科沁尔左翼后旗甘旗卡第一高级中学（简称甘旗卡一中）是一所蒙语授课的旗、市两级重点高中。该校自1998年9月开始承办高中"蒙－汉－外"教学实验班（内蒙教民发〔1998〕13号文件称为英语理科实验班），创办实验班的目的在于提高蒙语授课学生的英语学科成绩，使实验班学生能够在高考中与汉语授课学生相竞争，考入区内外普通高等院校汉语授课专业甚至考入区外重点院校，为蒙语授课学生开辟多元化的升学就业出路。

该校实验班的开设历程可概括为三个阶段：

Ⅰ起始阶段（或实验阶段）——承办第一届实验班（1998~2001年）；

Ⅱ巩固提高阶段——第二届至第五届实验班（需说明的是2003届毕业班受"非典"疫情的严重干扰）；

Ⅲ成熟阶段——第六届至今。其间，从2004年开始学校增加了理科实验班班级数，2005年起开设了文科实验班，2006年起文理实验班均增加到两个班级。

截止到 2010 年，该校已毕业 10 届 14 个班共 846 名实验班毕业生（理科 10 个班、文科 4 个班），其中有 649 名同学高考分数超过重点线；2008 年首届文科实验班 48 名毕业生中，有 46 名同学高考分数超过重点线，2 名同学高考分数超过二本线，本科上线率为 100%，高考分数 500 分以上 7 人。开办实验班以来，有 285 名同学考入北京航空航天大学、国防科技大学、哈尔滨工业大学、北京师范大学等多所区外重点大学。这些同学是该校开办实验班最直接的受益者。

二 甘旗卡一中"蒙－汉－外"双语教学改革实验结果分析

甘旗卡一中承办"蒙－汉－外"教学实验班已有 15 年，实验所取得的成果是该校师生共同努力的结果。在教学工作中，该校教师牢固树立"求实、爱生、博学、善导"的教风，学生遵循"笃学、善思、励志、蓄能"的学风，以高考制度和新课程改革为指导，深化教学领域的改革，以承办"蒙－汉－外"教学实验班为重点，积极探索契合该校和甘旗卡地区蒙语授课学生实际的教学模式。

本文以高考升学情况作为分析甘旗卡一中"蒙－汉－外"双语教学改革实验结果的指标，不仅是因为高考成绩是决定学生未来发展方向的重要因素，以及家长最为关心和认可的教育指标，更是因为在现行的教育评价体系中，学业成绩仍是评价教师专业水平和学生学业水平的重要指标。

（一）甘旗卡一中高考成绩趋势

甘旗卡一中自 1998 年 9 月开始承办蒙语授课高中"蒙－汉－外"教学理科实验班，到 2010 年该校已送走了 10 届实验班毕业生，现就 2001 年至 2010 年该校实验班高考成绩进行比较分析。

表 1 反映了甘旗卡一中从 2001 年至 2010 年高考成绩的总体情况。从中可以看出，首先，甘旗卡一中参加高考人数逐年递增，从 2001 年的 476 人增加到 2010 年的 1238 人，增长 160%。其次，本科上线人数，无论是一本还是二本，都呈现明显的上升趋势。最后升学率波动较小，基本上为 40% ~ 50%，个别年份变化较大，如 2004 年升学率为 70.55%。

表 1　甘旗卡一中 2001～2010 年高考升学情况

单位：人，%

	参加高考人数	上线人数及本科升学率			
		一本	二本	合计	升学率
2001 年	476	118	111	229	48.1
2002 年	512	85	125	210	41.0
2003 年	754	170	190	360	47.75
2004 年	679	200	279	479	70.55
2005 年	847	119	230	349	41.20
2006 年	1283	198	338	536	41.78
2007 年	1180	248	338	586	49.66
2008 年	1212	289	289	578	47.69
2009 年	1249	308	249	586	46.92
2010 年	1238	327	338	665	53.71
合计	9430	2062	2487	4578	—

注：不包括三本和小三科升学人数。

对表 1 的数据进行分析可以得出如下结论。

（1）甘旗卡一中的生源数量在逐年增加，相应地，高考本科上线人数也在逐年增加，增长趋势明显。

（2）甘旗卡一中升学率起伏较小，说明该校在历年高考中的成绩总体比较稳定，没有明显的增长或是下降趋势；同时也说明，影响本科上线人数明显增长的主要因素是生源数量的逐年增长和整体教学水平的改善，前者起到明显作用。

（二）甘旗卡一中"蒙－汉－外"实验班高考成绩趋势

表 2 反映了甘旗卡一中"蒙－汉－外"实验班从 2001 年至 2010 年高考成绩的总体情况。从参加高考的总人数来看，2007 年之前，该校每年仅有 1 个理科实验班参加高考，从 2007 年至今，该校增设了文科实验班，因此，参加高考的总人数有明显的增加，但从每个实验班参加高考的人数来看，总体变化趋势不大。从升学率来看，实验班总体呈现增长趋势，且升学率较高，大部分年份升学率在 90% 以上；个别年份成绩突出，如 2004

年、2005 年和 2007 年升学率均为 100%；2003 年受"非典"疫情的影响，升学率仅为 40.44%。从高分段人数来看，个别年份成绩突出，如 2004 年 500 分以上人数为 41 人、600 分以上人数为 7 人，2007 年（文理两个实验班）500 分以上人数为 58 人、600 分以上人数为 2 人，总体没有明显的增长趋势或下降趋势。

表 2 甘旗卡一中学 2001~2010 年"蒙－汉－外"实验班升学情况

单位：人，%

年份	参加高考人数	本科上线人数			升学率与高分段人数		
		一本	二本	合计	升学率	500 分以上	600 分以上
2001 年	39	23	10	33	84.61	7	0
2002 年	47	39	2	41	87.23	18	0
2003 年	45	10	10	20	40.44	1	0
2004 年	55	50	5	55	100	41	7
2005 年	43	29	14	43	100	18	0
2006 年	69	32	36	68	98.55	36	5
2007 年	110	88	22	110	100	58	2
2008 年	125	108	16	124	99.20	57	1
2009 年	115	96	16	112	97.39	19	0
2010 年	199	175	15	190	95.48	—	—
合计	847	650	146	796	—	255	15

对表 2 的数据进行分析可以得出如下结论。

（1）甘旗卡一中"蒙－汉－外"实验班无论是在班额上还是在班级数量上，都没有明显的增加，说明"蒙－汉－外"实验班的发展遵循着适度的原则。

（2）从甘旗卡一中"蒙－汉－外"实验班升学率的变化情况可以推断出，该校实验班整体教学质量在逐步提高，呈现上升趋势，这说明"蒙－汉－外"实验班在教学中遵循"精而优"的原则。

（3）甘旗卡一中"蒙－汉－外"实验班在高考中的优异表现进一步验证了"蒙－汉－外"双语教学改革实验假设成立，即通过对双语教学实验班教学课时的灵活操作和对教学过程的有效控制，在蒙语授课班实施蒙语、汉语和外语的教学，学生成绩可以达到汉授普通高中学生水平。

（三）甘旗卡一中普通班、"蒙－汉－外"实验班高考成绩对比

表 3 的数据为甘旗卡一中整体高考情况与"蒙－汉－外"实验班高考情况的对比。从表 3 中可以看出，该校总体升学率波动较小，为 40% ~ 50%，个别年份变化较大，如 2004 年升学率为 70.55%；"蒙－汉－外"实验班升学率总体呈现增长趋势，且升学率较高，大部分年份升学率在 90% 以上，个别年份成绩突出，如 2004 年、2005 年和 2007 年升学率均为 100%；"蒙－汉－外"实验班升学率远远高于学校整体的升学率，前者约为后者的 2 倍。

表 3　甘旗卡一中高考升学率比较

单位：%

	全校	实验班
2001 年	48.10	84.61
2002 年	41.00	87.23
2003 年	47.75	40.44
2004 年	70.55	100
2005 年	41.20	100
2006 年	41.78	98.55
2007 年	49.66	100.00
2008 年	47.69	99.20
2009 年	46.92	97.39
2010 年	53.71	95.48
平均值	48.84	90.29

对表 3 的数据进行分析可以得出如下结论。

甘旗卡一中"蒙－汉－外"实验班与普通班在高考中的成绩差异巨大。这说明该校普通班与"蒙－汉－外"实验班在教育资源分配中存在不均衡现象，即优势教育资源过分集中。这在激发"蒙－汉－外"实验班学生学习积极性的同时，必然影响普通班学生的成绩。

三　"蒙－汉－外"双语教学实验取得成功的原因分析

对甘旗卡一中近几年高考成绩的调查显示，该校"蒙－汉－外"教

学实验班的升学率在逐年提高，说明有越来越多的蒙语授课学生，通过蒙、汉、英三语的学习，顺利地升入了汉语授课本科学校甚至是汉语授课重点学校。"蒙－汉－外"教学实验班在高考中的优异表现进一步验证了"蒙－汉－外"双语教学改革实验假设成立，即通过对双语教学实验班教学课时的灵活操作和对教学过程的有效控制，在蒙语授课班级实施蒙、汉、英三种语言的教学，学生成绩可以达到汉授普通高中学生水平。说明举办"蒙－汉－外"实验班是可行的，而且是发展多元化、开放化和具有民族特色教育的必然。

中央民族大学苏德教授曾对内蒙古"蒙－汉－外"双语教学进行过多年深入研究，其研究结论为："蒙古族中小学义务教育阶段通过实施双语教学，使学生在初中毕业时初步达到蒙汉兼通、学好英语（达到初中英语教学大纲要求），这个目标是合适而可行的。"[①] 苏德教授还进一步指出影响"蒙－汉－外"双语教学改革实验的主要因素包括："实验情绪"即心理学中的罗森塔尔效应、学习动机和蒙汉双语学生的语言学习优势。

经过十几年的发展，特别是近几年，笔者认为除了上述因素促进了"蒙－汉－外"双语教学改革实验的成功外，还有以下因素起到了积极的作用。

第一，教学和管理常规的建立。随着"蒙－汉－外"教学实验班教学与管理经验的丰富，各个学校逐步建立了"蒙－汉－外"实验班教学与管理常规。如科学设置课程，通过对课时的灵活调整，加强核心课程的教学，同时保障对人文学科等其他学科知识的基本了解；通过分层教学，根据学生的实际提高学生各门学科的成绩；建立考试评价体系，在激励学生学习积极性的同时，使考试在命题、组织考试、评卷、登分、质量分析等各个环节都遵循一整套严格的考试评价工作流程；在班级管理中，加强学风和班风建设。在学风建设方面，由于实验班学习压力大、难度大，甘旗卡一中倡导了团结拼搏、求实创新、攻坚克难、勇于进取的学

① 苏德：《多维视野下的双语教学发展观——内蒙古地区蒙古族中小学个案》，中央民族大学博士学位论文，2005。

风；在班风建设上，该校提出了崇尚科学、追求真理、团结互助、共同提高的要求；班级科任老师经常深入学生学习和生活当中，关心爱护学生，成为学生的良师益友；紧抓领导监督，健全机构，制定措施，加强领导。

第二，注重生源的选拔。生源质量影响到实验班教学质量的提高，因此各个实验学校都非常重视生源的选拔。甘旗卡一中一直把选拔好生源工作当成实验班工作的首要任务，不仅从中考成绩高分段录取，同时也考虑学生平时参加各种学科竞赛及英语学科成绩，必要时还看相关学科的中考成绩，如招理科实验班学生时，应看数理化及英语四门课的成绩。另外，开学初或经过一段时期的学习统一组织考试进行重新筛选、精化，不适合实验班教学模式的分流到各普通班，以此保证实验班教育教学工作质量。

第三，教师队伍建设的加强。在教师的配备方面，甘旗卡一中为"蒙－汉－外"教学实验班选择最优秀的教师，所选的通常都是师德高尚、业务过硬、有事业心、有责任感，而且在师生中颇具名望的教师。同时，在各种形式的教育培训中，如新课程改革师资培训、中小学教师教育技术能力培训等，优先考虑实验班教师。在此基础上，通过科研立项，在提高教师科研素养的同时，解决实验班教学中的实际问题。甘旗卡一中近几年来已结题的教科研课题共有18项，正式立项研究的课题有7项，其中国家级、自治区级课题各2项。结题的《在蒙授理科班实施蒙汉英三语教学的实验研究》，荣获自治区教科研评比一等奖。

四 "蒙－汉－外"双语教学实验中存在的问题

作为一所旗县级蒙语授课高中，在同类学校生源不断流失、学生学业成绩每况愈下的形势下，甘旗卡一中在近10年的发展中，不仅生源数量不断增加，而且双语教学实验班高考成绩不断攀升，从中不难看出该校在教学和管理方面的优势。但是，事物发展是一个不断完善的过程，甘旗卡一中在双语教育工作中仍存在一些问题。

第一，教育资源分配不均。"蒙－汉－外"双语教学的实验中，教育资源分配不均表现在两个方面:一是城乡教育资源分配不均;二是"蒙-汉-外"教学实验班与普通班教育资源分配不均。城乡教育资源分配不均是产生城乡教育差异的重要原因。生源质量是决定实验班成败的关键。在实验班的招生中,首先是城市蒙语授课学校优先录取,以通辽市为例,师大附中录取完尖子生和通辽蒙中招生以后所剩的学生,才流入甘旗卡一中等旗县蒙语授课学校。生源差异的最主要表现就是实验班学生的外语基础参差不齐,有的甚至是零基础,这给甘旗卡一中实验班教学工作的开展带来一定的困难。综合考察甘旗卡一中"蒙-汉-外"教学实验班与普通班高考成绩,各个分数线上线人数百分比存在明显差异,且随着录取分数线的提高差异越来越明显,这说明普通班与"蒙-汉-外"实验班在教育资源分配中存在不均衡现象,即优势教育资源过分集中。这在激发"蒙-汉-外"实验班学生学习积极性的同时,必然影响普通班学生的成绩。

第二,新课程标准要求开设全日制普通高中的全部课程。课程门类的增加给蒙语授课的学校增加了一定的困难。如课时分配难,核心科目的授课时间没有保障;学生压力大,蒙语授课学生比汉语授课学生多开设一门蒙语文,学科门类增多导致学生学习任务繁重。

第三,甘旗卡一中是一所在半农半牧区旗设置的学校,该校实验班生源质量与市级学校相差较大,生源基本为内蒙古师范大学附中录取完尖子生和通辽蒙中招生以后所剩的学生,这给学校的教育教学和管理增加了困难。随着班级数量和班额的扩大,生源质量退化现象更加突出,严重影响了实验班教育教学质量的整体提高。

五 促进"蒙-汉-外"双语教学深入发展的建议

第一,"蒙-汉-外"实验班课程设置应进一步合理化、科学化。由于开设的课程种类增多,各学科课时量相对减少,这不利于实验班学生主干学科知识的巩固和能力的强化。

第二,实验班各学科课时分配应基于学生的全面发展和个性特长的培养。因此,各学科课时分配要灵活机动,统筹兼顾。

第三，"蒙－汉－外"实验班教材建设，特别是蒙语文（乙）类教材，更要有利于蒙语授课学生掌握蒙古族语言文化，同时要适应实验班学生专业发展的特点。

第四，现有的中考政策是不能跨区域招生，这一政策制约着甘旗卡一中从其他地区招收优秀的初中毕业生，影响该校生源质量的提高。因此，可酌情从各校的实际情况出发，适当放宽政策，特别是对"蒙－汉－外"实验班学校来说。

第五，"蒙－汉－外"实验班班级数、班额不宜过多、。政策上适当控制，有利于提高实验班学生教学质量。

第六，在现行高考招生政策的基础上使实验班政策更加完善，更有利于少数民族考生，特别是实验班学生考入区外院校和全国重点大学，拓宽蒙授学生的升学、就业路子。

总之，甘旗卡一中开办"蒙－汉－外"教学实验班以来，深受学生、家长及许多社会人士的认可，也培养了一批优秀的毕业生。他们考入全国各重点院校，学成归来后成为民族地区的宝贵人才资源，为地方经济社会发展奠定人才基础。

执笔人：苏　德

杨志娟

|十七|

朝鲜族初中汉语文课的教学策略探究

一 汉语文课教学策略研究是国家发展少数民族教育的需要

汉语文教学是少数民族学校重要的教学活动。它关系到少数民族学生社会化的发展和知识的增长，以及融入主流社会能力的培养等。其中，汉语文课教学策略是影响这些活动的关键要素。不同民族、不同学校、不同教师在教学理念、教学手段、教学内容和教学方法上存在着差异，这会对少数民族学生汉语语言习得能力、汉语水平的提高等产生重要影响，其结果最终会影响青少年学生的成长与成才。因此，探究民族学校的汉语文课教学策略显得尤为重要。

首先，国家对少数民族汉语文教学非常重视。《国家中长期教育改革和发展规划纲要（2010～2020年)》（以下简称《纲要》）提出"深化课程与教学方法改革，推行小班教学……大力推广普通话教学，使用规范汉字……提高教师业务素质，改进教学方法，增强课堂教学效果"的要求。针对民族教育，《纲要》指出："大力推进双语教学。全面开设汉语文课程，全面推广国家通用语言文字。尊重和保障少数民族使用本民族语言文字接受教育的权利。全面加强学前双语教育。国家对双语教学的师资培养培训、教学研究、教材开发和出版给予支持。"可见，国家对少数民族的汉语文教学问题越来越重视。

其次，通过目前的资料分析，在国内外双语教学中，对于教学策略的理论研究以及概念的界定相对集中，而聚焦于某一学科的教学策略的个案研究相对较少。因此，本文以延吉市第三中学为个案，探究朝鲜族学校汉语文课的教学策略，总结经验，为其他民族地区学校教师的汉语文教学和学生的汉语文学习提供参考。

最后，苏德教授主持的中央高校基本科研业务费重大项目"民族地区的双语教育问题研究"，把延边地区作为重点区域之一。延边朝鲜族自治州是朝鲜族最大的聚居区，"它已经成为民族文化教育事业和民族团结进步事业成就最大的模范自治州，成为向世人展示中国共产党民族政策的样板和'窗口'"①。正是因为朝鲜族地区的汉语水平领先于其他民族地区，因此总结其汉语教学规律，不仅可以为其他民族地区的汉语教学提供借鉴，也可以进一步促进延边双语教育发展。

二 选择延吉市第三中学作为研究对象的原因

相对于延边州其他朝鲜族学校来说，延吉三中具有一定的典型性。

首先，学校的良好口碑，有助于延吉三中作为品牌学校发展。2003 年第三中学被确定为延吉市教育局双语教学改革实验学校，2005 年又被提升为州级双语教学改革实验学校。第三中学在延吉市朝鲜族初级中学中的综合实力和水平是显而易见的。多年来，凭借各届领导、众多老师和学生的共同努力，延吉三中已经打造出属于自己的办学品牌，不断成为家长、学生和社会的首选学校。

其次，教师的业务水平好和学生的素质高，有助于延吉三中的可持续发展。学校始终把建设高素质的教师队伍作为发展的第一要务来抓，致力于建设一支爱岗敬业、勇于创新、乐于奉献的教师队伍，促进教师专业化发展。在延吉市众多的朝鲜族学校中，当地人一提延吉三中，首先夸奖的就是三中的老师好。群众说的"好"主要指教师较高的综合素质和教学水

---

① 朴泰洙：《朝鲜族教育发展的历史特点与基本经验》，《延边大学学报》（社会科学版）
2003 年第 6 期。

平，这是学生成绩好的直接因素。家长最希望看到的就是学校能将自己的下一代培养成社会和国家的栋梁之才，从这一点上看，三中显然得到了广大家长的认可。

最后，独特的办学理念和教学经验，有助于延吉三中成为典范。三中是一所朝鲜族初级完全中学，其办学方式和教学方式不同于汉语中学，也不同于初中和高中联校的朝鲜族学校。之所以能够在众多类型的学校中拥有自己的办学特色，是因为在具体的学校教学操作中就显现出不同。

三　研究的主要方法

本文在积累大量文献资料的基础上，将质性研究和量化研究相结合，运用以下三种方法对延吉三中的汉语文教学策略进行研究。

（一）问卷法

通过对汉语文教师的问卷调查，对第三中学汉语文教师的基本情况、汉语文课的教学现状以及学生的学习现状等相关情况进行了解和掌握，方便对该学校的汉语文课的教学策略进行研究。

（二）访谈法

主要有三类访谈，包括目的性访谈、汉语文教师的个别访谈和学生的访谈。第一类是通过对第三中学主管教学的副校长及教学主任进行目的性访谈，收集有关学校的教学管理建设、师资情况、教师培训、双语教学、汉语文教学等综合信息；第二类是针对第三中学汉语文教师的个别单独访谈，了解汉语文教师的教学状况，包括汉语文课堂教学中使用的教学手段及方法、教学中的重难点等相关教学情况；第三类是对学生的访谈，主要起辅助作用，借助对学生的访谈可以更加全面地了解汉语文教师的教学情况和学生的学习情况等。

（三）观察法

通过观察第三中学的校园环境，对学校的基础设施、教学环境进行综合了解。通过旁听汉语文课，并对课堂教学情况做详细的记录（包括教师的教学情况和学生的听课情况），多方位收集资料，增强研究的客观真实性。

四 延吉三中及汉语文教学教师与学生情况

延吉市第三中学是延吉市教育局直属的一所朝鲜族初中，是延边州内最好的朝鲜族初级中学之一，每年为当地培育大量朝鲜族中学毕业生，是延边一中（延边州内最好的朝鲜族高中）主要的生源地。其校风为"团结上进、勤奋好学、勇于进取、开拓创新"，其教风为"关爱、严格、细心、勤勉"。

延吉市第三中学占地面积 1.3 万平方米，其中建筑面积 1.1 万平方米。现有七、八、九年级，共有 26 个教学班，其中七、八年级各有 8 个班级，九年级有 10 个班级，共有学生 890 名、教职工 161 人。其中，有研究生学历的教师 3 人，有本科学历的教师 147 人，有高级职称的教师 64 名。

（一）汉语文教师

延吉三中共有汉语文教师 14 名，其中高级教师 5 名、中学一级教师 8 名、中学二级教师 1 名。在这 14 名教师中，有州级骨干教师 2 名、市级骨干教师 6 名、延吉市名师 2 名。大家努力实践"让汉语教学走向社会生活、让生活走进汉语课堂"的教学理念。"汉语文组组内气氛融洽，人际关系和谐；教师之间互相帮助，互相关心，互相促进；青年教师能虚心学习，积极进取，老教师毫无保留地把教育、教学经验传授给其他教师。正因为如此，教师之间经常开诚布公地交流、探讨问题。这些都为每位教师的发展创造了一个宽松、融洽的教研环境，从而形成了一个工作扎实，教风严谨，团结协作的集体。"[1]

---

[1] 金雪花：《2012 年延吉市三中汉语校本教研活动总结》。

表 1　延吉市第三中学汉语文教师情况

性别及民族	最后学历及所学专业	业务职称	教学经历（年）	县(市)级骨干或学科带头人	是否获得省级培训结业证书
女/朝	大学/汉语言文学	中一	15	骨干教师	省级
女/朝	大学/汉语言文学	中高	27		
女/朝	大学/汉语言文学	中高	22		
女/朝	大学/汉语言文学	中高	26		
女/朝	大学/汉语言文学	中一	28		省级
女/朝	大学/汉语言文学	中高	21		省级
女/朝	大学/汉语言文学	中高	20		省级
男/朝	大学/汉语言文学	中一	22		
女/朝	大学/汉语言文学	中一	15	骨干教师	省级
女/汉	大学/汉语言文学	中一	16	骨干教师	
女/朝	大学/汉语言文学	中一	16	骨干教师	省级
女/朝	大学/汉语言文学	中一	16	骨干教师	
女/朝	大学/汉语言文学	中一	16	骨干教师	省级
女/朝	大学/汉语言文学	中二	9		省级

资料来源：《吉林省民族中小学双语教学现状调查表——第三中学教师情况调查表》。

通过此表可知：在汉语文教师中，有 13 名朝鲜族，1 名汉族教师；学历层次都为汉语言文学专业本科学历，说明教师们的专业性很高；职称情况，大部分教师都有中一资格，还有少部分拥有中高资格；10 年以下教龄的 1 名，10～20 年教龄的 6 名，20 年以上（包括 20 年）教龄的 7 名。

（二）学生情况

近年来，朝鲜族人口出现一定程度的负增长，而且一部分朝鲜族学生进入汉族学校，朝鲜族学校的学生数量逐年减少，班额也越来越小。但对第三中学来说，其生源还是很充足的，其生源主要有三部分：主体部分是延吉市当地的朝鲜族学生，这部分学生与三中处在同一个辖区之内，并且在该辖区就读小学；另两部分为汉族学生与韩国学生，总共占学生人数的 1/3。当然这两部分学生根据年度招生情况以及实际情况会有一些变化。

在访谈过程中，三中的玄副校长对学校的学生情况做出了解答：

> 三中的小班化实施得较晚，进程较慢，相对来说十三中实施得最早，效果最好。小班化教学有些是生源减少和教育均衡化发展的需要，教育局对于学校班额和招收名额都有限制，学校并没有自主招收权。进入三中的学生必须受学区限制，也就是要在三中所在的地区内。家长和学生如果想跨区进入三中还是不行的，但从去年开始，如果学生户口在外地，想来三中上学也可以被接受了。这种招生控制是从 2009 年开始的，之前学校自主权大一些，学生人数较多，好多跨学区的学生，导致别的学区的学校没有办法办学，其实限制三中在一定程度上是为了让其他学校和学生都能均衡发展，均衡享有教育资源。

五 延吉第三中学汉语文课的教学现状及教学策略分析

教学活动是复杂多变的，"现代教学的一个重要思想就是把教学作为一个系统来看待，也就是把教学视为由若干相互关联的要素组成的具有特定功能的复合体，即教学系统。分析、把握教学系统的基本要素及其关系，有助于克服传统教学的原子分析观，从整体上形成现代教学的观念"。① 通俗的说法是，教学活动即为该意义上的教学系统。"在分析教学活动的要素时，存在静态与动态两种分析的角度，选择从哪种角度进行分析，取决于研究的宗旨。"② 本文将结合静态和动态两种角度分析汉语文课的教学活动现状。

（一）汉语文课教学概况

1. 教学目标

教学目标是指"教师在实施课程计划过程中，在完成某一阶段（如一

---

① 裴娣娜主编《现代教学论》（第一卷），人民教育出版社，2005，第151页。
② 裴娣娜主编《现代教学论》（第一卷），人民教育出版社，2005，第152页。

节课、一个单元或一个学期）的教学工作时所期望达到的要求或结果。教学目标是学校教育活动最基础、最具体的目标，也是教师在教育教学实践中具体追寻和完成的目标"。① 无论制定哪一类目标，首先要明确，通过教学活动学生要实现什么样的目标，怎样去达成这些目标；其次要考虑对教学目标效率的测评和调控等。

确定一门学科的教学目标，要知道整个教学工作的总体方向，这是教学工作的总出发点。因为"合理的教学目标能够最大限度地调动学生的学习积极性，积极地促进教学活动朝着产生最大成效的方向发展"。② 不能设立过高的教学目标，要符合一定的原则和标准，如"教学目标必须有一定的难度，这条经验所包含的哲理，用心理学的术语来说，就是要把教学目标确定在学生的'最近发展区'之内"，③ 即让它停留在学生的可接受范围内，并对整个教学活动起指向、激励的作用。

朝鲜族学校汉语文课教学目标，也要根据不同年级学生的可接受程度而定，具体的教学目标如下。

（1）七年级的汉语文教学总目标

第一，做好小学升初中的衔接工作，对学生进行学法指导，规范学习习惯，为整个初中学习阶段打下良好基础。

第二，熟练地使用工具书，用汉字认识本册教材中出现的字词，把握并品味、积累优美语句，学习课文的语言运用技巧和阅读技巧。

第三，大胆地发表自己的见解，做到观点明确，言之有理。

第四，从不同的角度观察生活、品味生活，写出感情真挚的文章。

（2）八年级的汉语文教学总目标

让学生在丰富的语料中进行语言的学习，提高语言实践能力，养成阅读习惯，从被动的阅读学习转向主动，并在学习过程中养成同学间相互交

---

① 王道俊、郭文安主编《教育学》，人民教育出版社，2009，第85~86页。

② 李秉德主编《教学论》，人民教育出版社，2001，第63页。

③ 李秉德主编《教学论》，人民教育出版社，2001，第63页。

流的习惯和能力。通过六次写作，让学生写自己喜欢的内容，说自己想说的话，力求达到表达能力的最佳状态。

（3）九年级的汉语文教学总目标

第一，养成汉语学习的信心和良好习惯，掌握基本的汉语学习方法。

第二，在培养综合学习能力的同时，将精力着重放在培养发展思维能力训练上，激发想象力的创造潜能，培养学生主动地进行探究型学习，并在实践中学习和运用汉语文字。

第三，具有独立的阅读和写作能力，同时达到表达能力的最佳状态。

三个年级有三个不同的教学目标，其中作为承上启下的七年级有双重的目标任务：一是要让学生从小学阶段学习的状态过渡到初中学习的节奏中来；二是要养成一定的自主学习习惯，为更高年级的学习打好基础。八年级要通过小学和七年级的基础学习发展到阅读和口语交际能力的提升，是积累写作素养的重要阶段。九年级是立足基础发挥能力的阶段，同时也是检验初中学习成果、面对升学压力的阶段。

2. 教学重点、难点与课时

（1）教学重点、难点

根据三个年级不同的教学目标，制订和设计出不同年级的教学重点、难点，帮助教师在教学中预判学生在学习中的困难，方便对症下药。

七年级：培养学生良好的素养，正确运用汉语来进行日常交流和表达。把课文中感受、学习到的东西灵活地运用到生活中；培养语感，学习精彩语言，背诵重点篇目；加强作文训练，写好记叙文，熟练地使用工具书，养成读书查字典的好习惯。

八年级：基础知识的落实和积累，创设问题情境和问题意识，鼓励学生主动学习、创造性学习，培养学生学习能力；培养学生知识迁移能力、阅读写作能力。

九年级：理解文章内容，提高学生的表达能力；提升学生的文化品位，提高学生的汉语素养。

不同年级教学所要求的教学重点、难点不同，不同年级学生在正常的汉语学习中所要掌握的知识侧重点不同，这样能够方便教师在教授课程中注重详略得当，帮助学生在学习中进行取舍和分辨。

（2）课时

根据双语课程标准、双语学科的课时安排，汉语文学科的安排是每周6课时。在三中进行调研了解到的情况是三个年级每个班的汉语文课时为平均每天至少有一节，七、八年级的情况差不多，九年级除了正常的课程设置外，还另有两节连上的写作课。通过对九年级写作课教师的访谈，得知了学校将九年级的写作课单独划分出来的原因。

> 一是从学校和人事安排的角度看，教师数量充足，有条件划分出来；二是学生在作文上的扣分情况比较严重，中考作文分值大。中考作文总分为40分，以这次月考来说吧，分值相差大，这次最高的是38分，最低的是15分，相差23分。我从事专门的写作教学工作有两年，之前我所指导的作文课是汉语文教师讲课的一部分，每周有两节课，现在单独作为一门课程，配备一名老师，也是考虑到中考作文的重要性。

在实际的教学计划中，学校分配的汉语文学科课时已经超过双语课程标准所要求的课时，再次证明了学校重视汉语文学科的教学，重视汉语文学科课堂效率的提高，这点从汉语文学科的课时分配与安排上就能够明确看出。具体如表2和表3。

表2是2012～2013学年第一学期七年级课程表，各个班级的课程设置顺序会有不同，但课时数不变。从表2可知，每天都能保证有一节汉语文课，而且随着实际教学情况的变化，课时也会调整。表3是2012～2013学年第一学期九年级的课程表，很明显有两节连上的写作课。从写作老师那里了解到两节课连上的教学安排是第一节课进行基本写作知识的讲解和示范；第二节是课堂写作训练，提高学生的写作效率。

表2 2012～2013学年第一学期七年级课程表

	一	二	三	四	五	六	七	八
周一	汉	数	政	英	体	朝	生	自
周二	英	朝	地	数	日	历	汉	音
周三	汉	数	生	计	成/心	英	政	自
周四	英	朝	历	地	计	体	数	汉
周五	汉	英	数	实	家	朝	美	数

表3 2012～2013学年第一学期九年级课程表

	一	二	三	四	五	六	七	八	九
周一	汉	朝	英	政	体	物	化	历	数
周二	物	汉	化	历	朝	朝	英	政	数
周三	英	化	朝	数	物	英	汉	汉	数
周四	数	物	汉	政	英	化	体	历	数
周五	数	政	英	化	朝	历	物	汉	数

3. 教学内容与教材

（1）教学内容

裴娣娜认为"教学内容就是为了促进学生发展而精心选择出来的人类文明的精华成果，是经过改造加工适合学生学习的教育材料"。[①]

结合汉语文教学来看，汉语文课的教学内容就是为了促进朝鲜族学生发展而精心选择出来的精华成果，并经过改造加工适合朝鲜族学生学习汉语的教育材料。下面根据三个年级不同的教学目标和教学重点、难点，结合汉语文课的教学内容基本含义，说明三个年级具体的教学内容。

七年级。本学期共有18篇课文，其中12篇讲读课文、6篇自读课文，还有听说训练课6次、口语交际和作文各课6次、综合性学习课2次。从内容上看，有对血浓于水的深切感受和眷恋的文章，有回忆金色童年生活的文章，有富于想象力、生动有趣的文章，有讴歌生命价值的文章，还有表现中华民族博大精深的文化精粹的文章。

八年级：本学期共有12篇讲读课文，其中6篇课内自读课文，还有6

---

① 裴娣娜主编《现代教学论（第一卷）》，人民教育出版社，2005，第154页。

次听说和口语交际作文课、4 次综合性学习课。根据主题分 6 个单元，第一单元反映爱国情怀，第二单元反映家庭亲情，第三单元反映江山多娇……第六单元反映文化之精粹。

九年级：本学期共有 10 篇讲读课文，其中 8 篇自读课文，还有 6 次口语交际课和 6 次写作课。文章内容丰富多彩，有吸引力。

通过呈现不同年级汉语文课的内容可知，这是专门针对朝鲜族学校设计的教学内容，同汉族学校的教学内容相比，难度有所降低，比较注重基础知识的掌握和口语交际能力的训练，并融合当地特有的朝鲜族文化，让学生能够学习到与实际生活联系紧密的教学内容，做到学以致用。

（2）教材

2006 年，在全国课改浪潮的推动下，相关部门以教育部制定的《基础教育课程改革纲要（试行）》精神为指导，以《全日制民族中小学汉语教学大纲（试行）》（2002 年版本）和《义务教育朝鲜族学校汉语课程标准（暂名）》为依据编写了新教材。新教材由延边教育出版社汉语编辑室和东北朝鲜文教材研究开发中心共同编著。① 朝鲜族中小学使用的教材都是为了配合当地朝鲜族学生汉语文学习专门编制的，并不在全国通用，只限制在朝鲜族地区的朝鲜族学校（汉族学校除外）使用。七年级使用的教材是《汉语教材——义务教育朝鲜族学校教科书》［2003 年第 1 版（旧版），2011 年（新版），延边教育出版社］，每个单元分为阅读、听说、口语交际、习作、专题、附录（生字表、词语表）和诵读积累七部分。

经过对多位汉语文老师的访谈，发现存在一个共识问题——教材偏难，还不太适合现在朝鲜族学生的学习。

教师 A："就拿九年级来说，像是《孔乙己》这类的文章理解起来还是比较困难的，我们主要还是按照中考要求掌握的程度，简简单单地就那样过去，对其文章的思想尽量忽略，主要还是掌握基础知识。"

教师 B："教材本身存在一些问题，一个学期 24 篇课文，每个单元还有其他的一些像是训练题、语言交际、阅读方面的或是自读、讲读的课

---

① 王玥、黎颖：《朝鲜族汉语教材研究》，《文学教育》（上）2011 年第 4 期。

文，每个单元最起码有三篇文章要讲，还有语言和阅读训练。不只是教材的阅读，还要加强课外阅读的训练，教材已经是拔高了，虽然是专门设计的，但如果再拔高就跟汉族学校的汉语差不多了，主要是初中阶段（小学阶段不清楚）课文难度大，课文量大，涵盖面也广。"

教师C："教材上觉得会有些难度，但是到社会上去说，这样是有好处的，平时讲课要比中考难。其实仅为对付中考来说不用很难，但教材中的某些课文，学生们接受起来是比较困难的。"

这对汉语文教师的教学能力和水平提出更高的要求。将现有教材的难度转变成适应学生的难度，在不同阶段适合不同学生，并不造成学生对汉语学习的抵触，还能够提高学生汉语文的口语和应试能力（阅读和基础知识部分），这就要求汉语文教师使用更有效的教学策略来弥补教材偏难的问题。

4. 教学环境

国内外学术界对教学环境的定义与分类，说法有很多。本文从狭义的教学论角度谈论教学环境，即"从学校教学工作的角度来看，教学环境主要指学校教学活动的场所、各种教学设施、校风班风和师生人际关系等"。①

为进一步加大双语教学改革工作的指导与推进力度，不断提升延边州朝鲜族中小学双语教学水平，《延边州朝鲜族中小学双语教学改革实施意见》（延州教发〔2005〕37号），指出："要创设情境，创建良好的校园语言学习环境。环境育人，良好的语言环境有助于提高双语教学工作成效。学校要充分利用校报、宣传栏、走廊壁挂、校园网等媒介，通过学校重大活动、会议、集会等场合用语的双语化、双语交替，畅通师生的沟通、表述渠道，进行有意识的引导和启迪，营造良好的双语学习氛围。围绕课内外的语言交际环境建设，学校可根据因地制宜、因人而异的原则，采取不

---

① 李秉德主编《教学论》，人民教育出版社，2001，第270~271页。

同措施，开展语言交际专项活动，形成优劣互补、均衡发展的工作局面。"① 这是加强双语教学环境建设、提升教师教学水平的政策性文件，说明良好的课内外教学环境对学生提高汉语听力与口语表达能力的积极作用，强调学校要积极开展相应活动促进改善学校的教学环境，为学生汉语水平的提高营造良好氛围。

实施意见中列举了学校在创设教学环境中的相关活动，不同学校实施活动的侧重点有所不同。因此，三中创设课堂内外两种教学环境的方式，是了解三中教师教学水平和学生汉语水平的窗口。

（1）校园环境：校园环境建设努力做到人与环境的和谐统一。利用宣传栏、文化墙等设施，引导学生自己动脑动手，加强班级汉语文化建设，使校园充满浓郁的汉语文化气息，充分体现宽松、和谐和身心愉悦的特点，进而调动师生的积极性、创造性。

首先，积极营造汉语氛围。搞好汉语教学，加强汉语教学的氛围非常关键。学校先为学生创设一个想说汉语的环境，积极制订方案，组织开展双语月活动；校园电台利用午间播放各种汉语影视节目，学校、班级的各项活动都用汉语展开；积极开展"朝汉结对子"的学校活动，促进了校际汉语学习交流。

其次，创设语言环境，开展有效的语言实践活动。组织开展双语教育、竞赛活动，如条幅、汉语歌曲、汉语板报、校园电台、国旗下讲话、诗歌朗诵、读后感及汉语演讲比赛等，创设良好的语言环境，积极为学生提供汉语听说平台，增强学生开口说话的信心。

再次，以改进汉语教学方式为突破口，激发学生学习汉语的兴趣，形成良好的汉语学习校园氛围。经过几年的实践，学校已形成开放式、互动式课堂，以及师生交流、共同发展的教学模式，为学生发展提供了新平台。学生在校园中自然表述、自我展现，交流更加自如，较快地提高了实

---

① 以上资料来自 2009 年延边州教育局文件《关于进一步深化全州双语教学改革工作的指导意见》。

际运用能力，体现了学生学习的主动性、主体性、发展性。①

（2）课堂环境：课堂环境主要体现在课堂教学上。课堂上教师和学生都要使用汉语交流。汉语文课堂内坚持课前说话训练，课内创设汉语环境并渗透教学，强化规范书写汉语言文字的能力；并以读书活动为主线，积极创造学生独立阅读的环境和条件，鼓励阅读一定量的课外书籍，提升学生阅读说话的能力。班级开设了汉语板报角，积极开展汉语教学研讨课活动和主题班会活动，实行小组评比、百分学员奖励、学习经验交流等激励措施，激发竞争意识，增强班级同学之间互相学习的积极性；课外大力开展读书活动，促进学生语言积累，提高书写能力。②

总之，三中通过在校园和课堂内外开展丰富多彩的活动营造汉语学习氛围，让学生在校园内外深切感受语言（汉语）学习的重要性。

（二）汉语文教师教学概况

教师是教学过程的组织者和指导者，在教学过程中起着主导作用。因此，可从教师的教学状况入手探讨汉语文课的教学现状。本文从实地调研角度挑选汉语文教学中有影响力的因素进行说明，包括教学方案、教学方法和教师培训三个方面。

1. 教学方案

教学方案是教师教学思路的最直接体现。教案是了解教师的教学思路和教学流程的第一选择，主要包括三方面内容：学期教学计划、单元教学计划和课时教案。各自的内容如下。

首先是学期教学计划，包括教学总目标、教学内容分析、教学重难点、学生情况分析（优秀生与后进生情况分析）、提高教学质量的措施、本学期教研或科研的课题和措施、活动课计划（课前、课外）、学期教学进度表。

其次是单元教学计划，包括本单元主要内容和知识结构、能力结构，

---

① 以上资料来自《第三中学 2005～2006 年双语教学实验总结》。

② 以上资料来自《延吉市第三中学 2012 年度双语月教学工作总结》。

教学目标及重点、难点两个部分。

最后是课时教案，包括课题、课时、课型、教学目标、重点、难点、教具、步骤时间、教学内容及过程、教学方法（教法、学法）、板书设计、后记。

效果分析：从教学方案内容的设计和形式中，得知教师设计教学方案的顺序，即从整个学期到每个单元再到每节课，全方位、多角度地考虑教学的完整性、计划性。从多年的教学实践中不断总结经验，更新教学计划，以求适合不同年级、不同学期、不同学生的接受水平，并逐渐缩小后进生与优秀生的差距，促进教学质量的提高。

2. 教学方法

教学方法的概念有许多不同的解释，李秉德认为："教学方法，是在教学过程中，教师和学生为实现教学目的、完成教学任务而采取的教与学相互作用的活动方式的总称。"[1] 而王道俊和郭文安则认为："教学方法是为完成教学任务而采用的方法，它包括教师教的方法和学生学的方法，是教师引导学生掌握知识技能、获得身心发展而共同活动的方法。"[2] 虽然对于教学方法的阐释学术界各有不同，但是都体现出一些共同的思想：教师和学生为了达到某一目标而相互作用的活动。基于此认识，本文采用王道俊和郭文安对教学方法的诠释，更贴近作为研究汉语文课教学策略的主体——汉语文教师引导师生共同活动的作用。

本文想要讨论的是在汉语文课上汉语文教师行之有效的教学策略。通过三个不同年级的汉语文教师呈现在教案中的教学方法，可以了解到汉语文教师在课堂教学中经常使用的教学方法，并从中归纳出更加有效的汉语文教学方法。

经常使用的教学方法：问答法、朗读法、启发法、自主合作法、讲授法、交流法、引导法、训练法、点拨法、展示法、讨论法、学习法、欣赏法、检查法、交际学习法、检测法、总结法、归纳法、激趣法、复

---

[1] 李秉德主编《教学论》，人民教育出版社，2001，第63页。

[2] 王道俊、郭文安主编《教育学》，人民教育出版社，2009，第85~86页。

习法、品味法、注释法、教读法、提问法、补充法、讲解法、分析法等。

在七年级使用的教学方法侧重师生间的基本互动，如讲授、朗读、问答、激趣、交际交流、提问、引导等方法；八年级偏重的是启发、讨论、点拨、分析、自主合作、检测、讲解等方法；九年级则更为看重总结、归纳、欣赏、检查、复习、品味、展示等方法。当然不同年级和班级的老师使用的教学方法不是固定不变的，也是不断变化、因人而异的，以上列举的方法只是关注角度和侧重不同，仅供参考。

表4　汉语文教师在汉语文课上常采用的教学方法

选项	频数（次）	有效百分比（%）	备注
A. 交际法	8	67	
B. 全身反应法	1	8	
C. 视听法	7	58	
D. 听说法	10	83	
E. 语言教学经验法	1	8	该题为多项
F. 整体语言教学法	3	25	选择题
G. 直接法	3	25	
H. 自然教学法	5	42	
I. 情境教学法	9	75	

由表4可知，汉语文教师最常采用的教学方法是听说法，其次是情境教学法再次是交际法。其他的教学方法也有所使用，只是教师不同，所侧重的教学方法不同。针对四位汉语文教师的访谈，了解到他们课上习惯采用并认为有效的教学方法。

金老师：老师主要的方法手段，就是按照中考的要求教学，同时让学生们主动地学习。学生要多阅读、多积累，家长负责监督，班主任负责敦促。班级订阅杂志，引起学生兴趣，学生的字词等基础知识部分非常差。男生接触网络的时间多，通过网络学习到较多的词汇、用语，现阶段女生比男生汉语文学习（效果）要好。阅读主要是分析课文，先分析课文再回答问题，开放题不能全答上，有些题目还是可以套用回答的。作文方面还是以记叙文和议论文为主，还有话题作文。平时学的课文有说明文、议论文、记叙文和小说。阅读和作文所占的比重大，从这次月考成绩看，我们班基础部分扣了3分，六班扣了5分。作文40分以上的不多，24分及格，35分以上算高的。

任老师：个人最推崇的教学方法是学生自学、自己思考，师生之间稍微讨论，老师不要盲目灌输。老师真的只有一种引导辅助的作用。让学生先探索，学生认为要注意什么，找出来养成习惯，学生也会有成就感。周记平时可以练笔，现在（初中）三年级学习任务重，就不写了，现在只针对一些重大事件写一些感想，像前段时间的运动会、数学老师过生日，让他们写一篇文章就会非常高兴。平时犯错误也是罚写文章，一百分的卷子会挂在墙上，各学科的都有，让家长看到学生的成长。现阶段家长主要是为学生创造一个良好的环境，以身作则，在学生面前尽量看书，营造一种氛围，负责检查作业，尽量不要在孩子面前看电视、玩游戏。

李老师：在汉语文教学方面具体的方法，教学基本上都用汉语讲，孩子们眼中的汉语文课都是枯燥无味的，所以在我的课上对于课文的分析，不是按照传统的讲授方法，（而是）尽可能地扩大知识面，在围绕目标的基础上。像是容易写错字方面，有些字我可以告诉这个字是从何而来的，引起他们的兴趣。分析课文时把课外的知识延展开来，结合历史、文学方面的知识。朗读时尽量有趣，让学生模仿我的方式，这样学生们就可以注意字词的发音，知道朗读技巧和发音。课堂上不会让学生们由着自己的兴趣来，（对于）现在所谓的培养孩子们这方面素质，我还是比较保守的，有的时候教师全盘讲授并不是坏事，毕竟孩子们学的不是自己的语言，而是第二语言，必须放在相应的语言环境中，这样能缓解语文学习的枯燥。现在的孩子接触网络，让他们看网上的好文章，关注好音乐和文学方面的知识，引起他们兴趣，对他们也是一个综合的培养。

王老师：作文课虽然挺枯燥的，但经常使用的教学方法是用些小幽默和通俗易懂的话语，讲求技巧和方法，尽量举一些课文中的例子，实际生活中能接触到，适当的一些比喻，贴近学生生活的，这样也方便理解一些。

3. 教师培训

第三中学汉语文教师的培训主要有两方面：一是汉语文教研组的建设，二是汉语校本教研的建设。

（1）汉语文教研组的建设。这部分内容前面已有介绍，就不再赘述，重点谈论另一内容的建设。

（2）汉语校本教研建设有以下几个方面。

第一，以加强教师学习为基础。除了参加州、市的培训，还采取"请进来，走出去"的战略，学习先进教学方法，提高教学质量，开阔教师眼界。不同地区之间学习交流的做法是，参加培训学习后，教师把最深刻的体会形成书面笔记供其他教师学习交流。另外，要求每一位教师订一份教学方面的杂志，教师认真阅读，拓宽教学思路，结合自己的教学实际消化吸收他人先进的教育教学经验。

第二，以公开课形式为促进。汉语校本教研只有完全落实于课堂，才能获得新的生命力，从而焕发教研生机。每学期举办各种形式的公开课活动，由优秀青年教师和骨干教师开课。在这个过程中，开课和观摩课的教师对文本的理解更深入，对教学策略的选择更科学，教学能力也获得了提升。汉语组以此为契机，组织听课、评课、研讨，促进汉语校本教研，使汉语校本培训渗透活动的过程，成为教师提升自身业务素质的练兵场。老师努力挖掘学生潜能，充分体现延边州的汉语课堂教学成果。

第三，以课题研究为动力。发挥课题在教研组各项工作中的统领作用，引领汉语教师走上课题研究之路，组织并认真承担各项教研课题。近三年，已经结题的课题中，有全国教育科学规划课题"体验学习与语感形成母语教学实验"子课题"培养汉语（第二语言）交际能力的探讨"，获得了总课题组颁发的优秀实验基地证书，另外还有州级规划课题"中学汉语有效教学研究"和市级规划课题"中学汉语主体性习作教学实践研究"等。课题研究不仅锻炼了教师队伍，更新了教师的教学观念，还提高了教师的综合素质和学生的基本素养。

第四，以备课组为实施平台。汉语组分为七、八、九年级三个备课组。重视备课组的集体备课，实行一人主备，集体讨论修改。内容设计有分析研究教材、教学重点难点、方法措施、交流教学体会和有关新近信息。除了常规的集体备课，平时也会对某篇课文中的某个问题进行商讨，汲取集体的智慧，提高备课的实效。此外，教研组和备课组共享汉语资源，使教研组拥有自主教研知识库，如课件库、题库等。对汉语教学中遇到的问题，积极进行研讨、交流加以解决。

第五，以老带新活跃气氛。中年教师拥有丰富的教学经验，这是青年教师暂时难以企及的，而青年教师则拥有知识结构更新快的优势，这又是中年教师难以企及的。汉语组资深教师都乐于指导和帮助年轻教师，发挥了很好的传帮带作用。一方面，按照学校的要求安排年轻教师的指导老师，帮助年轻教师尽快适应讲台；另一方面，主动帮助组内的其他年轻教师，在集体备课中、在听课后的评课中、在平时的交谈中，毫无保留地把自己的看法和经验传授给年轻老师，帮助他们进一步提高自己的专业素养和教学技能，有效地促进了组内年轻教师群体的成长和进步。

第六，以举办活动为契机。学校每年把诗歌朗诵、演讲比赛作为汉语艺术节的重要组成部分，使学生的知识、素养、能力、胆量、个性得到了综合展示。学校政教处还倡导每个班级建立图书角，让每一个学生都爱读书、会读书，养成热爱书籍的习惯，并在读书实践活动中陶冶情操。①

学校在长期的教学工作过程中形成了比较规范的汉语文教学工作细则。（见表5）

---

① 以上资料来自《金雪花 2012 年延吉市三中汉语校本教研活动总结》。

表5 延吉市中学汉语学科课堂教学评价细则

评价指标		
I 级	II 级	III 级
教师行为 (45分)	教学理念	(1)以学生为主体,面向全体学生(2分) (2)学习、感悟、积累、运用语言(1分)
	教学目标的 确立	(1)符合课标、教材、学科和课型特点,从学生实际出发并有层次性,便于在教学中操作并落实(5分) (2)体现三维目标的有机整合,注重学生学习行为、习惯的养成和能力的培养(3分) (3)具有发展性,尊重并承认学生间个体差异,关注学生个性充分发展(2分)
	教学内容的 处理	(1)合理选择和处理汉语学习内容,知识正确,结构设计以及落实合理。(5分) (2)紧密联系生活,选取课外知识充实内容(1分) (3)教材重点、难点、疑点合理,渗透德育(2分)
	教学过程的 安排	(1)创设汉语教学情境,问题和活动设计合理巧妙,符合学生认知规律(3分) (2)教学程序科学自然,有利于学生参与(2分) (3)教学节奏密度适当,时间分配合理(1分) (4)具有较为鲜明的课型特点(2分)
	教学手段的 选择	(1)情境创设生动有趣、恰当、实效(2分) (2)运用多种教法,善于引导,符合认知规律(2分) (3)教法提示学法,体现能力培养和情感激发(2分) (4)恰当运用各种教学媒体(2分)
	教学调控和 效果的检测	(1)精心安排层次性、针对性、开放性的练习(2分) (2)利用科学化、多元化的评价激活学生思维,激发学生学习信心(2分) (3)注意信息反馈,及时有效调控教学,机智处理非预设性问题(2分) (4)给学生一定的消化余地,课业负担合理,轻负高效(2分)
学生行为 (45分)	参与状态 (学习习惯)	(1)学习活动活跃有序(要求态度好、兴趣浓、热情高、有广度和深度)(7分) (2)参与姿势正确,有标段序、动笔墨读书等学习习惯(2分)
	交往状态	(1)学生能与学生、教师、教材平等对话(3分) (2)学生能发现问题,大胆质疑(2分) (3)能进行自我评价、诊断、相互纠错和帮助(3分) (4)学生在活动中能主动与他人合作,学会倾听,学会协作(4分)
	思维状态	(1)学生积极思考,自学钻研,主动探索(4分) (2)学生能感知、理解学习内容,思维活跃(4分) (3)能联系实际,举一反三,有创造性(4分)
	达成状态	(1)全面完成了学习目标、体验到成功的愉悦(3分) (2)学习能力、实践能力、创新能力增强,掌握更多的学习策略和方法(3分) (3)不同程度的学生都有所得(3分) (4)师生均产生再探究的心理愿望(3分)

资料来源:《金雪花2012年延吉市三中汉语校本教研活动总结》。

该表是延吉市关于中学汉语文教师课堂教学的评价标准，从表中可得知：评价标准分为三级，评价内容主要针对教师和学生两方面的行为。教师的所有教学活动以及学生的相应反映都在其中。

（三）汉语文课学生的学习概况

"学生是学习的主体，所有的教学要素都是围绕着学生这一主体组织安排的，教学质量和效果也是从学生身上体现出来的。学生是教学活动的出发点，也是教学活动的落脚点。在整个教学活动中，学生占着中心的地位。"[1] 重视学生在教学活动中的学习效果，有助于帮助教师改进教学方式和方法，提高教学能力和水平。教师要以"面向主流、合理兼顾"为制定教学策略的准则，在掌握知识的程度、能力发展目标的高度、教学节奏的速度、习题和测验的难度等要求上做到适度，既不使学生因畏难而放弃努力，也不让学生因"吃不饱"而挫伤积极性。

无论哪一类学生，教师都应从发展的眼光进行教学的设计，设计的难度和高度恰好是学生通过努力可以达到的，并视学生可接受的能力，逐步加快课堂教学速度和提高习题训练强度，以期取得最优化的教学效果。

1. 学生的听课情况

通过观察三个年级的学生在汉语文课上的听课状态，了解不同年级学生的听课情况，帮助教师分析学生的学习状态，并适时调整教学方法以适应学生的学习。以下为课堂观察的记录：

课堂实录一
讲课班级：七年五班
课文：习题课（期中复习）
班级形式：正常式，共39人
教师：本堂课以讲授复习每个单元的课文、字词等相关知识为

---

[1] 李秉德主编《教学论》，人民教育出版社，2001，第63页。

主，针对容易出错的地方予以说明，并作为听写内容。

学生：前面大部分学生听课精神还算集中，后面部分的学生就难说了，例如最后一排离我最近的女同学就不听课，同周围的男同学传纸条，这些学生也不能集中注意力听讲（后来了解到这是从韩国来的学生，不懂汉语，刚到中国不久，是跟随家人工作来到这里的）。

评论：本堂课并不讲授新课，是一节以复习为主的习题课。因此，大多数时间是老师在讲解，学生则是有针对性地听课，并针对考试复习重点和难点部分，进行相应的总结，复习巩固基础知识，提高考试成绩。

课堂实录二

讲课班级：八年四班

课文：《世界最美的坟墓》——茨威格

班级形式：小班化教学（6个组），共39人

教师：教师以引导教学为主，并让学生思考讨论。点拨性教学，教师会在适当时候进行纠正总结。

学生：以6人小组为单位实施小班化教学，学生之间的互动性增多，讨论的积极性较高，注意力集中，学生回答老师的问题能够主动积极，参与度较高，教学效果明显。

评论：小班化教学模式，是延吉市朝鲜族学校比较有特色的教学模式，但是在三中施行得比较晚，平时上课以正常教学为主，小班化教学会在双语教学活动或是听课、教学实验中实施。

课堂实录三

讲课班级：九年一班

课文：习题课（期中复习）

班级形式：正常式共27人

教师：多采用单一的讲授方式，相应地结合多媒体进行辅助教学，并没有太多的启发式、互动式教学，基本上是传统的教学手法，

课堂较为沉闷。

学生：学生对于老师的引导提问，没有足够的反馈，大多数学生只是低头，并没有积极思考老师提出的问题，缺少同学之间的讨论互动，学生比较羞于回答问题。因此，整堂课基本上是老师在讲授，仅有个别同学会思考并回答问题。

评论：这是九年级第一次月考之后第一次讲授新课。从课堂上学生的表现就能感受到，对于即将升入高中的他们来说，学习新课已经变得不再有激情，而是一种习惯的固化。

通过比较三个年级学生的听课情况可知：低年级学生的听课状态高于高年级学生，他们和同学、老师之间的互动较多，更能积极主动思考问题，相反，高年级学生的积极性和热情则远不如低年级学生。相比七、八年级的学生，九年级各班的学生人数不超过30人。

2. 不同年级学生的能力特征

根据教师教案中对学生情况的分析，不同年级学生的情况各有不同。虽然教案中对学生情况的分析存在不科学、不全面之处，但也是教师在教学过程中对学生不断观察的结果，还是具有一定的参考价值的，具体情况如下。

七年级：经过观察了解到，学生的学习兴趣较浓厚，可是基础较差的学生较多，相对来说基础好的学生也比较多，中等生较为普遍。

八年级：教材对多数学生来讲有难度，但对尖子生的培养很有利。优秀生：基础扎实，能认真完成教师布置的作业，配合老师，认真学习。后进生：基础较差，听课不集中，不按时完成作业，自我控制能力差。

九年级：基础较扎实，阅读能力较差，其原因主要是学习汉语的兴趣不够浓厚，学习缺乏主动性，习惯被动吸收。优秀生：学习目的明确，有学习汉语的自觉性，上课认真听讲，能主动完成布置的各项学习任务。后进生：学习目标不明确，缺乏持之以恒的精神，课堂消化能力差，不注重及时修补。

学生的差异性可以为教师采取不同的教学手段和教学策略提供参考。

3. 学生学习困难的原因分析

学生对学习策略的掌握和运用受多种因素的影响，认识和研究这些影响因素，有利于教师的"教"和学生的"学"，对于加强学习策略训练、缩短学生的学习时间、增强学习效果有着重要的作用。学和教是教学活动密不可分的两个方面，因此影响学生对学习策略掌握和运用的因素也主要来自学习者和教师两方面。[①] 本文针对汉语文教师的访谈和问卷调查，结合学生的家庭背景、学习能力差异以及有关的因素，分析造成学生学习困难的原因，为提出具有针对性的建议提供参考。

> 任老师：学生们学起来比较困难的地方是缺乏语感和缺少语言环境。因为他们是朝鲜族学生，很多问题他们都先以朝鲜语考虑，再翻译过来，所以他们说出来的汉语比较单调。也就是先用朝语进行思维，再转换成汉语表达输出。由于缺乏交流，很多时候对于日常生活中的简单事物也不是很明白。例如前几天月考语言交际题解释"炒鱿鱼"，很多同学用朝语思维回答"用鱿鱼炒菜吃"，引申义和言外之意不懂。这跟语言环境有关，除了上英语和汉语文课的用语是汉语外，其他课程的用语都是朝语，我听其他在南方上大学的朝鲜族学生说，基本交流是没有问题，但是一些正式场合，比如辩论，这种深度交流的时候思维跟不上，这方面是有困难的。
>
> 金老师：主要还是小学生缺乏自主性，家里面的原因较多，老人们不督促，没有养成良好的学习习惯。父母不在身边，只要是父母在身边的都很重视孩子的教育。学生对成语、俗语的使用，达不到汉族学生那种水平，挺费劲的，积累还是不够的。
>
> 王老师：学生学习困难的是发音和知识体系，发音主要受家庭环境影响，现在社会环境并不缺乏，很多家庭看的频道是韩国频道，以我们办公室为例，90%以上是这样，主要看韩国频道，不光是因为语言交流无障碍，还有家人的关系，许多亲人在韩国，迫切要了解那边

---

① 刘电芝、王德清：《影响学习策略掌握和运用的因素》，《学科教育》1997 年第 11 期。

的情况，为将来的就业、求学等做准备。学校方面，由于老师上的是朝校，发音可能并不标准，发音有些怪异，听是能听懂。

知识体系上主要表现为小学教育和中学教育脱节，小学是免费的义务教育，没有竞争压力，都能升学，老师也不太注重。像标点符号的问题，其实上小学时老师就应该讲授明白，达到能够熟练使用的程度。错别字现象更严重，这次月考最高分的作文拿出来也有很多错别字，3~4个错字、5~6个病句是常见的，全年级所有作文拿出来会发现错别字和标点错误是普遍存在的问题。中考的评分体系也不是很严，只针对朝鲜族学生，致使高中阶段学生水平参差不齐。

表6　您认为目前学生学习汉语遇到困难的原因

单位：人，%

选项	人数	有效百分比	备注
A. 学生没有兴趣	1	8	该题为多项 选择题
B. 教材内容不合适，难度偏大	5	42	
C. 家长营造的汉语学习环境不够	12	100	
D. 学生基础薄弱，学习方法不得当	7	58	

目前，朝鲜族学生学习汉语困难的主要原因是家庭语言环境的缺乏，加上学生自身基础薄弱和学习方法不当，致使学生在学校出现"水土不服"的现象，即不能适应教材等。当然还有其他各方面的因素综合导致学生学习汉语的困境。本文针对学生学习汉语困难的主要因素进行分析，提出合理建议。

（1）课时和课业负担重。根据延边州教育局《2012年与新疆少数民族双语教育考察组成员的座谈会议材料》可知，在朝鲜族教育面临的众多问题中，课时负担重是非常突出的。"由于实行双语教学，民族学校上课时数多于汉族学校，在一定程度上挤压了本不宽裕的课程实施时间，课时安排愈显困难。双语学科课时总量占朝鲜族中小学总课时数的31.48%，朝鲜族学校小学到高中的课时总量比汉族学校多出1772节，相当于民族学校学生在相同学制下多上 1.2 个学年的课时，教师和学生的课业负担很重。"①

前面章节中有提到汉语文课的课时问题，除了正常的课时安排之外，还存在临时加课、占用自习课、课下作业和背诵等现象，留给学生娱乐休闲的时间屈指可数，这可能是学生厌学的原因之一。

（2）升学压力重。

在延边州有两种学校，一种是朝鲜族学校，一种是汉族学校。朝鲜族学校的学生要跟汉族学校的学生竞争重点高中的名额，不可避免地加大了升学压力。

（3）家庭环境因素。

不少朝鲜族学生的父母都不在身边，大多数在国外。孩子们都是老人在身边，老人只要求自己的孙辈们身体健康，关心学习等其他事物都力不从心。但只要父母在身边，就会很重视教育。就像有个班有 27 名学生，只有 8 个人的父母在身边，有的还只是一名家长，而在身边的父母都是有不错的单位和高学历的，他们本身就很重视学习。

这种"留守儿童"现象不光出现在三中，朝鲜族学校中普遍存在这种现象。初中是孩子学习发展的重要阶段之一，难以想象父母不在身边，对孩子学习的影响有多大。这种情况在延边非常普遍，单亲、离异或祖孙辈生活的家庭很多，有的父母到韩国、日本等国家打工，有的则远赴欧美。由于在韩国不存在语言障碍，去韩国务工的父母占到多数。根据三中的情况，每个班有 2/3 的学生家长不在身边的，其中包括父母都不在身边的、父亲或是母亲一人在家的。

（4）学习方法不当。

从学生在课堂上的听课表现可以看出，有一部分学生的学习方法很不得当。有的学生还没有适应初中的学习生活，思维和方法还停留在小学阶段；有的学生不懂得如何分配学习时间，偏科现象严重；有的学生

---

① 以上数据资料来自延边州教育局《2012 年与新疆少数民族双语教育考察组成员的座谈会议材料》。

对汉语文课知识的学习时间分配不均衡，导致情绪低落和成绩下降。因此，适时帮助学生调整学习方法，对于学生的学业与身心发展都很重要。

六 经验总结

(一) 政策保障

上到国家的少数民族教育政策，下到地方政府的教育条例，无一不为少数民族教育发展提供了良好的政策和物质保障。2002 年出台的《中共延边州委、州人民政府关于朝鲜族教育改革与发展的若干意见》和 2004 年再次修订的《延边朝鲜族自治州朝鲜族教育条例》对延边州朝鲜族教育改革的政策、法规体系进行充实完备。朝鲜族教育投入大幅增加，改革的内外环境得到改善，为进一步深化改革、加快发展创造了良好条件，打下了坚实基础。

(二) 学校支持

第三中学自从由中等师范学校改制成普通中学以来，坚持开拓进取，不断深化教育教学改革，全面推进素质教育，逐步探索出一条高起点、有特色、质量高、发展快的办学路子。正因为政府在政策、财政上的大力支持，学校才有能力结合自身特点开展相关的教育活动，活跃校园气氛，为教师和学生提供舒适的校园环境；引导教师立足课堂、立足学生、立足教材参与教学科研。学校在做好思想教育导向工作的同时，关心教师生活、工作中存在的实际问题，千方百计营造公平、和谐的工作环境，促使教师讲奉献、讲竞争，努力克服惰性思想，以积极的心态投入每一天的工作，推动朝鲜族教学健康有序发展。

(三) 教师

建校之初，学校就提出"专家强校、名师执教"的口号。为了从根本上改善教师队伍结构，打造一支优良的教师队伍，学校先后从各地调入年富力强、有丰富教学经验的教师，使教师队伍的年龄结构、学科结构更加合理。同时学校采取多种措施，不断提高全体教师的业务素质和教研水平，包括抓好校本培训、抓好教师的业务学习等相关措施。教师的主要任务是教书育人，在政府和学校为教学工作创建良好背景的情况下，教师可以全身心地提高教学质量、提升理论水平、改进教学方法，研发出适合学校发展和学生学习的校本课程和教材。

七 存在问题

（一）经费投入不足

长期以来，朝鲜族教育始终处在人口趋减、规模趋小的困境中。"过去十年间，朝鲜族中小学生数减少5.5万名，减少幅度达到60%。由于学生数量减少，多数朝鲜族中小学办学经费相对吃紧，基础设施和信息化建设滞后，办学条件和环境不如当地同级同类汉族学校，无法从根本上保障学校双语教育质量和办学水平的提升。在培训资源、培训渠道等方面受较大限制，培训经费相对不足，普遍存在培训次数少、质量不高的问题。"[1]

（二）汉语教师队伍老化现象严重、后备力量不足

汉语教师数量不足和能力欠缺，影响汉语教学的有效开展和深入发展。三中的汉语文教师数量明显不足，14名教师中兼任班主任以及担任科研工作的教师约占2/3，高年级教师还要面对中考压力。因教学任务繁重、教学人员短缺，根据三中实际情况，无法选出去汉族结对子学校挂职锻炼人选。在延边州教育局提供的资料中详细谈到教师的问题："朝鲜族中小学专任教师平均年龄偏大，正规师范院校毕业、学科专业对口的教师相对缺乏，汉语学科专业不对口人数占任科教师总数的20.8%，每年新补充朝

---

[1] 以上数据资料来自延边州教育局《2012年与新疆少数民族双语教育考察组成员的座谈会议材料》。

鲜族教师数不及自然减员数的 50%，双语教师、双语型教师的培养和引进出现困难，无法进一步配置和优化双语教师资源"。①

（三）汉语教材缺乏、内容偏难

缺乏汉语教学的教材，学校使用的教材都是按照教育局要求统一编写的，缺乏适应学校自身条件的校本教材。访谈中多名教师提到教材偏难的问题，导致进度吃紧、语言写作训练时间少。

（四）汉语教学方法不健全、不系统

没有与汉语教学配套的教学方法，没有形成学生通俗的语言训练方式。汉语教学方法涉及许多理论方面的问题，但理论研究不够成熟，理论转化实践更是薄弱。

八 典型经验总结

三中以提高学校教育教学质量、培养"双语兼通"的民族人才为目标，坚持以课堂为主渠道，在取得了一定成效的基础上，积累了经验，这些经验可为其他民族学校提供一定的参考，具有一定的推广价值。

（一）坚持"精化朝语，强化汉语，优化外语"，完善"双语兼通"的科学内涵

重点是汉语文课，努力探索"口语领先，读写跟上"的教改路子，坚持"听说入手，以说促写"的教改模式。重点加强学生实际运用语言能力的培养，尤其是口语表达能力。坚持课前说话训练，通过课内创设双语环境渗透教学，提高学生汉语能力。

---

① 以上数据资料来自延边州教育局《2012 年与新疆少数民族双语教育考察组成员的座谈会议材料》。

（二）三中实施双语教学的几点尝试

1. 学科实验

尝试在其他学科教学中渗透汉语教学，使学生的双语实际运用能力得到有效提高。

2. 教师分层实验

以灵活多样的方式方法，确定双语授课形式。在双语授课中讲究策略与授课方法。在课堂汉语使用方面，注意做到由少到多、由浅入深。授课方式因人因课而异，灵活多样。对于学生的表达，本着"先输入、后输出、鼓励而不逼迫"的原则，引导学生大胆发言，自由发挥。

3. 提倡阅读

教师注重培养学生阅读兴趣，激发学生学习热情，帮助学生把学习化难为易。从提倡学生课前多预习、提前阅读教材、自己查阅资料、小组研讨入手，形成了学生自主学习、合作学习的风气。

4. 创设语言环境

组织开展双语活动月、汉语板报、校园电台、国旗下讲话、读后感及演讲赛等活动，营造良好的语言环境。

（三）加强双语教师队伍建设

实施双语教学，关键在于双语型师资队伍的建设。学校先后开展了全员培训、班主任培训、名师骨干培训、专家培训、校外培训、师德培训及论文交流等校本培训。

（四）双语教学的成效

1. 学生汉语水平明显提高

学生汉语听、说、读、写的能力大幅度提高。学生汉语语言交际能力按上、中、下分类达到30%、50%、20%。汉语学科成绩提高明显，2007年、2008年连续获得全市中考优秀率和及格率第一名。

2. 竞赛获奖

积极参加上级教育部门组织的赛事，做到了有赛必参、参赛必胜。在英语竞赛、朝鲜语文作文竞赛等活动中，师生获得诸多荣誉。①

执笔人：张菁蕊

张　莞

---

① 以上数据和资料来自《2010年第三中学双语教学工作汇报材料》。

｜十八｜

内蒙古东、西乌珠穆沁旗双语教师
培训的现状与反思

　　教师在职培训是促进教师专业发展的一种有效途径，是教师教育的一项重要内容。[①] 在中国特色社会主义进入新时代的关键时刻，教师队伍建设和教师教育已上升到了中央层面，而决定教师素养、促进教师职业生涯发展、关系教师教育精准扶持的枢纽工程——教师培训亦再次引起人们广泛关注。《国家中长期教育改革和发展规划纲要（2010～2020年）》明确提出"完善教师培养培训体系，做好培养培训规划，优化队伍结构，提高教师专业水平和教学修养能力"的指示。2018年，国务院印发的《关于全面深化新时代教师队伍建设改革的意见》亦提出"开展中小学教师全员培训，促进教师终身学习和专业发展"的要求，并对培训方式、培训内容、培训评价等方面做了详细规划。

　　综观已有文献可以发现，以往对民族地区教师培训现状与困境的研究成果不多，多零星点缀于民族教育或教师教育的著作之中。故而此研究选择了民族地区教师这一处于不同文化张力之中的研究对象，将对教师培训的研究扩展到了民族地区与边境地区，为教师培训研究提供典型案例。此外，该研究亦采用了参训主体——民族地区参训教师的视角展开论述，拓展了已有教师培训研究的理论广度。

---

① 朱旭东、宋萑：《论教师培训的核心要素》，《教师教育研究》2013第3期，第1～8页。

一 东、西乌珠穆沁旗蒙古族双语师资队伍建设的基本情况

本文基于东、西乌珠穆沁旗（分别简称东乌旗、西乌旗）蒙古族中学及其教育主管部门的实际情况，从双语师资的年龄、性别、民族、学历、职称等五个方面对这两所蒙古族中学的蒙汉双语师资基本情况进行了调查、统计与分析。

（一）年龄结构

教师的年龄结构可充分反映出一个地区师资队伍的发展程度与成熟程度。各个年龄阶段的教师在心理与教育方式上呈现不同的特点，如年长的教师大多呈现处事沉着冷静、教学游刃有余的状态，年轻的教师则大体呈现课堂轻松活泼、教学方式别具一格、教学态度勇于拼搏的特点。一支年龄结构相对合理的师资队伍应当是各个年龄阶段教师均有分布的队伍。

根据图1的统计数据可以看出，东、西乌珠穆沁旗的两所蒙古族中学师资呈现"两头小，中间大，橄榄形"的年龄结构。

东乌旗蒙古族中学教师的年龄结构情况如下：35岁及以下的双语师资为29人，所占比重为27.6%；36～49岁的双语师资为64人，所占比重为61.0%；50岁及以上的双语师资为12人，所占比重为11.4%。

西乌旗蒙古族中学教师的年龄结构情况如下：35岁及以下的双语师资为32人，所占比重为29.1%；36～49岁双语师资为61人，所占比重为55.4%；50岁及以上的双语师资为17人，所占比重为15.5%。

（二）性别结构

教师的性别结构一般是指一支教师队伍中男性教师和女性教师的数量及其比例情况，其可以呈现出男性教师与女性教师数量上的差异，是教师结构的基本要素之一。适当的教师性别比例与结构对学生人格的发展、学业的进步与教育质量的提升有着不可忽视的作用。

图2显示，这两所蒙古族中学双语师资性别结构不均衡，存在女多男少的现象。在东乌旗蒙古族中学105名教师中，男教师只有38人，占教师

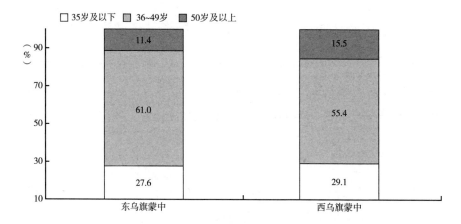

图1　双语师资年龄结构统计

总数量的 36.2% 。这一情况在西乌旗蒙古族中学中也同样显著，在西乌旗蒙古族中学 110 名教师中，男性教师只有 36 人，占教师总数量的 32.7% 。据调查，这些男性教师多分布于数理化等学科之中。

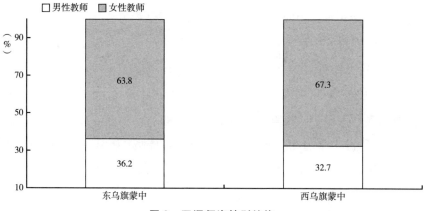

图2　双语师资性别结构

（三）民族结构

教师队伍的民族结构是指来自不同民族的教师占教师总数的比例。[①] 在

---

① 虎技能、滕星：《G 州民族类中学藏汉双语"一类模式"教师队伍结构研究》，《西北民族研究》2015 年第 1 期。

少数民族聚居区的民族学校中开展民族教育，教师的民族属性是师资队伍建设的一个重要维度。

图3显示，在这两所蒙古族中学从事教学工作的教师民族成分多为蒙古族。具体来说，东乌旗蒙古族中学有104名蒙古族教师，占教师总数量的99%；该学校仅有1名汉族教师，占教师总数量的1%。且据调查，该名汉语教师所教学科为汉语文，同时也精通蒙古语文。

西乌旗蒙古族中学有108名蒙古族教师，占该校教师总数量的98%；该学校有2名汉族教师，占教师总数量的2%。据调查，这两名汉语教师所教学科均为汉语文，且都毕业于内蒙古师范大学，所学专业也都为蒙古语。

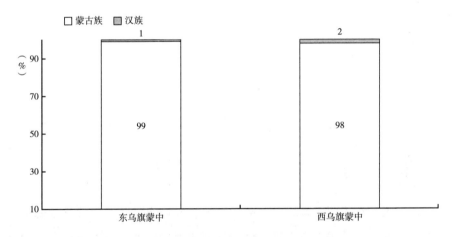

图3 双语师资民族结构

（四）学历结构

自义务教育均衡发展在全国范围内推广与普及以来，教师的学历结构已经成为检测各地区基础教育办学水平的一个重要指标。《内蒙古自治区义务教育学校办学条件基本标准》规定，专科以上学历小学教师需达到专任教师总数的85%，本科以上学历初中教师需达到专任教师总数的75%。

通过图4可以看出，内蒙古双语师资学历结构基本达标。东乌旗蒙古族中学拥有专科学历教师 19 人，占该校教师总数的 18.1%；本科及以上学历的教师 86 人，占该校专任教师总数的 81.9%。西乌旗蒙古族中学拥有专科学历的教师 16 人，占该校教师总数的 14.5%；本科及以上学历的教师 94 人，占该校专任教师总数的 85.5%。可以看出，这两所蒙古族中学教师学历完全达到相关文件的规定。

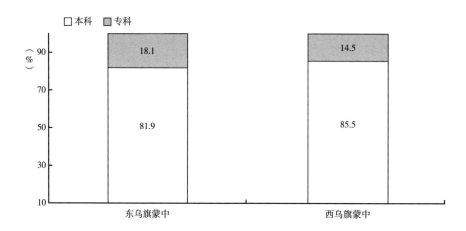

图 4　双语师资学历结构

（五）职称结构

教师的职称不仅是衡量教师教学水平、教学能力及其教学质量的重要指标，更是关乎教师薪资待遇、社会福利的重要标准。一般来讲，中学教师的职称分为三级、二级、一级、高级四个等级。2015 年，人社部、教育部联合发布了《关于深化中小学教师职称制度改革的指导意见》，对中小学教师职称的规范化做了进一步指示。

从图 9 的统计情况可以看出，东乌珠穆沁旗蒙古族中学双语师资结构情况如下：中学二级职称有 10 人，所占比重为 9.5%；中学一级职称有 50 人，所占比重为 48.6%；中学高级职称人数为 40 人，所占比重为 38.1%；无职称人数为 5 人，所占比重为 4.8%。

西乌珠穆沁旗蒙古族中学双语师资结构情况如下：中学二级职称有 25 人，所占比重为 22.7%；中学一级职称有 49 人，所占比重为 44.5%；中学高级职称人数为 31 人，所占比重为 28.3%；无职称人数为 5 人，所占比重为 4.5%。

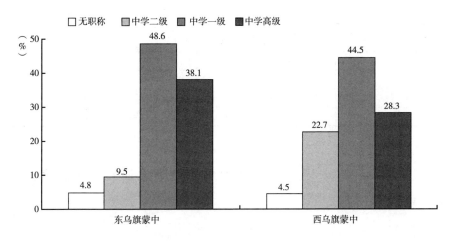

图 5　双语师资职称结构

二　东、西乌珠穆沁旗调查教师基本情况

基于已有文献的分析和现实情况的考察，本研究以内蒙古自治区锡林郭勒盟东、西乌珠穆沁旗为个案点，立足于参训教师的视角，从教师培训诉求、过程体验、培训效果三个维度展开了实地调研。该区域属于边境牧区，是游牧文化的典型代表，其教师培训需求亦具有区域特色与民族特色，以此为研究方向，有利于剖析民族地区教师这一特殊群体培训过程中存在的困境，为各相似区域以参训教师为切入点的双语教师培训模式提供参考。

本研究采用了问卷调查法和访谈法收集调查数据和访谈资料。研究发放问卷 200 份，回收有效问卷 188 份，回收率 94%，有效率 100%（见表 1）。深度访谈牧区一线双语教师 15 人（包括校长 3 人、教导主任 2 人）、当地教育局行政人员 2 人以及盟教育局行政人员 2 人。访谈对象涵盖牧区一线教师、学校领导、县级单位直属领导以及盟教育行政部门人员。

表 1 内蒙古东、西乌珠穆沁旗双语教师培训问卷调查样本基本情况

学校	总数	性别		民族		培训次数		
		男	女	蒙古族	汉族	0~3次	4~6次	6次以上
M小学	48	21	27	46	2	27	20	1
N小学	47	16	31	47	0	21	26	0
Z初中	46	19	27	45	1	15	29	2
Y初中	47	18	29	45	2	24	23	0
合计	188	74	114	183	5	87	98	3
百分比(%)		39.4	60.1	97.3	0.7	46.3	52.1	1.6

三 内蒙古东、西乌珠穆沁旗双语教师培训面临的困境及原因分析

(一) 面临培训内容"一刀切"的文化诉求困境

在我国这样一个文化多元、民族众多的国家开展教师培训，须尊重"充当人与文化之间关联媒介的、被文化化了的"教师的文化诉求与属性，将教师当作文化的学习者、承载者与传播者分别对待。这是因为"一个多民族国家的教育在担负人类共同文化成果传递功能的同时，不仅要担负起传递本国主体民族优秀传统文化的功能，同时也要担负起传递本国各少数民族优秀传统文化的功能"。[①]

就我国而言，教师的文化诉求困境可分为对通识知识的诉求困境与对本民族文化的诉求困境（少数民族文化的诉求困境）。调查结果显示，内蒙古东、西乌珠穆沁旗双语教师培训者中73.6%的教师表示参训内容无法满足其对通识知识的诉求，更有89.7%的教师表示培训内容未能照顾少数民族的特殊文化背景与文化诉求。

内蒙古东、西乌珠穆沁旗双语教师培训中存在着培训内容"一刀切"、参训教师文化诉求被忽视的现象与困境。一方面，培训课程内容设置"一刀切"，存在与汉族培训课程内容高度相似，未顾及民族地区实际教学的

---

① 哈经雄、滕星主编《民族教育学通论》，教育科学出版社，2001，第580页。

语言和文化需求的现象；另一方面，培训学校在施训教师的选用上亦存在选择的"文化误差"，即施训教师不了解民族地区教学实际，亦不了解民族地区文化特殊性，造成施训教师与参训教师之间"不理解""不认同"的现象。

采用 5 点量表计分方式对民族地区教师进行测量时发现，① 参训教师在问题"课程内容可以照顾到边境民族地区实际教学的语言和文化需求"选项上的得分仅为 1.7323 分；在问题"培训教师非常熟悉民族地区与民族学校教学实际情况"选项上的平均分仅为 2.0317 分（见表 1）。这说明培训机构在培训过程中未能满足民族教师的文化诉求。而对民族教师的访谈亦证明了这一观点："培训的内容与汉校教师培训基本相同，我们教师急需与本民族文化密切相关、符合我们教学实际的培训内容。"

表 2　民族地区教师培训内容

序列	选项	平均分	标准差
1	课程内容可以照顾到边境民族地区实际教学的语言和文化需求	1.7323	0.9332
2	培训教师非常熟悉民族地区与民族学校教学实际情况	2.0317	1.1436

文化诉求困境的出现是培训机构与具有专业文化背景的施训人才短缺的现实境况合力的结果。一方面，每次施训的主体并不相同，且地域的广袤造成培训机构与参训主体之间培训信息不对称，一些培训机构开展培训前并未充分了解民族地区教师的培训诉求，只是依据普通学校教师培训的经验组织培训内容、设置培训课程，忽视了教师培训的文化诉求。另一方面，有些机构虽然对参训教师的文化诉求有所了解，但由于现实中相关施训教师与具有相关文化背景的专门人才的短缺，培训机构无法找到合适的教师进行培训。基于现实原因，教师培训文化诉求被选择性忽略了。

---

① （1～5 分别表示："1"表示非常不符合，"2"表示不符合，"3"表示基符合，"4"表示比较符合，"5"表示非常符合。被试在问卷上的得分越高，表明对所提问题认同水平越高；反之，越低）。

这种培训内容上教师文化诉求被忽视、培训教师不理解参训教师文化属性的境况极易造成培训教师与参训教师之间的"不理解""不认同",使双语教师培训在复杂性和曲折性中面临更多的不可能性因素,在一定程度上影响了教师培训的质量与效益。

(二) 面临参与程度不高的过程体验困境

作为参训教师,尤其是与生活实践接触日益频繁的民族地区的参训教师,他们在培训体验过程中对亲自参与的需求不断提高。教师对参训过程中参与程度的重视不仅因为其特殊的教育活动需求,即传承民族文化活动对教师实践与参与的需求;更因为近些年教师专业发展理念的转变,即教师专业发展的理念日益被教师主动学习的理念所替代,在培训过程中体现为教师从被动的知识接受范式转变为积极主动的参与性培训范式。一切教师专业发展活动都开始以促进教师主动、有效地学习为指向,教师培训课程把学习与学习者置于中心地位,让教师在充分的参与、互动、体验、实践与反思中构建新知识。①

但在实践调研中,竟有 70.6% 的教师表示培训过程中参与程度不高,16.3% 的教师表示参与程度一般。换言之,上述数据反映的是大多数民族地区双语教师面临参与程度不高的过程体验困境。采用 5 点量表计分方式对民族地区教师培训内容进行测量,如表 2 所示,对培训过程参与程度的调查平均分仅为 2.3951 分,标准差为 1.1593,说明民族地区双语教师培训过程参与性的主观体验较低。在访谈过程中,大多数教师表示,参与程度不高并非因为自身参训积极性缺失,还要归因于培训实施过程的相关因素。具体而言:第一,从培训形式上来说,教师培训仍以专家讲座和报告的形式为主;第二,从培训方式来说,参训教师互动、交流仍然较少。这些不仅导致培训过程中教师参与的缺失,更是出现"培训教师讲得激动,参训教师听得瞌睡"问题的关键所在。

---

① 陈霞:《以教师学习为中心的教师培训课程重构路向》,《教育发展研究》2017 年第 18 期,第 58~64 页。

表 3 民族地区教师培训内容

序列	选项	平均分	标准差
1	我可以很好地参与课程培训	2.3951	1.1593

一方面，教师参与式培训并未在实践层面有效推广。正如陈向明和王志明在对 11 个省（直辖市）调查之后得出的结论：虽然自 2008 年以来教师培训形式与方式逐渐注重参训教师的参与性，但实际培训中理论内容仍然较多，培训形式仍以大班讲授为主，教师参与程度很低，培训很难满足教师对教学操作的需求。[①]

另一方面，远程培训与网络在线培训的兴起使得教师参与式培训过早夭折。近些年随着互联网等现代科学技术在教师培训领域的应用，教师远程培训异军突起，这种培训形式虽有效降低了培训成本，突破了培训过程的时空限制，提供了教师公平学习机会以及实现了优质培训资源的跨时空流动，但其却将参训教师排除在了参与式活动之外，返回了原有的培训模式——"专家上面讲，教师下面听"。远程培训模式不仅隔绝了培训教师与参训教师之间的参与式互动，亦隔绝了参训教师有效开展参与式活动，使得教师参与式培训的理念"出师未捷"，即该理念在教育实践领域还未大显身手，就已过早夭折。

（三）面临教师专业成长缓慢的培训效能困境

教师培训是教师专业成长的重要途径，反之，教师专业成长亦是教师培训效能的体现。业界认为，教师培训活动合法存在的理念之基在于它能够帮助教师提高工作水平，并能促进教师个体专业成长与发展。这一判断似乎早已固化为中小学教师深信不疑的教育信念，近些年更是成为教师培训效能的一项重要衡量指标。

但现实中，教师培训，尤其是民族地区双语教师培训，正面临着培训

---

① 陈向明、王志明：《义务教育阶段教师培训调查：现状、问题与建议》，《开放教育研究》2013 年第 4 期，第 11～19 页。

对教师专业成长促进缓慢的困境。调查显示，33.1%的教师认为教师培训对其专业成长促进"缓慢"，42.7%的教师认为教师培训对其专业成长促进效果"一般"。这说明民族地区教师培训面临专业成长缓慢的培训效能困境。

具体来说，教师培训促进教师专业成长缓慢的直接因素可以分为四个层面。就教育行政部门组织的教师培训而言，不同层级培训内容之间缺少联系，每次以"主题"或"板块"的形式确定培训内容，且培训主题与板块前后衔接表现出明显的无序感，不利于促进教师专业发展与成长。就参训学校而言，学校将教师培训视作对教师阶段性工作的"奖赏"或"犒劳"，同时为体现培训机会的"平等"原则，每次派遣教师参训的决定性因素并非此次培训内容对教师专业成长的作用，因此，更不必说关注教师专业成长的一贯性这个问题了。就培训机构而言，培训内容与参训教师诉求存在错位现象，训非所需，培训效能就更加值得商榷了。就参训教师而言，参训教师普遍认为每次参训仅是教学知识与教学技能的一次提升，而非自我专业成长的连续发生。

此外，双语教师培训对教师专业成长促进缓慢的根本原因是民族地区双语教师专业成长的连续性以及规律性。教师专业成长的连续性、长期性以及教育活动周期长、见效慢的特性使我们必须明确，教育培训不能一蹴而就，需要将培训形成一贯的体系以适应教师专业成长与发展的连续性。与此同时，培训相关部门并未将教师培训作为促进教师专业发展的手段来看待，教育行政部门、参训学校、教育培训机构以及参训教师很少将教师培训视作一贯化的"过程"，而只是将培训视为一次性的、孤立的"事件"。

四　内蒙古东、西乌珠穆沁旗双语教师培训的突围

（一）建立政府主导下的多元化教师培训机制

加拿大学者提出了教师培训的"双路径"理论（见图6），认为教师

培训具有两条路径：专业化路径与文化路径①。后者将文化视为一种目标、一种关联，认为教师培训的深层目的是促使教师与文化发展关联起来，提高教师职业的文化内涵与品位。具体而言，第一，从目标角度看，文化一般包括两个维度：描述性维度（descriptive），即人类学意义上理解的文化内涵，几乎包括人类所有成果与成就在内的主要文化内容；规范性维度（normative），在特定时空人所做的不同社会选择决定了人是一个"被文化化了的个人"。第二，从关联角度看，文化活动涉及人与世界、与他人、与自己建立关联的过程。在这一意义上，教师是文化的代理人（broker）、文化的传承者（inheritor）与文化的批判性解释者（Interpreter）。简言之，教师是建立人与文化之间关联的媒介，教师是"文化化了的教师"（cultured teacher）。

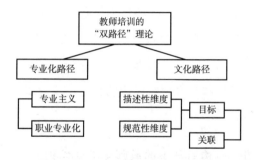

图 6　教师培训的"双路径"理论

因此教师培训中对教师的文化属性的把握应该注意以下几点：第一，教师培训与教师专业发展的过程本身就是一个教师接受不同文化熏陶的过程；第二，教师参与培训之前其本身就已烙印上不同文化的内涵，是一个"被文化化了的个人"，教师培训过程是促进教师继续"被文化化"的过程；第三，教师培训是促进多种文化成果在教师个体身上交融的过程，即教师培训的内容既包括人类文化所有的成果，亦包括国家主体民族的优秀文化成果，更包括教师所属的少数民族的优秀文化成果与其他民族的优秀

① Gauthier, C., Raymond, D, Martinet, M. A., "Teacher training: Orientations, Professional Competencies," *Quebec: Ministere de leducation*, 2001.

文化成果。

基于上述理论，结合我国是统一的多民族国家这一基本国情以及我国"多元一体"的文化格局，应建立政府主导下的多元文化的教师培训机制，从而在教师培训层面保证教师文化功能的充分发挥。首先，政府需确定教师培训在学科专业知识、教学技能等方面的培训目标，重视培训中教师学科专业知识的强化，因为这是人类共同文化成果的表现。其次，政府需组织相关专家构建适合民族地区少数民族教师的培训模式。关注少数民族教师本身所具有的不同文化属性，积极鼓励少数民族参训教师学习国家通用语言，接纳中华文化，同时学习民汉双语教育与教学的知识。最后，政府需加强精通少数民族语言与汉语的专门双语、双文化人才的培养与培训工作。开展专门双语、双文化人才的培养工作，从根本上解决这方面人才匮乏的局面；开展双语、双文化人才的培训工作，在短期内解决急需这方面人才的困难。汉族参训教师将少数民族语言与文字作为修读的第二语言，以促进多元文化教育的发展。在汉族教师培训中通过一定的专业化训练与培养，使汉族教师了解和学习少数民族的语言、文字和文化，以增强不同语言间的对话与融合。[①]

（二）建立培训机构引导下的教师参与式培训

泰国学者针对培训过程中教师参与性程度较低的困境，基于"教师是培训的参与者"这一视角，研究提出了"教师培训的参与学习理论"，认为教师培训的基本组织形式是校本培训，它必须依据参与式学习理论来设计，即按照四个基本环节——尝试错误、应对问题、解决问题与行为转变来组织（见图7）。与之相应，教师培训需要重点关注五个要素：学校的意愿、学校外部环境、好的培训计划、培训过程、督导活动。[②] 这一理论将

---

① 李泽林：《我国民汉双语教师培训面临的困境与突围》，《西北师大学报》（社会科学版）2014 年第 2 期，第 117～122。

② Erawan P. , "Teacher Training through school – based Program inParticipatory LearningPromotion," *Procedia – Social and Behavioral Sciences*, 2015（1）.

教师视作培训的参与者，让教师以解决问题的方式介入培训过程，认为教师一旦开始尝试解决问题，他们将会把知识转变为实践，进而内容化知识，将知识转变为习惯，有效提高了教师培训的效能。①

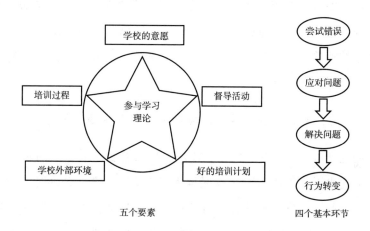

图 7　教师培训的参与学习理论

　　教师培训的建构者与实施者是教师培训机构，故而需建立教师培训机构引导下的教师参与式培训，具体而言需从以下几个方面着手。第一，注重培训内容的情境性。知识是同状态、情景、空间密切相关的，教师知识的创造生产主要是在学校中通过复杂的教学实践问题的解决来实现的。②培训内容需创设多样化、真实的教学情境，以具体的教学实践问题为依托，使用具体教学案例，同时设计教师个人知识与教师群体的协同知识建构活动，"从做中学"，在真实教学情境中促进教师实践性知识的发展。第二，注重参训教师学习共同体的构建。教师学习共同体将教师个体置于社会群体、教师集体之中，可以保持教师间的持续对话。在培训中为完成共同的培训任务，这些来自不同地区、拥有不同知识经验背景的参训教师需

---

① 龙宝新：《当代国外中小学教师培训理论的发展与走向》，《天津师范大学学报》（基础教育版）2017 年第 1 期，第 1～8 页。

② 钟启泉：《从 SECI 理论看教师专业发展的特质》，《全球教育展望》2008 年第 2 期，第 7～13 页。

持续交流，甚至形成"头脑风暴"，不仅在培训活动中保证了教师的参与性与实践性，更有效保证了培训的效能。第三，培训机构注重提供多样化的互动交流机会。培训机构可通过"参训教师分享，培训教师点评，所有教师答疑"的方式开展互动；也可通过"观看教学案例，共同分享评论"的方式进行交流；还可通过"小组合作研习案例，组间评比讨论"的方式促进参训教师学习；更可通过"自选教学主题、教师自主备课，组间成员互动"的方式提升自我。

（三）建立参训学校主导下的教师专业成长促进机制

有研究者认为，"绝大多数的教育变革都需要 3 到 5 年的时间才能在一个较高的水平上被实施"。[①] 这是因为当变革运动走向公众时，它不但有机会用自己的价值观影响他者，同时它也面临挑战，被迫在其中检验和修正其价值。[②] 因此，教师成长的长期性要求教师培训不可急功近利，而应当是一个"慢工出细活"的过程，同时要注意促进教师知识增加与技能增长的连续性。

美国教师教育研究者克雷格（Helen Craig）提出了"教师专业发展连续性"理论，成为 21 世纪美国教师培训活动赖以展开的重要理论框架之一。克雷格指出，教师发展的连续性体现在以下几个方面：第一，教师专业发展本身是一个漫长的过程，而非一次性的事件，此过程涉及教师专业知识、专业技能与专业情意的持续性发生与发展；第二，教师发展包括一段时间内的发展变化，但可以分阶段实施；第三，教师培训应与教师发展的过程保持一致，呈现出阶段性、连续性的特征。[③]

因此，须建立参训学校主导下的教师专业成长促进机制。具体而言，

---

① Hall, G. E., Loucks, S. F., "A developmentalmodeor determining whether the treatment isactually implemented," *American Educational Reasearch Journal*, 1977, 14 (3): 263–276.

② 〔日〕佐藤学：《静悄悄的革命——创造活动的、合作的、反思的综合学习课程》，李季湄译，长春出版社，2003，第 60 页。

③ Kennedy, M., "Form and Substance in In–service Teacher Education," *Research Monograph*, 1998 (1).

第一，参训学校应利用互联网技术，为每位参训教师建立个人电子成长记录袋，同时建构培训机构云端数据库，这样不仅可以及时掌握培训教师的培训情况与专业发展情况，还可以实现培训机构间的信息互通以及对于教师培训诉求的了解。第二，参训学校应以教师的专业发展为根本，为每位教师量体裁衣地建构出教师个体专业成长的培训计划与模式，同时应打破固有的派遣教师参训模式，适当照顾中青年教师与亟须提高专业技能的教师，进而形成教师参训一贯化体制。第三，应引入督导机制以促进参训教师专业成长这一培训目标的有效达成。这需要对督导计划、督导与行政管理者间的配合、督导过程设计、督导人员的角色定位等方面进行严格把控。

执笔人：张　良

张　莞

│十九│

内蒙古地区初中汉语文教师对教材的认可度
调查及对策研究

一　选题缘由

（一）国家对少数民族双语教育的重视

2010 年，国务院颁布《国家中长期教育改革和发展规划纲要（2010～2020 年）》，其中第九章专门对民族教育的发展做了详细论述，提到要大力推进双语教学，全面开设汉语文课程，全面推广国家通用语言文字；尊重和保障少数民族使用本民族语言文字接受教育的权利；全面加强学前双语教育；国家对双语教学的师资培养培训、教学研究、教材开发和出版给予支持。[①] 进入21 世纪以来，党和政府对民族教育更加重视，采取"少数民族地区在保护传承本民族语言的前提下学习汉语，有条件的地方学习一门外语"这一语言政策。在这样的大背景下，发展双语教育尤为重要。

（二）少数民族学生学习汉语的重要性

我国是一个多民族国家，各个民族以自己独有的文化构成了中华民族

---

① 《国家中长期教育改革和发展规划纲要（2010～2020 年）》，第九章，第 26、27 条。

丰富多彩的文化大花园。汉语作为少数民族地区双语教育的重要学科,汉语作为国家通用语言,其地位和作用是无法替代的。随着社会经济的发展,各民族间的交流越来越频繁,在掌握本民族语言的前提下,熟练掌握汉语普通话对少数民族青少年的发展至关重要。

(三) 汉语文教师对教材认可度的重要性

新中国成立至今,我国一共颁布了六部义务教育阶段初级中学语文教学大纲和两个语文课程标准,① 这期间,作为教学之本的汉语文教材也几经演变。对汉语文教材的每次改革,理解体会最深的当属一线的汉语文教师,因为他们是汉语文教材改革的实施者和贯彻者,他们对教材内容的理解、对主体思想的把握将直接影响汉语文教学质量的高低。鉴于汉语文教师在教材实施过程中的重要作用及汉语文教师拥有丰富的教学实践经验,对汉语文教师进行教材认可度的研究十分重要。

(四) 少数民族地区初中汉语文教师对教材的认可度现状

调研发现,内蒙古 × 盟的汉语文教师对现行的教材认可度不高,已经影响到汉语文教学的质量。内蒙古地区初中汉语文教材编写缺乏适用性和相对弹性、教材选文不合理、单元设置不合理、课后练习缺乏层级性和渐进性、忽视学生的主体性、编排与印刷的质量不高。造成这种现象的原因是多方面的,笔者拟从汉语文教师的角度入手,调查汉语文教师对教材的认可度现状,并在归因分析的基础上提出改善的对策建议。

---

① 分别是 1952 年的《中学暂行规程》(草案)、1956 年的《初级中学汉语教学大纲》、1963 年的《全日制中学语文教学大纲 (草案)》、1978 年的《全日制十年制学校中学语文教学大纲 (试行草案)》、1980 年修订的《全日制中学语文教学大纲》、1992 年的《九年义务教育全日制初级中学教学大纲 (试用)》、2000 年的《九年义务教育全日制初级中学语文教学大纲 (试用修订版)》以及《义务教育语文课程标准》、《义务教育语文课程标准》(2011 年版)。

二 研究目的与意义

（一）研究目的

通过对内蒙古 X 中学、H 中学的初中汉语文教师进行教材认可度现状调查，得到第一手调查资料，并梳理整合所得资料，对调查结论进行归因分析，提出相应的对策建议，为内蒙古地区蒙古族中学的汉语文教材建设提出相应的对策建议。

（二）研究意义

对内蒙古地区初中汉语文教师教材认可度的研究属于行动研究，兼具理论价值和现实意义。

1. 理论价值

现阶段的研究，更多的是对内蒙古地区汉语文教材结构及内容的一些理论探索，缺少对教学实际的思考和及时征集一线汉语文教师的意见和建议。少数民族学生，尤其是一类模式下用少数民族语言授课的学生，他们的汉语学习有特殊性。汉语文教材到底适不适合学生，汉语文教材有没有提高课堂学习效率，教师有一定的发言权。本研究将从教师的角度出发，以补充内蒙古地区初中汉语文教材研究这方面的不足，在理论上进行完善，以汉语文教师的角度探索提高内蒙古地区蒙古族学校初中汉语文教材质量的对策。

2. 现实意义

双语教育是目前世界多民族国家普遍有的教育制度，我国政府一直在少数民族地区积极推行双语教育。在双语教育的执行和推进过程中，很多因素制约着民族地区汉语教育的成效，而在内蒙古地区，汉语文教材的问题也显得比较突出。教材是教学过程的关键因素，教师对教材的认可直接关系着教师的教学质量。

三 核心概念界定

（1）汉语文教师：双语教学中教授汉语文课程的教师，教授对象为少数民族学生。①

（2）汉语文教材：少数民族地区以汉语为第二语言的学校进行汉语文教学的资料，即汉语文老师用于教学、学生用来学习汉语的汉语文课本。本文指 2010 年版义务教育蒙古族学校课程标准试验教科书（汉语）。

（3）认可度：指人们对某一事物或观点的赞同或接受程度。教材认可度，在本研究中是指初中汉语文教师对教材的认可程度。本文所提及的"认可"并非要求所有汉语文教师都喜欢汉语文教材，而是最大限度地求得汉语文教师在感性判断的基础上，通过理性的分析，从而实现一种对教材理性的认可。②

四　研究方法

（一）问卷法

问卷法（Questionaires）是调查者运用统一设计的问卷向被选取的调查对象了解情况或征询意见的调查方法。问卷是研究者按照一定目的编制的，对于被调查的回答，研究者可以不提供任何答案，也可以提供备选的答案，还可以对答案的选择规定某种要求。研究者根据被调查者对问题的回答进行统计分析，就可以做出某种心理学的结论。问卷法已广泛应用于青年研究、教育心理学研究和社会调查等领域。

问卷法的两个主要优点是标准化程度高、收效快。问卷法能在短时间内调查很多研究对象，取得大量的资料，而且能对资料进行数量化处理，经济省时。

（二）访谈法

访谈法（interview）又称晤谈法，是指通过访员和受访人面对面的交

---

① 季茂岳：《新疆少数民族小学汉语文教师课堂教学语言选择与运用的研究——以乌鲁木齐市第十六小学为例》，新疆师范大学硕士学位论文，2010。

② 曲娜：《小学语文教师对教材选文认可度的调研研究——以人教版教材为例》，山东师范大学硕士学位论文，2011。

谈来了解受访人的心理和行为的心理学基本研究方法。因研究问题的性质、目的或对象的不同，访谈法具有不同的形式。访谈，就是研究性交谈，是以口头形式，根据被询问者的答复搜集客观的、不带偏见的事实材料，以准确地说明样本所要代表的总体的一种方式。尤其是在研究比较复杂的问题时需要向不同类型的人了解不同类型的材料。根据访谈进程的标准化程度，可将它分为结构型访谈和非结构型访谈。

五 研究过程

（一）内蒙古两所蒙古族中学概况

1. X 中学概况

X 中学是 X 市地区唯一一所纯蒙语授课完全中学，是 X 地区纯蒙语授课中学中办学规模最大的一所完全中学。学校占地面积 83638 平方米，校舍建筑面积 25000 平方米，学校现有教学班 50 个，其中高中教学班 33 个（含一个职业班、两个补习班）、初中教学班 17 个；在校生 2376 人，其中高中生 1346 人、初中生 1030 人；在校住宿生 1329 人，牧区户籍学生 1953 人；享受高中补贴的 1155 人、初中生态移民子女 110 人、城镇低保 22 人。

全校教职工 241 人，其中专任教师 193 人。中学特级教师 1 人、中学高级教师 77 人、中学一级教师 76 人、中学二级教师 63 人。区级学科带头人 4 名、盟级学科带头人 4 名、区级骨干教师 3 名、盟级骨干教师 26 名、区级教学能手 7 名、盟级教学能手 16 名。历年来参加区级各类课程比赛获奖教师 34 名。

2. H 中学概况

H 中学始建于 1985 年，是 H 区唯一一所纯蒙语授课蒙古族初级中学。学校占地面积 11000 平方米，校舍建筑面积 8400 平米。学校现有 55 个教学班，2400 多名学生，其中蒙语授课班 42 个，汉语授课班 13 个。学生以蒙古族为主体，包括达斡尔、鄂温克、鄂伦春、回、汉等多个民族。教职工 256 人，学历合格率为 100%，其中特级教师 1 名，高级教师

68 名，中学一级教 32 名，自治区级骨干教师 9 人，自治区级教学能手 5 人，自治区级学科带头人 5 人，市级名师 3 人，市级学科带头人和骨干教师 26 人。近几年中，学校先后有 30 多名中青年教师获区级优质课评比一等奖。

（二）问卷调查的设计与实施

1. 调查目的

本项调查旨在研究蒙古族学校初中汉语文教师对教材的认可度，笔者以问卷调查的方式，调查了初中三个年级的汉语文教师对其所教授的汉语文教材的认可情况以及相关理由。试探究以下几个问题：

（1）内蒙古地区蒙古族学校初中汉语文教师对教材的认可情况；

（2）影响教师对教材认可度的因素。

通过分析汉语文教师对教材的认可情况及其理由，探讨这种现象产生的原因，为进一步修订和完善内蒙古地区的初中汉语文教材提供参考。

2. 调查问卷的设计

问卷设计参考了 2010 年版义务教育蒙古族学校课程标准试验教科书（汉语）初一至初三年级共 6 册教材。

调查问卷由两部分组成：

第一部分是基本信息，包括教师性别、民族、年龄、教龄、学历、所学专业等个人基本资料；

第二部分是教师对教材的认可度情况，包括对教材选文、内容设置、单元划分、课后练习设置、口语训练设置、教材选文体裁的认可情况等。所有的问卷均采用匿名方式进行调查。

3. 调查对象

本研究的调查对象为初中汉语文教师，选取了 X 中学及 H 中学共 33 名汉语文教师。

4. 数据收集

本问卷于 2013 年 11 月进行，采用集体施测调查问卷，实际发放问卷

33 份，收回问卷 31 份，回收率达 93.93%。其中有效问卷 29 份，有效率为 93.5%。无效问卷产生的原因有两个，一是问卷的项目比较多，部分教师没有填写完；二是部分教师没有根据自己的实际情况作答，只是应付问卷调查，所有的题目都给出一样的答案。

（三）访谈提纲的设计与实施

1. 访谈提纲的设计

基于调查问卷的统计结果，笔者又有针对性地设计了访谈提纲，目的是更清晰、全面地了解影响语文教师教材选文认可度的因素。访谈提纲包括 13 个题目。

2. 访谈对象

本访谈选取的是 X 中学及 H 中学七至九年级教龄超过 15 年的汉语文教师，共 10 名。

3. 数据收集

本访谈于 2013 年 12 月进行，采取一对一访谈的方式，避免了教师间信息的互相干扰，最后，综合 10 位教师的访谈结果，得出统一的结果。

六　基于问卷，汉语文教师对教材认可度的总体概况

回收到的 29 份有效问卷中，初一年级汉语文教师的占 8 份，初二年级汉语文教师的占 10 份，初三年级汉语文教师的占 11 份。现将总体情况呈现如下。

从图 1 可以看出，在"认可度高"和"认可度低"两栏，没有数值。在"认可度较高"一栏，数值随年级升高呈现递减趋势，这可以说明随着年级的升高，越来越少的汉语文教师表示对教材的认可度较高。

（一）汉语文教师对教材选文的认可度情况

义务教育蒙古族学校课程标准实验教科书（汉语）将课文分为精读课文和略读课文，初一至初三年级上册三本教材共有 144 篇课文，其中精读课文 84 篇、略读课文 60 篇。现将总体情况呈现如下。

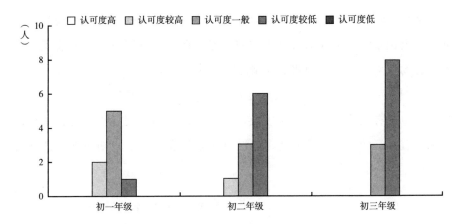

图1　各年级汉语文教师对教材认可度对应人数

从"认可度高"一栏可以看出，随着年级的升高，汉语文教师认可度高的选文篇数呈现下降趋势。初一至初三年级汉语文教师认可度高的选文分别为4篇、3篇、1篇。汉语文教师认可度低的选文篇数整体比较少，各年级的数值分布一致，各年级均只有1篇认可度低的选文。

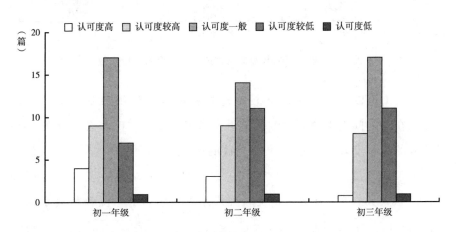

图2　各年级汉语文教师对教材选文认可度的对应篇数

（二）汉语文教师对教材内容设置的认可度情况

义务教育蒙古族学校课程标准实验教科书（汉语）的内容包括教材选文、口语交际（口语训练）、汉语知识、习作训练、应用学习、诵读积累六个部分。由于教材选文、口语训练这两部分被单独列出来进行调查，本研究主要调查汉语文教师对汉语知识、习作训练、应用学习、诵读积累这四部分的认可度情况。现将总体情况呈现如下。

从图3可以看出，在"认可度高"、"认可度较高"和"认可度低"这三栏，没有数值。在"认可度较低"一栏，数值呈现递增趋势，这可以说明随着年级的升高，越来越多的汉语文教师表示对汉语知识部分的认可度较低。

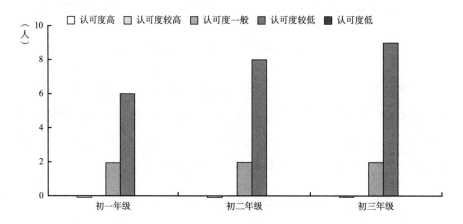

图3　各年级汉语教师对汉语知识认可度的对应人数

从表1可以得知，汉语文教师对教材内容习作练习部分的认可度较高。在参与问卷调查的29名汉语文教师中，有16人表示对习作练习部分的认可度较高，占到了总人数的55.17%。另外，有7位汉语文教师表示认可度一般，占总人数的24.13%；6位教师表示认可度较低，占总人数的20.70%；0位教师表示认可度高；0位教师表示认可度低。

表1　各年级汉语教师对习作练习认可度的对应人数

单位：位

	初一年级	初二年级	初三年级	总计	所占比例（%）
认可度高	0	0	0	0	0
认可度较高	5	6	5	16	55.17

续表

	初一年级	初二年级	初三年级	总计	所占比例 （%）
认可度一般	2	2	3	7	24.13
认可度较低	1	2	3	6	20.70
认可度低	0	0	0	0	0
总计	8	10	11	29	

从图 4 可以看出，在"认可度高"和"认可度低"两栏，没有数值。在"认可度较高"一栏，各年级的数值分布几乎一致。8 位初一年级的汉语文教师中，有 7 位教师表示认可度较高；10 位初二年级的汉语文教师中，有 8 位教师表示认可度较高；11 位初三年级的汉语文教师中，有 8 位教师表示认可度较高。"认可度一般"一栏，数值呈现递增趋势，这可以说明随着年级的升高，越来越多的汉语文教师表示对应用学习部分的认可度一般。8 位初一年级的汉语文教师中，有 1 位教师表示认可度一般；10 位初二年级的汉语文教师中，有 1 位教师表示认可度一般；11 位初三年级的汉语文教师中，有 3 位教师表示认可度一般。而"认可度较低"一栏，仅有初二年级 1 个数值，即三个年级的汉语文教师中，仅有 1 位初二年级的教师表示对应用学习部分的认可度较低。

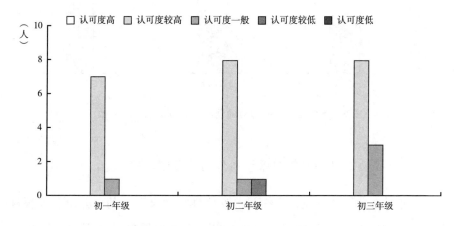

图 4　各年级汉语教师对应用学习认可度的对应人数

从图 5 可以看出，在"认可度高"和"认可度低"两栏，没有数值。在"认可度较低"一栏，数值呈现递增趋势，这可以说明随着年级的升高，越来越多的汉语文教师表示对诵读积累部分的认可度较低。8 位初一年级的汉语文教师中，有 3 位教师表示认可度较低；10 位初二年级的汉语文教师中，有 4 位教师表示认可度较低；11 位初三年级的汉语文教师中，有 7 位教师表示认可度较低。"认可度较高"一栏，仅初一年级、初二年级有数值，且数值一致；初三年级没有数值。8 位初一年级的汉语文教师中，有 2 位教师表示认可度较高；10 位初二年级的汉语文教师中，有 2 位教师表示认可度较高；11 位初三年级的汉语文教师中，有 0 位教师表示认可度一般。"认可度一般"一栏，各年级的数值分布几乎一致。8 位初一年级的汉语文教师中，有 3 位教师表示认可度一般；10 位初二年级的汉语文教师中，有 4 位教师表示认可度一般；11 位初三年级的汉语文教师中，有 4 位教师表示认可度一般。

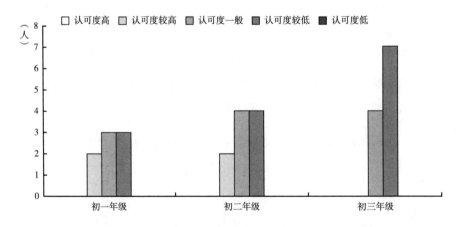

图 5　各年级汉语教师对诵读积累认可度的对应人数

（三）汉语文教师对教材单元划分的认可度情况

义务教育蒙古族学校课程标准实验教科书（汉语）的单元设置以教材选文涉及的内容为划分标准，例如，初二年级上册的教材划分为动物世界、植物王国、爱我祖国、难忘时刻、探索发现、坚守信念六个单元；初三年级上册的教材划分为亲近自然、捍卫和平、域外风情、关注科学、勇者无畏、心路历程六个单元。

从表2可以得知，汉语文教师对教材单元划分的认可度较低。在参与问卷调查的29名汉语文教师中，有20人表示对教材单元划分的认可度较低，占到了总人数的68.97%。另外，有2位汉语文教师表示认可度较高，占总人数的6.90%；7位教师表示认可度一般，占总人数的24.13%；0位教师表示认可度高；0位教师表示认可度低。

表2 各年级汉语教师对教材单元划分认可度的对应人数

单位：位

	初一年级	初二年级	初三年级	总计	所占比例（%）
认可度高	0	0	0	0	0
认可度较高	2	0	0	2	6.90
认可度一般	2	2	3	7	24.13
认可度较低	4	8	8	20	68.97
认可度低	0	0	0	0	0
总计	8	10	11	29	

（四）汉语文教师对教材课后练习设置的认可度情况

义务教育蒙古族学校课程标准实验教科书（汉语）的课后练习设置包括：课文整体感知，字、音、词、句积累运用，拓展延伸（表达训练）这三部分。现将总体情况呈现如下。

从表3可以得出，汉语文教师对教材课后练习中的课文整体感知部分的认可度较高。在参与问卷调查的29名汉语文教师中，有20人表示对课文整体感知部分的认可度较高，占到了总人数的68.97%。另外，有8位汉语文教师表示认可度一般，占总人数的27.59%；1位教师表示认可度较低，占总人数的3.44%；0位教师表示认可度高；0位教师表示认可度低。

表3   各年级汉语教师对课文整体感知认可度的对应人数

单位：位

	初一年级	初二年级	初三年级	总计	所占比例（%）
认可度高	0	0	0	0	0
认可度较高	5	7	8	20	68.97
认可度一般	3	3	2	8	27.59
认可度较低	0	0	1	1	3.44
认可度低	0	0	0	0	0
总计	8	10	11	29	

从表4可以得知，汉语文教师对字、音、词、句积累运用的认可度一般。在参与问卷调查的29名汉语文教师中，有17人表示对字、音、词、句积累运用部分的认可度一般，占到了总人数的58.62%。另外，有9位汉语文教师表示认可度较高，占总人数的31.03%；3位教师表示认可度较低，占总人数的10.34%；0位教师表示认可度高；0位教师表示认可度低。

表4   各年级汉语教师对字、音、词、句积累运用认可度的对应人数表

单位：位

	初一年级	初二年级	初三年级	总计	所占比例（%）
认可度高	0	0	0	0	0
认可度较高	3	3	3	9	31.03
认可度一般	5	5	7	17	58.62
认可度较低	0	2	1	3	10.34
认可度低	0	0	0	0	0

从表5可以得知，汉语文教师对拓展延伸（表达训练）部分的认可度高。在参与问卷调查的29名汉语文教师中，有14人表示对拓展延伸（表达训练）部分的认可度高，占到了总人数的48.28%。另外，有9位汉语文教师表示认可度较高，占总人数的31.03%；6位教师表示认可度一般，占总人数的20.69%；0位教师表示认可度较低；0位教师表示认可度低。

表5　各年级汉语教师对拓展延伸（表达训练）认可度的对应人数

单位：位

	初一年级	初二年级	初三年级	总计	所占比例（%）
认可度高	4	5	5	14	48.28
认可度较高	2	3	4	9	31.03
认可度一般	2	2	2	6	20.69
认可度较低	0	0	0	0	0
认可度低	0	0	0	0	0
总计	8	10	11	29	

（五）汉语文教师对教材选文体裁的认可度情况

为了便于对调查结果进行分析，笔者将纳入调查的选文按体裁进行了分类。《文章学与语文教育》中指出，文学作品一般分为小说、诗歌、散文、戏剧，文章则分为记叙文、议论文、说明文、应用文。教学法学科的分类教学一般把课文分为四类：记叙课文、说明课文、议论课文和文言课文（文言课文包括课本中的古文及古代诗词)[1]。但是，内蒙古地区汉语文教学的特殊性决定了其汉语文教材选文体裁不能完全严格地按照上述标准来进行分类，因此，笔者参照《文章学与语文教育》及当地汉语文教师的建议，将义务教育蒙古族学校汉语文教材的选文分为记叙文、说明文、诗歌、散文、小说共五类。

从表6可以得知，在纳入调查的选文中，汉语文教师认可度高的选文体裁依次为散文和小说，分别占各自选文体裁数的16.67%、16.67%。其次是记叙文和篇数排名第一的诗歌，分别占各自选文体裁数的11.11%、6.67%。汉语文教师对说明文这类选文体裁认可度低，认可的说明文选文篇数为0。

---

[1]　曾祥芹：《文章学与语文教育》，上海教育出版社，2001，第365页。

表6　汉语文教师认可度高的选文体裁所占比例

体裁	纳入调查的各类体裁选文篇数	认可度高的选文体裁	认可度高的选文体裁所占比例(%)
记叙文	18	2	11.11
说明文	22	0	0
散文	12	2	16.67
诗歌	30	2	6.67
小说	12	2	16.67
合计	114	8	

七　基于访谈，汉语文教师对教材认可度的调查结果

(一)　汉语文教师对教材选文的认可度情况

通过访谈，笔者了解到，汉语文教师总体上感觉教材选文不适合蒙校的学生，对教材选文的认可度不高。当笔者问道："您对教材的选文感到满意吗？为什么？"时，几乎10位教师都表示："这套书的选文还不如上一套。学生对课文不愿意学，课文的内容不适合蒙文班的学生，适合汉文班的学生，语言环境还是不行，学生对汉语文课文的内容不感兴趣。关于内蒙古的素材太少了，学生没有亲切感和熟悉感，还有大量的古诗文。古诗文占的份额太大了，还不如改成少数民族的民族诗歌。汉语主要是交流工具，主要还是希望学生掌握好语言交流技能，做好交流。这套教材给我们感觉有点太快了，这样反而不好，得慢慢来。"

(二)　汉语文教师对教材内容设置的认可度情况

通过访谈，笔者了解到，汉语文教师对教材的内容设置的认可度不太高。笔者接着询问道："您对教材的内容设置感到满意吗？为什么？"初三年级的Q老师表示："汉语文教材的内容比蒙语文的多，24篇讲读课文。在语法方面，蒙语文还没讲，汉语文先讲，学生从小就在蒙语环境，所以基本上都不理解。诵读积累这部分的古诗文篇数太多了，基本

没时间教完，只能老师讲一部分，剩下的学生自己看，学生压力也大。"

（三） 汉语文教师对教材单元划分的认可度情况

通过访谈，笔者了解到，汉语文教师对教材的单元划分的认可度低。教师们纷纷表示："这套教材的单元划分十分混乱，比如，在一个单元中，前一篇课文出现一个名词，下一篇课文又出现一个动词，学生还没掌握好一种词性又换另一种词性，到了下个单元，可能又是前一篇课文出现一个动词，下一篇课文出现一个名词，最好是一个单元讲一种词性。还有，通常是一个单元出现诗歌，另一个单元又出现诗歌，学生刚刚培养起来诗歌的感觉，下一篇课文却可能要去学说明文，到了下个单元再培养情绪学诗歌，所以最好是把诗歌都放在一个单元里，这样有利于学生集中思路学习诗歌。其实对于散文、说明文也一样。这套教材以内容为单元划分标准，其实没有必要，学生们都已经是初中生了，他们自己就能分辨出课文的内容是讲植物、动物或者是自然景观，这样的单元划分其实反而让我们感到很乱。"

（四） 汉语文教师对教材课后练习设置的认可度情况

通过访谈，笔者了解到，汉语文教师对教材的课后练习设置的认可度比较高，但是还是有不理想的地方。笔者试着询问原因，初二年级的 W 老师答道："中考的题与课后练习联系不大，中考的题主要还是针对汉文班的学生出的，偶尔考到一点课后的字词练习题。只能老师自己出题、找题，老师的工作量加大。还有一点，课后练习简单的、学生会做的题，有答案，难一点的就没有答案，老师还得自己找答案，有些抽象的题老师也不确定答案对不对，所以，最好每道题提供正确的答案，要不然做了题，没答案，也是没效果。"

（五） 汉语文教师对教材选文体裁的认可度情况

通过访谈，笔者了解到，在教材选文体裁方面，教师们主要是对说明文反应较为强烈，对说明文这一文体认可度低。教师们纷纷表示："说明文学生也不愿意学，觉得内容枯燥，课堂上不愿意和老师互动，老师只能干讲。"笔者接着问道："那老师们有没有想过别的方法补救，让学生们爱上说明文？"初二年级的 M 老师答道："有啊，老师们集体备课的时候都会花很多时间在说明文上，我们为了把说明文讲得有意思一些，试过在课上播放影片、图片，把课文用通俗易懂的方式讲给学生，但是学生的汉语基础总体还是比较差，就算老师往简单讲，有些内容他们还是不太理解，而且，这套教材的说明文大多数是科技类的，有些课文内容老师都不太理解。不知道是否可以把说明文的内容换成学生们耳熟能详的内蒙古地区的素材。"初三年级的 C 老师补充道："重点是中考是不考说明文的，学生们更没有动力学习说明文了，但是，尽管中考不考，这个学期说明文还是占了 8 篇，占了 1/3 的课文内容，学生总体上有厌倦感，老师也不太认可这些说明文。"

通过对 29 份有效问卷进行数据整理和对 10 位汉语文教师进行访谈，我们可以得出，总体上，汉语文教师对现行的教材认可度不高。在教材选文方面，随着年级的升高，汉语文教师认可度高的选文篇数越来越少。教师们认为教材里的选文中内蒙古地区的素材少，选文没有传递出民族情感，不适合蒙校的学生；在内容设置方面，汉语文教师对习作训练和应用学习的认可度较高，而对汉语知识和诵读积累的认可度较低。教师们认为汉语知识部分的语法设置不合理，蒙语文还没讲到的语法知识，汉语文先讲，学生们不好理解。诵读积累部分的古诗文篇数偏多，教师们没有时间讲完，只能讲一部分，大部分靠学生自学。在单元划分方面，汉语文教师的认可度较低。教师们不认可现行教材按照课文内容划分单元的标准，认为这样的划分标准会造成汉语知识的混乱，应该把同类的汉语知识划分到一个单元中。在课后练习设置方面，教师们对课文整体感知和拓展延伸（表达训练）的认可度较高，对字、音、词、句积累运用这部分的认可度一般，主要是因为答案提供得不够准确，有些难点的题没有提供答案。在教材口语训练设置方面，教师们的认可度低，主要是因为听力训练只安排了题，而没有配备应有的听力磁带、听力内容和听力答案，教师们只能按照教材提供的题目及选项自己编听力内容，自己充当磁带，自己给答案。在教材选文体裁方面，教师主要是对说明文的认可度低，认为说明文内容枯燥、难度大，多涉及科技类，内蒙古地区的素材少，教师备课压力大，学生学习压力大。说明文篇数占了初三年级上册整本教材的1/3，教师和学生都产生了倦怠感。

八　影响汉语文教师对教材认可度的因素分析

（一）影响教师对教材认可度的外部因素

1. 民族环境的影响

教育社会学理论指出：教材有着区别于其他文化材料的特征，它总是体现着一定社会或社会群体的主流文化，并将社会主流文化转化为适合学生接受的方式。[①] 教材体现着不同时期、不同环境、不同社会群体的主流文化，其中，汉语文教材更是主流文化的传播载体，字里行间都渗透着主流文化和主流价值观。而内蒙古地区的汉语文教师作为民族环境中的个体，其必然受到主流价值观、民族文化、民族情感等因素的影响，并将其内化为自己的世界观、人生观、价值观，从而影响自身对事物的观点和看法。因此内蒙古地区汉语文教师对教材认可度的高低在一定程度上受民族环境、民族文化及民族情感的影响。

2. 教材的影响

在访谈的过程中，我们了解到，大多数的汉语文教师对现行的义务教育蒙古族学校课程标准实验教科书（汉语）不太满意，都认为这套教材不够严谨，还不如上一套教材。现行的蒙校汉语文教材和汉校的汉语文教材同步走，内容基本上按照汉校的教材改编过来，很多内容都一样，不符合蒙校学生的实际情况。教师们普遍反映教材中不科学、不合理的地方较多。

---

① 杨昌勇、郑淮：《教育社会学》，广东人民出版社，2005。

3. 学生的影响

现代教育的主体性理念的核心是充分尊重每一位受教育者的主体地位。学生对教材的反应会通过课堂真实地呈现出来，而学生们在课堂上对教材的反应被汉语文教师捕捉到后就成为其判断教材是否符合学生特点的依据。因此，汉语文教师对教材的认可度，一定程度上也依据学生对教材的认可度。

（二）影响教师对教材认可度的内部因素

影响内蒙古地区蒙古族学校初中汉语文教师对教材认可度的内部因素包括很多方面，如教师的教学经历、知识结构、主动解读教材的程度等。

1. 教师的教学经历

一个人的经历决定了他的世界观、人生观、价值观，决定了其对事物的看法。教师的教学经历决定了他对一件事、一篇课文、一个人物的看法和理解，多年积累下来的教学经验，足以让教师判断教材是否科学，是否适合教学，是否适合学生。因此，这一因素直接影响汉语文教师对教材的认可度。

2. 教师的知识结构

教师是教材的诠释者和实施者，而教师的知识结构将直接影响其对教材的理解和把握。有些教师现有的知识结构已难以满足汉语文教学的要求，教师的知识结构暴露出很多问题。比如，面对一些科技类的说明文，内蒙古地区的汉语文教师常常显得有点束手无策，通常以"给课文分段"为重点而忽略课文内容的讲解。汉语文教育是民族地区双语教育的重点，汉语文教师在其中担任了重要的角色，其知识结构的广度和深度将直接影响教材的解读质量，从而影响教学目标的达成。

九　提高初中汉语文教师对教材认可度的建议

上文从外部和内部分别讨论了影响内蒙古地区蒙古族学校初中汉语文教师对教材认可度的因素，接下来笔者将针对上文列出的影响因素，从外部条件和内部条件出发，分别提出建议，从而为提高汉语文教师对教材的认可度提供理论参考。

（一）提高教材编写质量

1. 优化教材选文

教材是教师组织课堂教学和学生进行学习活动的依据，是"权威"的学习材料。衡量一本教材是否优良的标准很多，如是否体现编者的教学理念和方法，是否与最终的培养目标相一致，是否考虑教学对象的种种特点，是否有所创新等。① 而汉语文教材的功能在很大程度上是通过选文体现出来的，可以说，选文的好坏决定了教材质量的优劣，可见，选文质量对汉语文教师的影响之大。选文应体现经典性与民族性，人文性与工具性的统一。

2. 完善教材的标注

在访谈中，有汉语文教师提到教材中生字的拼音，生词、选文的注释不够准确，难一点的生字、生词甚至不给标注。完善教材中生字的标音、生词的注释，有助于汉语文教师顺利地进行教学，错误的生字标音和生词注释会加大汉语文教师的教学压力；有利于学生的自主学习，课前正确的预习有利于汉语文教学活动的顺利进行。

3. 完善教材的语法设置

初中的汉语文教材开始涉及语法的正统学习，对于一门语言来说，语法往往是最难的部分。对于以蒙语作为第一语言的初中学生，在汉语语法的设置方面，要充分考虑他们的语言习惯和语言熟悉度。这就要求汉语文教材要参照蒙语文教材，利用好语言间的关系，主要是利用好蒙语文教材的语法内容，并以其作为汉语文教材中语法内容的参照。在语法设置方面，最好蒙语文先讲授，汉语文再涉及。这是因为蒙语是蒙校学生的日常生活用语，同一个语法知识，蒙语文先讲授，学生较好接受，之后汉语文再涉及，学生学习起来比较轻松易懂。

4. 完善单元划分

一套教材，翻开目录，首先映入眼帘的是教材的单元划分。完美的单

---

① 董明、桂弘：《谈谈好教材的标准》，《语言文字运用》2005 年第 S1 期，第 66~68 页。

元划分应该是对教材内容的合理规划，能让教师和学生对教材内容有初步的认识。初中阶段的汉语文教材有其工具性的一面，不仅要学会、读懂每一篇课文，而且要掌握汉语文的相关学科知识点。汉语文学科知识点要建立具有序列性、实用性的结构体系。在调查的过程中，有大部分教师反映现行汉语文教材的内容安排、单元归类不规范，难易程度缺乏层次性和递进性。建议完善单元划分，尤其是汉语文学科知识点的划分，把一种知识点、一类文体列入一个单元之中，知识点的归类要依照难易程度的层次性和递进性，这样既有利于汉语文教师有规划性地展开教学，集中力量解读一类知识点，也有利于学生对汉语文知识点进行统一学习。

5. 完善课后练习答案

课后练习的设置是为了学生巩固汉语文知识，一道完整的练习题应该提供练习题及正确的答案。没有正确的答案，教师和学生无从对证。做了一道题，没办法求证是否正确，则没有达到巩固汉语文知识的目的，反而可能造成学生对汉语文知识理解的模棱两可和混乱。建议完善课后练习答案，每一道题都要给出正确的答案。

（二） 重视汉语文教师的意见和建议

由调查获悉，在内蒙古地区，每年出版社都会派专人深入各个学校，对蒙语文教材的认可度进行调查，并及时征求一线蒙语文教师的意见和建议，进行修订和完善。但是，迄今为止，出版社还没有派出专人调查汉语文教师对教材的认可度情况。因此，建议教材出版部门重视汉语文教材的建设，每年也相应地派出专人到各个学校进行汉语文教材的认可度调查，重视一线汉语文教师的意见和建议，及时更新过时或不合理的内容。

十　结论

双语教育是目前世界多民族国家普遍具有的教育制度，我国政府一直积极在少数民族地区推行双语教育。在双语教育的执行和推进过程中，很多因素影响和制约着民族地区汉语教育的成效，而其中的汉语文教材问题则显得比较突出。

（一）主要结论

本论文通过问卷调查法、访谈法深入调研，从教材选文、内容设置、单元划分、课后练习设置、口语训练设置、选文体裁等方面进行调查，得知内蒙古地区蒙古族学校初中汉语文教师对教材的认可度不高。通过对调查结果进行详细分析，得出相应的对策，这为提高内蒙古地区初中汉语文教师对教材的认可度提供了策略上的支持，从而使具体的实践更具针对性和可行性。

（二）研究不足与展望

本研究仍需要进一步的调查和完善。由于汉语文教师对教材的认可度是一个涉及个人主观想法的问题，所以需要更谨慎地调查与分析。本研究仍然存在一些不足之处，主要有以下几个方面。

第一，技术方面，本文采用的是问卷调查和单独访谈的形式。在访谈的过程中，笔者仅仅选取了 10 名教师作为访谈的对象，数量较少。在选取样本时，只选取了内蒙古地区的两所初中校，也难以较为全面地从另一侧面真正了解初中汉语文教师对教材的真实想法和感受。

第二，实证方面，由于笔者能力和资金的限制，本研究仅选取了内蒙古自治区两所蒙古族初中学校，这就存在一定的地域局限性，尽管这两所学校位于内蒙古自治区的一南一北，仍不可排除初中汉语文教师对教材的认可度在具体实施地区间的差异性。

第三，概念界定方面，由于涉及教师对教材的认可度方面的研究不多，在认可度的界定和维度划分这两个问题上仍需要进一步研究和探讨。

执笔人：潘　欣

┃二十┃

提高蒙语授课初中生汉语口语表达
能力的教学设计探究

一 选题缘由

(一) 少数民族学生提高汉语口语表达能力的重要性

我国是一个多民族国家,随着社会经济的发展,各民族间、各国间交流越来越频繁,掌握汉语、一门甚至多门外语变得越来越重要。在掌握本民族语言的前提下,熟练掌握汉语对少数民族学生的发展至关重要。对于学生自身发展而言,不学汉语难以在社会上立足,不学好汉语难以在社会上有所发展,不说好汉语难以在工作上有所作为;对于社会的发展而言,少数民族人民智慧、勤劳、勇敢,只有集合各民族的力量发展国家的政治、经济、文化,才能早日建成和谐社会;对于国家而言,提高少数民族学生的汉语口语表达能力,有利于促进各民族间的交流、合作,实现民族团结、共同繁荣,有利于国家的长治久安。

(二) 国家对少数民族双语教育的重视

2010 年,国务院颁布《国家中长期教育改革和发展规划纲要 (2010 ~ 2020 年)》,其中第九章专门对民族教育做了详细论述:要大力推进双语教学。全面开设汉语文课程，全面推广国家通用语言文字。尊重和保障少数民族使用本民族语言文字接受教育的权利。①《国家教育事业发展第十二个五年规划》提出：推动民族教育加快发展，优先支持民族地区教育发展。积极稳妥推进双语教育。在双语地区建立学前教育和中小学教育相衔接，以国家课程为主体、地方课程为补充，师资和教学资源配套，教学模式适应学生学习能力的双语教育体系。国务院办公厅印发的《少数民族事业"十二五"规划》中也提出：科学稳妥推进双语教育，加大双语人才培养力度。

（三）蒙古族学生汉语口语表达能力现状

作者在和少数民族学生接触的过程中，发现使用汉语与他们沟通仍有一定困难，汉语口语表达不是很顺畅。尤其是在内蒙古锡林浩特市蒙古族中学调研、实习期间，发现刚升入初中的七年级学生普遍对"说汉语"持消极情绪，不愿意用汉语交流。内蒙古地区双语教育历史悠久，体系相对成熟，仍出现蒙语授课的不同阶段学生用汉语交流时存在障碍的情况，造成这种现象的原因是多方面的。作者通过深入民族学校的汉语文课堂，了解学生的汉语口语表达情况，从教师教学的角度探索提高蒙语授课初中生汉语口语表达能力的教学策略、方法等。

二 研究的目的与意义

关于提高蒙语授课初中生汉语口语表达能力的教学设计研究属于行动研究，兼具理论价值、实践意义和方法论意义。

（一）研究目的

基础教育阶段蒙语授课学生的汉语教学直接关系到学生以后的汉语水平，通过参与锡林浩特市蒙古族中学七年级学生的汉语文课堂和日常

---

① 中共中央、国务院：《国家中长期教育改革和发展规划纲要（2010~2020年）》，人民出版社，2010，第24页。

生活学习，了解蒙语授课学生的汉语学习状况，尤其关注学生的汉语口语表达能力的培养过程，找出蒙语授课学生汉语口语表达能力的优势和不足，并以具体汉语文课文为例，模拟课堂，设计教案，探索提高蒙语授课学生汉语口语表达能力的方法，提高少数民族学生的汉语口语表达能力。

（二）研究意义

1. 理论意义

现阶段的研究，更多关注外国留学生的汉语口语交际能力，或者是我国学生英语、日语口语交际能力的理论探索，缺少对少数民族学生汉语口语交际能力的思考。已有研究，或从语言学的角度，或从社会学的角度，或从教育学的角度，对语言学习进行分析探讨。从单一学科的角度探讨语言学习有一定的局限性，语言是社会发展的产物，不是单独存在的个体，它与社会、心理、教育等领域息息相关。本文以教育学、心理学、语言学等学科的相关理论为支撑，结合教学实践活动，在理论上进行完善，多角度、多领域探索提高蒙语授课学生汉语口语表达能力的教学模式。

2. 现实意义

理论来源于现实，最终的目的是指导现实。本文通过相对扎实的个案点调查和参与教学实践活动，了解蒙语授课初中生汉语口语表达能力的现状，探索提高蒙语授课初中生汉语口语表达能力的教学策略，力争提出提高汉语口语表达能力的可操作性建议，为研究其他少数民族学生汉语口语表达能力提供一点启示和借鉴。

三　研究方法

在研究方法上，本研究坚持质性研究和定量研究相结合，以质性研究为主，主要采用文献法和田野调查法两种研究方法，具体情况如下。

（一）文献法

本研究采用文献法，对国内少数民族语言授课学生汉语口语表达能力的研究成果进行梳理，又不局限于口语表达能力、还涉及汉语的书面表达能力、汉语写作能力。不仅研究蒙语授课学生的汉语教学，还涉及朝鲜语、哈萨克语、藏语、维吾尔语等少数民族语言授课学生的汉语授课方式及评价方式。这样可以拓宽视野，为研究蒙语授课学生的汉语口语表达能力提供一定的思路。

（二）田野调查法

笔者于 2012 年 8 ~ 11 月在锡林浩特市蒙古族中学进行了三个月的教学实习和调研。在此期间通过访谈法、问卷调查法、观察法对锡林浩特市蒙古族中学七年级学生的汉语口语表达能力、汉语文教学的现状进行了深入的了解。

访谈，就是研究性交谈，是以口头形式，根据被询问者的答复搜集客观的、不带偏见的事实材料，以准确地说明样本所要代表的总体的一种方式。① 本研究在搜集资料的过程中，对学生、汉语文教师、学校行政领导分别进行了深入访谈，获得了第一手资料。

问卷调查是以书面提出问题的方式搜集资料的一种研究方法。本研究采用了问卷调查法，共发放学生问卷 200 份，对象是锡林浩特市蒙古族中学七年级学生，回收率 95% ；教师问卷 10 份，对象是锡林浩特市蒙古族中学初中部汉语文教师，回收率 100% 。

在研究过程中，采用了参与式观察和非参与式观察，研究者一方面作为汉语文教师，在给学生上课的过程中观察学生的汉语口语表达能力；另一方面作为旁观者，观察学生在日常生活中的汉语口语表达情况。

四 核心概念界定

教学设计的本质是建立在理论基础之上的一门应用性教学技术，起源于美国。美国著名教育家杜威先生最早提出应发展"桥梁科学"，它是一

---

① 裴娣娜：《教育研究方法导论》，安徽教育出版社，2009，第180页。

门连接学习理论和教育实践的理论，即为教学设计的原意。20 世纪 80 年代初，由邬美娜、刘茂森等人引入我国教育技术领域。经过这些专家 20 年的努力，教学设计在我国已经形成了一套完整的理论体系和个别成功的实践应用。我国学者认为，教学设计是指"对整个教学系统的规则，是教师教学准备工作的组成部分，是在分析学习者的特点、教学目标、学习内容、学习条件以及教学系统组成部分特点的基础上统筹全局，提出教学具体方案，包括一节课的进行过程中的教学结构、教学方式、教学方法、知识来源、板书设计等。"[1]

本文对教学设计的界定是：在分析教学目的、教学任务，了解学生起点状态的前提下，选择某种能够使学生从起点状态过渡到终点状态的知识技能或行为态度，以恰当的方法、策略呈现给学生，并通过恰当的方法对学生的学习结果进行科学的测量。

进行教学设计之前，首先要进行学习需要分析、学习内容分析、学习者分析、学习环境分析和确定学习目标，在教学设计过程中考虑教学策略的采用、教学方法的选择、教学媒体或资源的借用和学习效果的评价。以本文界定的教学设计的概念为基础，本文关于提高蒙语授课初中生汉语口语表达能力的教学设计探究从教学策略探究、教学方法选择、评价体系建构、学习环境建设四个方面着手。教学设计是上位概念，在进行具体的教学设计中，作者将其划分为几个具体部分，使其具有一定的针对性和可操作性。

五　研究过程

（一）锡林浩特市蒙古族中学概况

锡林浩特市蒙古族中学位于锡林郭勒盟锡林浩特市。锡林浩特市位于锡林郭勒草原中部。地处北纬 43°02′～44°52′，东经 115°13′～117°06′。东临锡林郭勒盟西乌珠穆沁旗，西依阿巴嘎旗，南与正蓝旗相连，东南与赤

---

① 顾明远：《教育大辞典》（第 1 卷），上海教育出版社，1990，第 210～211 页。

峰市克什克腾旗接壤，北同东乌珠穆沁旗为邻。

锡林浩特市蒙古族中学坐落于锡林浩特市那达慕大街东段，占地面积8.4万平方米，校舍建筑面积4.4万平方米。锡林浩特市蒙古族中学建于1984年，是锡林浩特地区的一所蒙语授课中学。

图1　锡林浩特市蒙古族中学

学校在校生2300多人，90%以上是蒙古族，还有达斡尔族、鄂温克族等。学校有教学班50个，其中高中班33个，学生1643人；初中班19个，学生665人。教职工258人，本科学历占75.5%，专科学历占13.5%，其他占9.7%，研究生学历占1.3%。教师职称方面特级职称占13%，高级职称占38.5%，中级职称占22.5%。学校初中部共有10位汉语文老师，1人为研究生学历，5人为本科学历，其余4人为大专学历。①

1. 学校语言使用情况

锡林浩特市蒙古族中学是一所蒙授完全中学，初中部除了汉语文课和初三地理、物理、化学课，其余都为蒙语授课（包括英语）。学校老师、领导办公使用蒙语。学生之间、学生和老师之间沟通也都使用蒙语。校园、走廊、教室的宣传语、张贴画、海报都使用蒙文，学校的办公文件也使用蒙文。

从教师的语言使用情况看，初中部汉语文组的教师上课时以汉语为主，蒙语为辅。日常交流时以蒙语为主，与学生、老师交流时使用蒙语。

---

① 锡林浩特市蒙古族中学学校情况简介，2010年。

在和亲朋好友的接触中，绝大部分使用蒙语，只有在和不懂蒙语的人交流时才使用汉语。

从学生的语言使用情况看，除了在汉语文课上，其余时间几乎所有学生用蒙语交流。来自锡林浩特市里的学生回家有时候用汉语交流，来自旗县、苏木的住宿学生完全用蒙语交流。

由此可知，在锡林浩特市蒙古族中学，除了汉语文课，师生们很少用汉语交流。

2. 汉语教学概况

锡林浩特市蒙古族中学双语教学类型是以蒙语为主加授汉语的一类模式。七年级、八年级每周六节汉语文课，九年级每周五节汉语文课。七年级、八年级每周两节汉语文早读课，一节汉语文阅读课。

学生使用的汉语文教材是根据教育部2010年制定的《全日制民族中小学汉语课程标准（试行）》进行编写，经全国蒙古文教材审查委员会审查通过，人民教育出版社出版的义务教育蒙古族学校课程标准实验教科书《汉语》。与之配套的还有义务教育蒙古族学校课程标准实验教科书汉语《阅读》、内蒙古出版社出版的《同步练习》，均由国家免费提供。

图2　学生汉语文教材及教辅资料

（二）师生汉语口语表达的态度

在调查锡林浩特市蒙中学生的汉语口语表达现状的过程中，笔者使用了访谈法、问卷调查法、参与式观察法。通过对教导处主任、初中部汉语文老师和学生的访谈，了解他们对学习汉语的看法和对汉语口语表达的认识。通过问卷调查，了解学生日常的语言使用习惯及对汉语和蒙语的态度。通过参与式观察，深入课堂和学生的日常生活，了解他们的汉语口语表达情况。

笔者访谈了学校初中部的教导处主任 HSL，初中组五位汉语文教师 XZH、XQ、WYM、BLD、BR 及部分年级的学生。在访谈过程中，大家对汉语口语表达的态度不同。

1. 学校领导、汉语文教师对汉语口语表达的态度

学校领导和教师对汉语文教学的态度，直接关系到汉语文教学的实施方式。学校的教务处主任作为学校主管教学的行政领导，认识到学习汉语的重要性，但是更强调突出学校的办学模式，更重视蒙语的教学。毕竟与汉语文相比，学生的其他科目都是由蒙语讲授的。因此学校的领导综合考虑学校的办学特色、学校的成绩排名，往往忽视学生的汉语文教学，尤其是对学生的汉语口语表达能力的培养。

通过访谈初中部的汉语文教师，可以了解到教师们认为汉语口语的培养是一个渐进的过程，随着学生年龄的增长，汉语口语表达水平自然而然就会提高，不需要在课堂上进行专门的讲解和训练。相比而言，教师更重视学生的汉语书写能力和理解能力的培养。一方面，由于学生的汉字书写水平是具体可感、可看、可衡量的内容；另一方面它与学生汉语文成绩密切相关。

S：您认为七年级学生的汉语文水平怎么样？

HSL：牧区来的学生汉语比较差、没有相应的语言环境，很多学生连基本的汉字都写错，甚至对汉语有抵触心理。市里的孩子情况好一点，平时汉语接触得多，比较喜欢学习汉语。

S：您认为学生们汉语说得怎么样？

HSL：说得还行吧，因为我们是完全蒙授中学，所以平时师生交流更侧重用蒙语交流，见面直接就说蒙语了。汉语说得怎么样还真不太清楚，但是日常交流肯定是没有问题的。

S：您认为汉语的口语表达重要么？

HSL：肯定重要啊！以后要想考好一点的大学，有一份好的工作，汉语肯定要说好。但是蒙语是我们自己的语言，也绝不能忽视。

XQ：我认为学生说汉语没有问题，因为毕竟现在说汉语的人越来越多，有很好的环境，尤其是市里的学生，在家和父母交流基本都用汉语，学生自己也愿意看一些汉文的书籍。

BLD：我们现在重视的是学生的汉字书写能力，因为小学的底子比较差，很多最基本的汉字都不会写。因为我们都是纯母语授课，教授汉语又不可能像汉授学校一样每天只练习写拼音、写汉字。所以学生最主要的是学会写。有些学生写汉字就像画画一样，看一笔写一笔，写出来的汉字结构很不好看，而且写得很慢。所以我觉得现在对于我们学生来说，写比说更重要。

XZH：我们现在初三的学生已经基本不考虑学生的汉语口语表达了，马上就面临中考，但是有些学生连最基本的字词都写错，部首、偏旁都分不清。这个让我们很头疼。学生小学时候基础不好，现在很多东西都是小学时候积累下来的，都根深蒂固了，想改也改不过来了。

2. 学生对汉语口语表达的态度

在对七年级和九年级学生访谈的过程中，他们对汉语口语的态度也各不相同。城市里的学生对汉语口语的态度比较积极，平时在家愿意说汉语，和同学之间也愿意用汉语交流。一方面是因为城市里汉族人口比较多，经济、文化各个方面比较发达，学生更方便接触汉语的语言环境。另一方面是家长们认识到学习汉语的重要性，使学生们在思想上偏重汉语的学习。

牧区的学生大部分不愿意说汉语，究其原因，和学生从小的生活环境有密切关系，牧区的学生在草原长大，无论是家里，还有周围的生活环境，都以蒙语为主要甚至唯一的交流语言。蒙古族小学三年级开始加授汉语，主要是字词的学习和简单语言的学习。有的学生甚至来到市里上初中才真正开始练习用汉语交流。作为一所蒙授中学，除了汉语课堂上用汉语授课，其他时间基本用蒙语交流。大部分牧区的学生都是住宿生，放学后或者回到宿舍，学生们也都使用蒙语交流。学生的汉语交流环境被局限在汉语文课堂。学生缺少汉语的交际环境，因此汉语表达能力较差，对说汉语有一种畏惧心理。这种心理上的排斥又降低了学生说汉语的频率。因此牧区学生的汉语口语表达能力和城市里的学生存在很大差距。

N1（锡林浩特市）：我愿意说汉语，平时在家和爸爸妈妈也说汉语。平时也愿意看汉文书。不喜欢看蒙文，看不懂。和蒙语相比，我更喜欢用汉语和别人交流。但是学校同学们都说蒙语，所以我也和大家说蒙语。

N2（苏尼特右旗）：我一般不说汉语，我从小就是说蒙语长大的，家里人也都说蒙语。再说我说得也不好，跑调。有些东西还不知道怎么说。不过我觉得会说汉语也是很重要的。

G1（白旗）：我平时也主要说蒙语，说汉语比较慢，有时候还得想一想再说。怕说错了别人笑话。我觉得自己说蒙语比说汉语好听。周围的老师学生都会说蒙语。这样交流起来比较容易。

G2（太仆寺旗）：我觉得说汉语挺重要的，以后要想考个好大学肯定要说好汉语的。我觉得自己说汉语还行，但是一般可以讲蒙语的话，我都不怎么说汉语。我们班级学生之间一般讲蒙语，别人说蒙语，你说汉语也有点不好。

笔者对七年级学生进行了问卷调查，共发放问卷 200 份，收回问卷 190 份，回收率为 95%。通过对问卷的分析，得出学生蒙语和汉语的使用情况和大致态度。

在日常生活中，大部分学生喜欢用蒙语和他人交流。但是在接触报刊、电视节目时，喜欢汉语的学生明显多于喜欢蒙语的学生。一方面是因为汉文（语）书籍、电视节目较多，学生比较感兴趣，另一方面也表明学生听汉语的水平明显高于说汉语的水平。

单位：人，%

问题	蒙语	比例	汉语	比例
1. 在家里和父母亲人交流，多数用	124	65.3	66	34.7
2. 在学校和老师、同学交流，多数用	169	88.9	21	11.1
3. 在和既会蒙语又会汉语的人交流时，你愿意用	131	68.9	59	31.1
4. 你觉得哪种语言写起来容易	116	61.1	74	38.9
5. 你喜欢看哪种语言的书籍	46	24.2	144	75.8
6. 你喜欢看哪种语言的电视节目	32	16.8	158	83.2
7. 你周围说哪种语言的人多	113	59.5	77	40.5

六　研究的基本结论

（一）学生汉语口语表达的基本情况

从与学生平时的接触交流及学生在汉语文课堂的表现可以看出，并不是所有学生都能用汉语流利地阅读课文、回答问题或者与别人交流。来自锡林浩特市里的学生汉语的表达能力明显好于来自其他旗县以及牧区的学生。90%的学生可以用汉语表达出自己的想法和观点。有 10% 左右的学生用汉语表达困难，无法用汉语顺利地与他人沟通。通过带领学生上汉语文早读课、汉语文课，批改学生作业等方式，笔者总结出学生汉语口语表达有以下几方面问题：

1. 字词误读

字词误读主要表现在字词读音不准。如"缺"读成 qū，"缸"读成 káng，"叶公好龙"的"好"读成 hǎo。除了学生对汉字读音没有掌握这一原因外，还有蒙语方言对汉语读音的影响。蒙古族学生（尤其是接受蒙语授课的学生）大多来自内蒙古自治区东西各旗县的苏木，这些学生除了受各自居住地所属汉语方言的影响外，还存在受自身母语影响语音不准确的现象。比如声母的读音不标准：将 w 读成 v，ng 读成 gn，r 读成 i，h 和 f 颠倒，s 和 c 颠倒，混读 zh、ch、sh 与 z、c、s 等。韵母读音不标准：ei 读成 uei，ou 读成 iou，u 读成 ou，等等。前鼻音发成后鼻音：rén mín 读成

réng míng，yīn tiān 读成 yīng tiān。

2. 声调不准

在汉语普通话中，声调分为阴平、阳平、上声、去声四个调类。而内蒙古的汉语方言比普通话声调多出一个入声。学生除了受此影响之外，还因受母语的影响，在汉语口语表达中"跑调"现象十分严重，如每句话中，字、词多易发去声："你好"（nǐ hǎo）易说成（nǐ hào），"他来了"（tā lái le）易说成（tà lài le），"没有"（méi yǒu）易说成（mèi yòu）。除此之外，还有去声读上声的情况：如"常"（cháng）读成（chǎng）；上声读成阳平："恐怖"（kǒng bù）读成（kóng bǔ）等。音调读不准确，大大挫伤了学生们说汉语的积极性。

3. 词语误用

学生在用汉语造句、回答问题、表述观点的时候，经常出现词语误用的现象。

（1）"望文生义"。学生对词语含义理解不清，只理解字面意思。如使用"文不加点"造句——"他写作文文不加点。"这显然只看表面意思，没有理解"文不加点"的真正含义。如用"贴切"造句——"小红很贴切地靠近我"。"贴切"用来形容言辞恰当，而不能理解为贴近、靠近。有些学生在理解词语时，没有追根溯源，真正理解词语的由来，导致这样理解上的偏误，在使用词语时也出现了失误。

（2）语义重复。学生在使用词语时，经常会出现语义重复的现象，如"他被打得全身遍体鳞伤"、"我们要给国家造福"。其原因，一方面是没有理解词语的含义，"遍体鳞伤"就有全身的意思，再加上"全身"，就出现了重复的意思；还有一方面是没有掌握句子的结构，"给"和"造福"都是动词，可以说"造福国家"而不能说"给国家造福"，否则就出现了句子双动词的现象。

（3）情感失当。汉语中很多词有褒义或者贬义的区别，少数民族学生在使用这些词语的过程中经常出现失误。如"他不耻下问地问后果是不是很严重"。"不耻下问"是指向别人学习，不认为向不如自己的人请教是可耻的，是褒义词语。但是这里将它用作贬义词，导致词语色彩失当。"哈斯看了很多书，他博古通今。""博古通今"形容一个人知识渊博，用来形容学生显然不恰当。蒙语中表达感情色彩的词较少，学生在学习汉语时，往往忽视了词语的感情色彩。

（4）范围与对象失当。汉语很多词语有自己特定的使用对象。少数民族学生在练习过程中往往忽视了词语的使用范围和对象。如"图雅培养一条狗"、"我要把这条狗培养好"。"培养"指对人的培养，而不能指动物。这显然是对象失当。"校园里的商店东西齐全，汗牛充栋"。"汗牛充栋"只用来形容书籍多。蒙古族学生因为对词语表达习惯缺乏了解，出现了"张冠李戴"的现象。

4. 词汇、语言匮乏

在调查的过程中，发现学生们汉语表达过程中出现词汇、语言匮乏的现象。很多学生在用汉语表达时词不达意。学生们也反映，有些时候知道是什么意思，但不知道用汉语的哪些词表达。在蒙语和汉语的对应关系中，有直接转换和间接转换。对于初一学生来说，只能勉强做到直接转换，由于汉语和蒙语的很多词语不能一一对应，学生在表达时出现障碍。比如蒙古族特有的物品、生活习俗等在汉语中就很难找到对应的词语。

5. 句子表达不通顺

除了读音、声调、词汇方面的问题，学生在句子的表达上也有很多问题，主要表现在语序偏误和遗漏偏误。

（1）语序偏误：蒙语的语法习惯会对汉语的学习产生迁移作用，而语际的负迁移导致学生在用汉语表达时受蒙语影响，产生错误。例如学生会说"我饭吃了"、"升起太阳来了"。有时也会出现能愿动词位置偏误和叠加偏误，例如"我把愿望一定要实现"。这些都是学生平时出现的语序偏误现象。

（2）遗漏偏误：这一类的错误主要是在句子表达过程中出现词语遗漏现象。例如，数量词遗漏偏误："我有一（个）美丽的愿望"。结构主次遗漏偏误："把自己祖国建设（得）更加完美，更加美好"，"阿妈给我买（了）一个水晶球"。时态助词遗漏偏误："后来，我实现（了）这个梦想"、"您给我讲（了）很多学习重要的道理"。介词遗漏偏误："我（为了）实现这个梦想，每天早上读一篇课文"，"这（对）写作文有很大影响"。"把"字遗漏偏误："牛吃完草，还（把）草倒嚼出来"。受蒙语的影响，学生在进行汉语表达时经常会出现句子中缺少成分的现象，导致句子不通顺，难以理解。

通过对学生口语表达出现的错误进行分类可以看出，学生汉语口语表达的问题主要集中在读音、词汇、句子结构三方面。造成这些情况的原因是多方面的，故在平时的汉语文课教学过程中也应该有针对性地训练。

（二）学生汉语口语表达面临的困境

虽然大部分学生的汉语口语表达水平已经有了很大提高，但是总体上来讲，蒙语授课初中生的汉语口语表达仍面临困境，归纳起来有以下几个方面。

1. 心理上的抵触

很多心理学家和教育学家对青少年的心理特点进行了研究。青少年时期是人生重要的发展时期，是从儿童走向成人的过渡时期，是形成自我、走向社会的关键时期。这一年龄段的学生敏感，渴望得到别人的接受和认可，有很强的自尊心。这些心理特征直接影响学生的学习情况。学生们都能认识到学习的重要性，但是难免会有懒惰的情绪。对于一些较难的内容，也会产生畏难情绪。很多牧区的学生由于从小缺乏汉语的使用环境，对汉语有一种抵触心理。随着年龄的增长，自尊心变强，由于说汉语跑调、不知道如何表达等原因，思想上就不愿意说汉语。因为心理上的抵触和不自信，学生基本不用汉语交流，这样更造成了学生汉语表达能力下降。

2. 字词表达不准确

正如前面对学生汉语口语表达现状的分析，对于字词的误读包括几个方面：受母语影响造成的音调不准，声母、韵母读音不准；由于对字词掌握不准确造成的字词误读等。这是影响学生汉语口语表达的主要原因。字词是口语表达的基础，造成字词误读的原因是多方面的，最重要的是小学阶段字词掌握不牢固、不准确。在和汉语文教师访谈的过程中，很多教师谈到小学阶段字词掌握不准确，导致中学以后很多错字、错音难以纠正，纠正的次数多了，又打击了学生学习汉语的积极性。口语表达最重要的就是读出来，字词读音不标准，甚至字词不认识，都大大影响了学生汉语口语表达的积极性和准确性。

3. 语句表达不通顺

这一障碍主要是学生表达时字词使用不当，句子结构不正确，难以清晰、完整地表达自己的意思。换句话说，就是学生没有掌握汉语的语法结构，对汉语的句子成分、顺序不了解；对一些词语的意思、使用的语境不了解，造成词不达意。小学阶段汉语学习的主要任务是字词的积累和一些简单的表达。对于刚升入初中的学生，教师的主要任务是帮助学生积累字词，纠正以前积累下的错误，基本不涉及句子成分、表达顺序等语法内容。因此，学生在造句或在平时的表达过程中，出现了很多问题，遇到很多困难。

蒙语授课学生汉语口语表达面临的困境首先是心理上的障碍，其次才是声调、字词、语法上的障碍。因此，要使学生在心理上、思想上接受汉语，有说汉语的欲望和积极性。

（三）学生口语表达面临困境的原因分析

影响蒙语授课学生汉语口语表达的原因有很多，既有外部原因，也有内部原因；既有学生自身的原因，也有其他相关主体的原因。结合教育学、心理学的相关知识理论，作者从以下几个方面对影响蒙语授课学生汉语口语表达能力的原因进行分析。

1. 认识上的偏颇

马克思主义哲学观认为：认识来源于实践，同时指导实践，发挥意识的主观能动作用尤为重要。以蒙语为第一语言的学生对汉语的认识很多时候存在偏颇。学校领导、教师、学生、家长对待汉语的态度各不相同，主要的观点有考试论、功利论、口语附属论等，这些观点都限制了相关主体对汉语口语表达能力的认识。

2. 教师专业背景和教学方式的局限

（1）教师的专业背景。笔者在调研过程中了解到，七年级的汉语文教师的专业分布中，蒙古语专业的人数最多，因为双语教育的需要，担任汉语文教师；还有两位教师的专业背景是物理和化学专业，后来转行为汉语文教师；一位教师是对外汉语专业，在蒙古国担任三年的对外汉语教师，并在蒙古国获得了硕士学位，其也是七年级汉语文组最年轻的老师；其他三位教师是汉语言文学专业。从教师的专业背景来看，四位教师的专业背景和汉语言相关。虽然教师在教学的过程中积累了大量的知识和教学经验，但是非专业的学科背景也使教师的教学活动受到很多局限，影响了教学效果。

（2）一是教学方式的局限。汉语文教师还是采用传统的讲授法，课上以教师讲授为主，讲授的内容包括字词的解释、词语的用法、句子的意思、文章的结构。以强调字词为主，对文章的分析、概括较少。

二是教师仍然是课堂的中心。传统的教学理念认为，教师是教学活动的主导者，是教学活动的主体。但是新课程改革以来，越来越强调学生的主体地位，教师是教学活动的引导者、辅助者。显然在锡林浩特市蒙中的汉语课堂没有做到这样的转变。学生汉语文水平相对较低，只能勉强做到自学字词，因此仍然延续以教师为中心的教学模式。

三是教学手段单一：锡林浩特市蒙中的汉语课堂教学仍然以粉笔、黑板为主。只有公开课或者极少数的时候才去多媒体教室使用多媒体教学。与中东部地区的学校相比，内蒙古地区的中小学教学设施仍然比较落后。以锡林浩特市蒙中为例，现在已有的多媒体教室为四年前的设备；语音室60台机器，有将近半数损坏。教学设施的相对落后，使教师只能局限在黑板、粉笔、讲台之间，也影响了学生们学习的积极性和趣味性。

3. 学生缺少必要的口语训练

七年级学生每周有两节汉语文早读课，主要朗读与汉语文教材配套的义务教育蒙古族学校课程标准实验教科书汉语《阅读》。这本《阅读》教材与汉语文教材一样，分为六个单元，是与汉语文教材相对应的、同题材的文章。学生每次早读课读三篇文章及对应的字词，并利用课下时间做阅读笔记。阅读笔记的内容包括字词、内容提要。因为阅读的方式是齐读，所以很多同学不出声地读。班级里只有几个学生的声音，这样的早读课很难对学生的口语表达能力有所帮助。汉语文课上是老师领读一遍，学生齐读一遍。除此之外，学生便很少有读汉语的机会，因此学生缺乏必要的口语训练，尤其是来自牧区、汉语口语表达较差的同学，几乎不开口说汉语。

4. 教材教辅的局限

为了激发学生学习的积极性，贴近学生的生活，内蒙古在原来教材的基础上进行了完善，增加了很多蒙古族元素，如增加了介绍蒙古族服饰的文章，并配备了彩色插图；课后练习题很多都采用了蒙古族人名；在单元拓展训练里也增加了介绍蒙古族饮食、内蒙古风景的内容。但是这部教材仍存在很多问题：教材编写忽视学生的汉语水平，内容偏多、偏难；口语训练、写作训练等相应内容缺乏；配套教辅脱离学生实际等。

5. 评价体系的缺失

锡林浩特市蒙古族中学汉语文的主要评价方式还是以期中、期末考试为主。教师平时也会检查学生的背诵或听写字词，但是仍没有摆脱传统的评价方式。教师是唯一的评价主体，评价的范围就是平时考试的范围，考试、测验是主要的评价手段。这样的评价体系不利于学生汉语水平的全面提高，忽视了学生听、说、读能力的培养。这样的评价方式还忽视了学生的个体差异，以统一的标准要求所有学生。生活在市区的学生汉语水平相对较高，但是牧区的学生因为缺少相应的语言环境，汉语水平较差，汉语文的成绩也较差。如果不能区别对待、不能因材施教，就会挫伤学生学习的积极性。因此，评价体系的缺失也是导致学生汉语水平低下、口语交际能力较差的原因之一。

6. 蒙语与汉语的语言差异

蒙古语属于阿尔泰语系，汉语属于汉藏语系。它们完全是两个语系的语言，虽然在长期的交往过程中发生了借用关系和类型关系，但两种语言在本质上仍有很大差别。

语言学表明，母语会对第二语言的学习产生迁移作用。这种迁移既有正迁移，也有负迁移。因为蒙语和汉语分属于两个不同的语系，所以在汉语学习过程中，蒙语对汉语产生的负迁移多于正迁移。这种负迁移对汉语学习会产生很大影响，如汉语音调不准、音节发音不正确、词语使用错误、句子成分缺失、句子结构错误，等等。这是导致蒙语授课学生学习汉语困难的主要原因之一。学生因为从小接受蒙语，已经形成了根深蒂固的蒙语思维。以蒙语思维学习汉语，自然会产生很多错误。加上学生年龄较小，无法在汉语和蒙语之间进行很好的转换，就会出现汉语表达不清的情况。

教师在讲授汉语的过程中，很多时候将蒙语作为一种翻译手段，而汉语和蒙语的很多词语不能完全匹配，语境不能完全重合，句子结构也不相同，造成一些错误。蒙文是竖着书写的文字，这种书写方式的特殊性增加了学生书写汉语的难度。蒙文的笔画具有连贯性，字体结构单一，而汉字的笔画、结构复杂，既有独体字，又有合体字，而合体字又分为七种结构。因此学生在书写汉字时经常是"照葫芦画瓢"，难以掌握汉字的笔画和结构，甚至以单一的横、竖写汉字。汉字的笔顺也是学生书写的难题之一，很多学生出现"倒下笔"的现象。两种文字的差异性，使学生在书写汉字过程中遇到了很大的困难。

7. 缺少汉语交际的环境

锡林浩特市蒙中的学生 40% 来自各旗县、牧区。从小接触蒙语，和周围人交流也是使用蒙语。可以说，他们在家里、在上学前基本都是完全蒙语环境。他们小学就读的都是蒙古族小学，使用蒙语授课，三年级加授汉语。师生之间、学生与学生之间也都是使用蒙语交流。升入初中后，锡林浩特市蒙中是一所完全蒙授中学，除了汉语文课，其余课程都是蒙语授课。这样的情况下，学生说汉语的机会就更少了。因此，对于大部分学生来讲，缺少汉语交际环境是导致汉语口语表达不顺畅的原因之一。

以上强调的是缺少汉语口语交际的物理环境。同时，学生们还缺少使用汉语的心理环境。汉语作为第二语言，学生在学习时本身就有轻微的抵触心理，就像汉族学生学习英语一样，很少会主动与自己的同学老师说英语。如果没有良好的汉语语言环境，学生就没有"汉语交流意识"。长此以往，学生就会越来越不重视汉语交流。

物理环境的缺少和心理环境的缺失，使得学生无法用练习来提高汉语口语表达能力，也缺少练习汉语、讲汉语的积极性。学生学习汉语完全是被动的。

以上以锡林浩特市蒙古族中学为例，分析了蒙语授课学生汉语口语表达的现状和影响因素。这些原因涉及不同主体，涵盖不同层次，都在不同程度上影响了学生汉语口语表达能力的发展。

七 提高蒙语授课初中生汉语口语表达能力的教学设计

正如前文对教学设计这一核心概念的界定，教学设计作为一个上位概念，其中包括很多具体因素和组成部分。本文研究的教学设计，主要包括教学策略、教学方法、评级体系和学习环境四个方面。因此，对于教学设计的探究也从这四个方面入手。教师是否采用恰当的教学策略、教学方法、评价方式，学校是否能营造良好的口语表达氛围，直接关系学生口语表达能力的高低。

（一）提高蒙语授课初中生汉语口语表达能力的教学策略选择

教学策略是为了达成教学目的、完成教学任务，在对教学活动清晰认识的基础上对教学活动进行调节和控制的一系列执行过程。① 教学策略的制定和选择的依据有教学的具体目标与任务、教学内容的特点、学生的实际情况、教师本身的素养、教学实践和效率的要求。教学策略的运用要树立正确的指导思想，树立整体的观点，坚持以学生的自主自动学习为主，寻求教学策略的多样化配合和变通运用。

1. 蒙语授课学生汉语口语教学策略的选择依据

蒙语授课学生汉语口语教学策略的选择主要依据《全日制民族中小学汉语教学大纲（试行）》。具体包括：教学具体目标和任务、教学内容的特点、学生的实际情况、汉语作为蒙古族学生的第二语言的特点。

---

① 刘恩允主编《教育学基础》，教育科学出版社，2009，第 219 页。

2. 提高蒙语授课初中生汉语口语表达能力的教学策略选择

（1）整合策略：听、说、读、写是学习语言几个不可分割的部分。每个部分相互渗透，相互促进。因此在教学过程中，应该采用整体的思想、渗透的思想，不能单纯地强调一个方面的教学，应该将各个内容穿插起来，进行整合，只有这样才能全面提高学生的语言能力。整合策略是语文教学首先应该坚持的、最基本的策略。笔者在调研过程中发现，在平时的教学活动中，对汉语听力的训练较少，只是在学习新课文时，由教师领读一遍课文。这样只有"听"的训练是远远不够的，可以在课间播放汉语广播，播放一些小故事、新闻等，只有听得多，学生的发音才会逐渐标准。教师普遍反映，学生的汉语写作能力较低，这个问题一直困扰着教师的教学。因为学生不会说，自然也就不会写。说和写的关系是我中有你，你中有我。学生在发表自己的观点之后，教师应该鼓励他们写下来。学生写过的东西，应该大胆地念出来。学生听过之后要说，说完之后要写，将这几个方面多方式整合。

（2）互动策略：口语交际能力是在双向互动的语言实践中进行的，只有坚持互动原则，学生的口语交际能力才能获得全面、和谐的发展。口语训练最有效的方式就是多说，多交流。良好的语言环境能快速提高学生的口语表达水平。因此教师在平时的教学工作中，应该注重师生互动、生生互动，多与学生用汉语交流，营造良好的语言环境。影响少数民族教育双重性的发展因素大致可分为家庭因素、学校因素和社会因素。[1] 在笔者调研的中学，教师和学生们课下交流大多使用蒙语，学生之间的交流也很少使用汉语，课间操和平时学校的广播、学校的宣传栏都使用蒙语，这样无形中减少了汉语的语言使用环境。对于来自牧区的孩子来说，平时在家与家人交流都使用蒙语，因此学校良好的语言环境对他们练习汉语口语至关重要。

（3）情境策略：情境教学是激发学生学习兴趣，提高教学效果的有效途径之一。[2] 情境策略包括情境设计、情境展开、情境提升、情境拓展、

---

① 王锡宏:《中国少数民族教育本体理论研究》,民族出版社,1998,第148页。

② 十二院校中文系:《中学语文教学法》,人民教育出版社,2000,第278页。

情境延伸几个方面。营造氛围，创造情境，学生和教师共同营造一个民主、轻松、和谐的口语交际氛围。首先卸下学生思想上的包袱，师生置于情境中之后，开始转换角色，将情境展开、提升。教师不仅引导学生在单情境中练习，还应还对情境进行拓展，将情境延伸开来。

笔者实地调研发现，学生对汉语口语表达的积极性不高，很多学生不愿意张口说汉语。汉语说得不好的同学对说汉语更是排斥。因此，教师应该首先调动学生学习汉语的积极性，为学生创造更多的说汉语的机会，激发学生练习汉语口语的兴趣。情境设计应该坚持由易到难的原则，选择学生身边的、感兴趣的话题，话题的选择要有针对性，可以根据近期学习的内容展开讨论，也可以针对社会上的热点问题展开讨论。选择好的话题是情境创设的基础，也是打开学生话匣子的钥匙。[①] 例如，开学之初，七年级 163 班的汉语文教师利用两节课的时间以"我期待的初中生活"为题和学生们进行了讨论。通过这个活动，师生们增进了对彼此的了解，很有意义。

（4）训练策略：训练策略是教师在教学过程中十分重视的教学策略。通过对学生进行不断的强化训练，促使学生将新知识逐渐内化为自己的内容。"语文学习的外延和生活的外延相等"，[②] 生活就是口语交际的内容，口语交际就是生活的工具，这应当成为教师的教学追求。在对学生进行训练的过程中，可以根据训练内容的不同采取不同的训练策略。对于一些基础性知识的训练，可以采取复述策略。如背诵一首古诗，必须多次重复，而且在短时间内，重复的次数越多越有利于记忆的保持。教师应该适时适量地让学生自己复述已经学过的知识，以强化记忆和保持。对于一些理解性的知识，采取精加工策略，即教师指导学生对要记忆的材料补充细节、举出例子、做出推论，或使之与其他观念形成联想，以达到长期保持的目的。

---

① 张鸿苓主编《语文教育学》，北京师范大学出版社，1993，第 245 页。

② 张鸿苓主编《语文教育学》，北京师范大学出版社，1993，第 34 页。

（二）提高蒙语授课初中生汉语口语表达能力的教学方法探究

李秉德教授主编的《教学论》一书中，把中国的中小学教学活动中常用的教学方法分为五类："以语言传递信息为主的方法"，包括谈话法、讲授法、读书指导法、讨论法等；"以直接感知为主的方法"，包括参观法，演示法等；"以实际训练为主的方法"，包括实验法、练习法、实习作业法；"以欣赏活动为主的教学方法"，例如陶冶法；"以引导探究为主的方法"，如探究法、发现法等。[①] 这种分类方式体现了教学方法的针对性和多样性。

根据汉语口语教学的特点，教师在选择教学方法时应侧重三个方面："以语言传递信息为主的方法""以实际训练为主的方法""以引导探究为主的方法"。

1. 以语言传递信息为主的方法

以语言传递为主的教学方法，是指通过教师运用口头语言向学生传授知识、技能以及学生独立阅读书面语言为主的教学方法。[②] 语言既是教学的对象，又是教学的媒介，师生之间通过语言信息的大量传递来完成教学活动和交流。

在教学过程中，以语言传递信息为主的方法有讲授法、谈话法、讨论法和读书指导法。教师利用这一类方法可以最大限度地将知识传授给学生，将教材上处于静止结构的知识信息变为输出状态的知识信息，使学生建立起良好的知识结构。这一方法是教师教学的基本方法。在口语教学过程中，教师通过以语言传递信息为主的方法传授给学生字、词、句等陈述性知识，帮助学生积累语文基础知识。这种教学法首先要求教师在课前钻研教材，合理组织教学内容，力求做到系统性强、概念明确、条理清晰、重点突出、难易适度。其次要求教师语言清晰、简练、生动，并富有感染力。

---

① 李秉德主编《教学论》，人民教育出版社，2001，第 63 页。
② 李秉德主编《教学论》，人民教育出版社，2001，第 63 页。

2. 以实际训练为主的方法

以实际训练为主的教学方法，是通过练习、实验、实习等实践活动，使学生巩固和完善知识、技能、技巧的方法。这一类方法以学生的实践活动为特征，通过实践活动使学生认知向高一层次发展，把技能转变为技巧。

在实际的教学过程中，以训练为主的方法，包括练习法、实验法和实习作业法等。在口语教学中，最主要是练习法。通过对学生进行大量的口语练习，巩固基本的字、词、句；通过专题训练，使学生掌握不同情境下的表达技巧，激发学生的表达欲望和兴趣。教师应该注意练习的丰富性和趣味性，不能机械地、枯燥地练习，而要选择学生感兴趣的内容，采取多种鼓励措施，从而调动学生练习口语的积极性。

3. 以引导探究为主的方法

以引导探究为主的教学方法，是指教师组织和引导学生通过独立的探究和研究活动而获得知识的方法。[①] 这类方法的特点在于，发挥学生的独立性，探索解决认知任务，培养和发展学生的探索能力、各种活动能力和创新能力。教师有意识地让学生有较大的活动自由，并且使自己作为成员参与到学生的探究活动中去，要求教师的指导更加全面和细致。这类方法主要包括发现法：教师给学生一些事例和问题，学生自己通过阅读、观察、实验、思考、讨论等途径去独立研究，自行发现并掌握相应的原理和结论。

在口语教学过程中，以探究为主的教学方法可以帮助学生内化掌握的语言并能锻炼学生的口语表达能力、交际能力。例如在教学过程中，教师只需要给学生一个桃子，由学生自己去描述桃子的形状、特点，不仅锻炼了学生的观察、思考、探索能力，同时也锻炼了学生的描述、表达、概括能力。但是这一类方法较花费时间，选择能激发学生好奇心和探究热情的学习材料也较难，对教师课堂管理能力要求较高。

这三类教学方法，在口语教学过程中相辅相成，逐渐递进。通过语言

---

① 李秉德主编《教学论》，人民教育出版社，2001，第63页。

传递信息，使学生掌握口语表达最基本的知识，是练习口语表达的基础。对学生进行的具体的语言训练，巩固字、词、句是促进口语表达能力发展的过程。运用以探究为主的教学方法，在已经积累的知识的基础上，培养学生发现问题、解决问题的能力，是教学的最终目的。这三者既层层深入，又互相促进，不仅能够提高学生的口语表达能力，也能促进学生综合素质的提高。

（三）蒙语授课初中生汉语口语表达能力的评价体系构建

教学评价是对教师的教学工作和学生的学习质量做出客观的衡量和价值判断的过程。① 任何评价方式都有相对性，不能以绝对的观点看待事物。建立口语表达能力评价体系对于指导教师的口语教学工作，提高学生的口语表达能力很有意义。

1. 坚持多元评价主体，多种评价方式

听、说、读、写能力的培养在语文教学中占有同等重要的地位。一直以来，由于传统的语文教学方式和评价方式的局限，对听、说能力的培养不够。因此，新课程改革十分强调学生四种能力的均衡发展，在评价方式上也开始重视对听、说能力的考察。

评价主体多元性：传统的评价方式以教师为评价主体，但是这种单一的评价主体并不能全面反映学生的能力，也不符合发展的观点。口语表达不能局限在课堂回答问题上，还体现在学生的日常交流上，因此应该听取不同群体的意见。学生、老师、家长都可以作为评价的主体。自我评价的优点在于可以消除由他人评价引起的极度焦虑。青春期的学生有很强的自尊心，尤其是在同伴面前愿意展示自己优秀的一面。教师通过鼓励学生自己总结优点和不足，来得到他人的认可，树立良好的形象。不同的评价主体有不同的评价视角，能全面地反映学生的汉语口语表达能力，发现学生在汉语表达中的不足之处。

---

① 李秉德主编《教学论》，人民教育出版社，2001，第63页。

2. 建立口语表达能力评价标准

根据《语文课程标准》和《全日制民族中小学汉语教学大纲（试行）》中对 7～9 年级学生口语交际能力的要求，结合蒙语授课学生的实际情况，建立有针对性的评价量表，可以发现学生在口语表达方面的优点和不足。

表2　口语表达能力评价标准

序号	评价标准	分数
1	用汉语交谈时，声音洪亮	
2	用汉语交谈时，语音基本正确，语序基本得当	
3	能够用汉语较完整、清晰地表达自己的观点和意图	
4	学说日常用语，用词尽可能准确，表达基本正确	
5	与人交谈，态度自然大方，有礼貌	
6	讲述见闻，内容具体，语言生动；复述转述，完整准确，突出要点	
7	努力养成认真倾听别人讲话的习惯。听别人讲汉语，能认真听，认真记，注意力集中	
8	乐于参与讨论，敢于发表自己的意见	

表2 充分考虑母语是蒙语的学生的实际情况，侧重口语表达的流畅性，突出语言的交际功能，重视学生用汉语表达的积极性。可以在一定程度上反映学生口语表达的基本水平，对提高学生的口语表达水平有一定的指导意义。

3. 巧用差异评价

学生作为一个个独立的个体，他们在知识结构、智力因素、思维水平、受教育环境等方面存在重大差异，这样的差异有先天的因素，也有后天的教育因素。所以教师在评价时，应该尊重学生的差异，关注学生知识和能力的差异。差异评价是新课程改革以后提出来的评价方式，即对不同的学生区别评价，不以唯一的标准衡量所有的学生，充分考虑学生自身的发展情况，也就是通常所说的横向评价。尤其对于刚刚升入初中的学生来说，有些市里的学生有良好的汉语语言环境，汉语口语表达能力较强；有些学生来自牧区，受教育条件和生活环境的影响，汉语口语表达能力较弱。对于不同的学生应该区别对待，根据学生的自身情况，将学生分为不同层级，对不同层级的学生采取不同的评价标准。教师评价的焦点不仅仅是同一层级之间学生的横向比较，也要关注不同层级学生的整体提高。教师巧用差异评价，肯定每位学生的进步之处，结合激励政策，帮助学生树立信心，营造积极乐观的学习环境。

4. 重视评价机制的激励作用

初中生正处于心理成熟发展的关键时期，这一时期的学生十分重视自我形象的塑造，内心敏感，渴望得到同伴、长辈的认可，甚至意图通过叛逆行为激起别人的注意。因此，教师要尊重学生、给予学生平等的地位，帮助学生树立正确的人生观和世界观。教师的评价方式直接影响学生的行为习惯，鼓励性评价可以帮助学生增强自信、获得前进的动力，同时也向其他学生传递着一种被认可的行为方式，对学生的行为起到指导作用。教师在教学过程中，应该时刻寻找学生学习中的闪光点，并及时给予鼓励性评价。针对很多学生对汉语口语的排斥心理，激励性评价显得尤为重要。通过不断肯定学生的优点和成绩，鼓励学生多说、多练，帮助学生树立说汉语的自信心和积极性，是提高学生汉语口语表达的第一步。卸下了思想上的包袱，学生才能真正在心理上接受汉语。

（四） 蒙语授课初中生汉语口语学习环境建设

教学环境是教学活动的一个基本要素，也是现代教学论研究的一个重要课题。关于语文教学环境的理解，温欣荣、王月宝在《语文研究性学习实施的教学环境探析——语文研究性学习实施的条件探析》[①] 一文中有这样的解释："教学环境是一个广泛意义的概念，既包括物质环境也包括社会环境。社会环境诸如影响教学活动的教育制度、教育政策法规、语文课程标准、教育管理者等。语文教学的物质环境包括：语文教学场地、语文教学设备、语文教学资源。语文教学的物质环境、心理环境和社会环境这些语文教学的外部条件对语文教学的制约和影响可以说是方方面面的。"

[①] 温欣荣、王月宝：《语文研究性学习实施的教学环境探析——语文研究性学习实施的条件探析》，《中学语文教学参考》2006 年第 7 期。

语文学科具有基础性和涵盖性，它既是学习其他学科的基础，同时又受国家地区的环境、民族历史的环境、社会政治经济的环境等的影响。从内容构成上，可以将语文的教学环境分为语文课堂的物理环境和语文课堂的心理环境。

1. 语文课堂物理环境的建设

提高学生的口语交际能力，首先应该营造一个良好的交际环境。在教学楼的布置上，应该悬挂一些名言警句、名人故事等，激发学生的学习兴趣，调动学生学习的积极性。这种标语应该定期在不同位置轮换，保持学生学习的新鲜感，使学生最大限度地积累知识。在教室的布置上，应该坚持知识性与趣味性并存的原则。由学生自己选择感兴趣的话题，以小组的形式搜集资料，进行布置，每一个月更新一次。每次完成布置后，由学生讨论通过这次布置学习到了哪些内容，有哪些优点，有哪些需要改进的地方。学生们各抒己见，并有专门的记录，学期末进行评比。

课堂座位安排方式是一种教学空间的组织形式，指教室内学生桌椅的排列摆放形式。20 世纪 30 年代，魏拉德·沃勒尔就已经对座位的选择与学习者之间的关系做了相关研究。研究表明，座位编排方式对学生的课堂行为、学习态度、学习成绩、人际关系、社会交往都产生着间接或直接的影响。[①] 在口语表达练习过程中，座位的编排方式尤其重要，在一定程度上决定着学生参与讨论的程度。因此，可以采用马蹄形排列法、环形或双环形排列法、梅花形排列法等方式，保证学生能够面对面的交流。

2. 语文课堂心理环境的建设

心理环境又可以称为社会环境，包括学校中的学习气氛、社会交往、各种人际关系乃至生活经验等。如果说物理环境以可看、可知、可感的方式影响着教学活动的进行，那么心理环境就是一只看不见的手，调控着师生的教学活动。[②] 因此，营造良好的心理环境尤为重要。

---

① Leonard S. Cahen, et al., *Class Size and Instruction*, New York & London: Longman, 1983.

② 王桂华：《教学环境对语文教学影响的研究》，硕士学位论文，河北师范大学，2007，第2 页。

首先，应该建立良好的师生人际关系。良好的师生关系就像催化剂，能够推动教学活动的顺利进行。初中生正处于青少年初期，叛逆性强，尤其是对教师和父母有很强的抵制心理。这不仅不利于教学活动的顺利进行，也不利于学生的健康成长。建立良好的师生关系需要教师在一些小事儿上关心学生，爱护学生，肯定学生的地位，以平等的姿态和学生交流，尊重学生，不以简单粗暴的方式对待学生，要重视与学生思想上的交流，了解学生的思想动态，因势利导。

其次，优化语文课堂教学的心理环境。语文是一门工具性与人文性并存的学科，二者并不是二元对立的，教师应该将语文课堂营造成丰富、有趣、饱含知识与哲理的课堂，只有这样才能提高学生们学习的积极性。在民族学校，教师更要利用丰富、有趣的知识，吸引学生的注意力，激发他们的求知欲。同时，要结合本民族特色，传承本民族的优秀文化。例如，在教学过程中，对设计的知识深入、拓展讲解，以教材内容为依托，不局限于教材内容，使语文课堂真正成为传授语文知识，了解人类文化的阵地，帮助学生放下思想上的包袱，鼓励学生多用汉语交流。在第二语言的学习过程中，大多数学习者都不愿意"讲出来"，随着年龄的增长，这种情况会越来越严重。在对学生的访谈过程中，他们也提到了自己"不愿意讲汉语"。因此，教师应该鼓励学生多讲汉语，帮助学生卸下思想的包袱，包容学生在口语表达中的错误，激发学生练习汉语口语的积极性。教师在教学过程中应该以鼓励式教学为主，充分肯定学生的优点和成绩，帮助学生树立练习汉语口语的信心。教师要有口语训练的意识，采取策略，将口语训练贯穿整个教学活动。

八 结论

笔者在 2012 年 6 月开始对蒙语授课学生的汉语口语表达现状进行调查。初期的研究以搜集文献资料为主，了解蒙语授课学生的汉语口语表达情况和少数民族学生学习第二语言汉语的相关理论基础，并着重学习教学设计、教学策略、教学方法、教学评价等相关知识。7 月第一次到锡林浩特市蒙古族中学调研，初步了解学校的教学概况、教师和学生的基本情况。9 月至 11 月，笔者在锡林浩特市蒙古族中学进行了两个月的教学实习，在此期间对学校相关领导、教师、学生进行了多次访谈，通过问卷调查、课堂听课、与学生交流等方式深入了解学生的汉语文学习情况和学生的汉语口语表达情况。得出以下研究结论。

第一，学生汉语口语表达的困境涵盖音、字、词、句等几个方面，汉语口语表达主要面临字词误读、声调不准、词语误用、词汇匮乏、句子表达不通顺等问题。

第二，影响蒙语授课学生汉语口语表达的原因有很多方面。本文主要从以下几个方面进行了分析：师生对汉语口语表达的忽视，教师专业背景和教学方式的局限，学生缺少必要的口语训练，教材教辅的局限，口语教学评价体系的缺失，蒙语与汉语的语言差异，汉语交际环境的缺失等。其中蒙语与汉语的语言差异是影响学生汉语口语表达最重要的原因，学生在学习第二语言的过程中，肯定会受到母语的影响，这种影响既有正面的也有负面的。两种语言的转换技巧需要汉语文教师在教学过程不断渗透给学生。教师和学生对汉语口语表达的重视程度直接关系着教师在教学过程中、学生在日常的学习生活中对汉语口语的训练和使用。

第三，汉语文教师通过恰当的教学设计能够提高学生的汉语口语表达能力。通过营造良好的物理环境和心理环境，激发学生练习汉语口语的热情；在分析学生起点条件的基础上，通过采取恰当的教学策略将口语教学融入整体的汉语文教学之中；通过采用多种教学方法结合的方式，帮助学生夯实汉语的字词基础，掌握表达技巧和语法特点；通过建立口语评价体系提高学生练习汉语口语的积极性，让其详细了解自己汉语口语存在的缺点和不足。

执笔人：石　梦

参考文献

一 专著:

〔法〕埃德加·莫兰:《复杂性理论与教育问题》,陈一壮译,北京大学出版社,2004。

〔法〕埃德加·莫兰:《复杂性思想导论》,陈一壮译,华东师范大学出版社,2008。

〔美〕艾尔.巴比:《社会学研究方法》(第十一版),邱泽奇译,华夏出版社,2009。

〔英〕安东尼·吉登斯、菲利普·萨顿:《社会学》,赵旭东等译,北京大学出版社,2015。

〔美〕伯顿·克拉克主编《高等教育新论——多学科的研究》,王承绪等译,浙江教育出版社,2001,第2页,第Ⅱ页。

曾祥芹:《文章学与语文教育》,上海教育出版社,2001。

《朝鲜族简史》编写组、《朝鲜族简史》修订本编写组:《朝鲜族简史》,民族出版社,2009。

陈秉公:《主体人类学原理:"主体人类学"概念提出及知识体系建构》,中国社会科学出版社,2012。

陈海伦、李连进:《广西语言文字使用问题调查与研究》,广西教育出版社,2005。

陈雪英:《多元文化视域中的少数民族双语教育》,西南大学西南民族教育与心理研究中心会议论文集，2007。

陈振明等：《公共政策学——政策分析的理论、方法和技术》，中国人民大学出版社，2004。

戴庆厦：《语言和民族》，中央民族大学出版社，1994。

戴庆厦、滕星等：《中国少数民族双语教育概论》，辽宁民族出版社，1997。

董艳：《文化环境与双语教育：景颇族个案研究》，民族出版社，2002。

方晓华：《少数民族双语教育的理论与实践》，学苑出版社，2010。

〔美〕弗朗西斯·C. 福勒：《教育政策学导论》（第二版），许庆豫译，江苏教育出版社，2007。

〔美〕盖·苏珊、〔英〕塞林克：《第二语言习得》（第 3 版），赵杨译，北京大学出版社，2011。

高丙中、纳日碧力戈等：《现代化与民族生活方式的变迁》，天津人民出版社，1997。

龚学增主编《中国特色的民族问题理论》，中共中央党校出版社，1996。

顾明远：《教育大辞典·民族教育卷》，上海教育出版社，1992。

顾明远：《教育大辞典》（第 1 卷），上海教育出版社，1990。

顾明远主编《民族文化传统与教育现代化》，北京师范大学出版社，1998。

广西壮族自治区地方志编纂委员会：《广西通志·少数民族语言志》，广西人民出版社，2000。

郭建如：《西部民族贫困地区农村义务教育财政、资源配置与效益研究》，民族出版社，2010。

郭念锋主编《心理咨询师》（基础知识），民族出版社，2009。

哈经雄、滕星主编《民族教育学通论》，教育科学出版社，2001。

郝时远：《中国共产党怎样解决民族问题》，江西人民出版社，2011。

〔德〕黑格尔：《法哲学原理》，范扬、张企泰译，商务印书馆，2012。

姜勇、洪秀敏、庞丽娟：《教师自主发展及其内在机制》，北京师范大学出版社，2009。

教育部师范教育司：《教师专业化的理论与实践》（修订版），人民教育出版社，2003。

金志远：《民族文化传承与民族基础教育课程改革》，民族出版社，2008。

景怀斌：《公务员职业压力：组织生态与诊断》，中央编译出版社，2011。

〔美〕康拉德·菲利普·科塔克：《文化人类学：欣赏文化差异》，周云水译，中国人民大学出版社，2012。

〔英〕科林·贝克：《双语与双语教育概论》，翁燕珩等译，中央民族大学出版社，2008。

〔美〕肯特·科普曼、李·哥德哈特：《理解人类的差异——美国的多元文化教育》，滕星等译，中央民族大学出版社，2011。

李秉德主编《教学论》，人民教育出版社，2001。

〔英〕里查德·道金斯：《自私的基因》，卢允中等译，吉林人民出版社，1998。

林耀华：《民族学通论》（修订本），中央民族大学出版社，2001。

零兴宁：《壮族汉语教学概况》，人民教育出版社，2008。

〔美〕罗伯特·海涅曼、威廉·布卢姆、史蒂文·彼得森、爱得华·卡尼：《政策分析师的世界：理性、价值观念和政治》（第三版），李玲玲译，北京大学出版社，2011。

《马克思恩格斯全集》，中共中央马克思恩格斯列宁斯大林著作编译局译，人民出版社，1985。

马戎：《中国民族关系现状与前景》，社会科学文献出版社，2014。

〔加拿大〕迈克尔·富兰：《变革的力量——透视教育改革》，中央教育科学研究所、加拿大多伦多国际学院译，教育科学出版社，2004。

欧卫红等：《双语教学论》，北京大学出版社，2009。

〔美〕帕梅拉·博洛廷·约瑟夫等：《课程文化》，余强译，浙江教育出版社，2008。

裴娣娜：《教育研究方法导论》，安徽教育出版社，2009。

裴娣娜主编《现代教学论》（第一卷），人民教育出版社，2005。

〔法〕皮埃尔·布迪厄、〔美〕华康德：《实践与反思——反思社会学导刊》，李猛等译，中央编译出版社，1998。

〔美〕乔纳森·特纳：《社会学理论的结构》（上、下），邱泽奇等译，华夏出版社，2001。

刘恩允主编《教育学基础》，教育科学出版社，2009。

〔美〕斯科维尔：《学习新语言——第二语言习得论/第二语言学习与教学译丛：Learning New Language》，北京师范大学出版社，2006。

苏德：《蒙汉双语教育研究：从理论到实践》，民族出版社，2017。

苏德主编《全球化与本土化：多元文化教育研究》，中央民族大学出版社，2013。

孙东方：《文化变迁与双语教育演变——中国东北地区达斡尔族民族教育田野个案研究》，中央民族大学出版社，2010。

孙若穷主编《中国少数民族教育学概论》，中国劳动出版社，1990。

滕星：《文化变迁与双语教育——凉山彝族社区教育人类学的田野工作与文本撰述》，教育科学出版社，2001。

滕星：《族群、文化与教育》，民族出版社，2002。

滕星、王铁志主编《民族教育理论与政策研究》，民族出版社，2009。

〔加〕M. F. 麦凯、〔西〕M. 西格恩：《双语教育概论》，严正、柳秀峰译，光明日报出版社，1989。

王斌华主编《双语教学的回眸与前瞻——国际视野　本土实验》，上海教育出版社，2008。

王道俊、郭文安主编《教育学》，人民教育出版社，2009。

王锡宏：《中国少数民族教育本体理论研究》，民族出版社，1997。

王晓辉主编《全球教育治理——国际教育改革文献汇编》，教育科学出版社，2008，第24页。

王颖丽：《双语教育理论与实践——中外双语教育比较研究》，上海教育出版社，2008。

王远新：《中国民族语言学：理论与实践》，民族出版社，2002。

乌云娜：《蒙古语授课学生的英语教学研究》，内蒙古教育出版社，2009。

武鸣年鉴编纂委员会：《武鸣年鉴2012》，广西人民出版社，2013。

夏仕武：《中国少数民族教育》，五洲传播出版社，2017。

谢翌、张释元：《教师文化论》，中国社会科学出版社，2012。

许青善、姜永德主编《中国朝鲜族教育史》，延边教育出版社，2009。

杨昌勇、郑淮：《教育社会学》，广东人民出版社，2005。

俞理明、Elizabethyeoman：《双语教育论——加拿大浸入式教育对我国高校双语教育的启示》，韩建侠译，外语教学与研究出版社，2009。

袁同凯：《教育人类学简论》，南开大学出版社，2013。

张楚延：《高等教育哲学通论》，高等教育出版社，2010，第41页。

张公瑾、丁石庆主编《文化语言学教程》，教育科学出版社，2004。

张鸿苓主编《语文教育学》，北京师范大学出版社，1993。

张文显：《法哲学范畴研究》（修订版），中国政法大学出版社，2001。

赵中建主译《全球教育发展的历史轨迹——国际教育大会60年建议书》，教育科学出版社，1999。

〔美〕珍妮·奥克斯、马丁·利普顿：《教学与社会变革》（第二版），程亮等译，华东师范大学出版社，2011。

郑金洲：《多元文化教育》，天津教育出版社，2004。

中共中央、国务院：《国家中长期教育改革和发展规划纲要（2010～2020年）》，人民出版社，2010。

庄锡昌、顾晓鸣、顾云深等：《多维视野中的文化理论》，浙江人民出版社，1987。

二 期刊

阿呷热哈莫：《如何准确理解双语教育概念》，《中国民族教育》2012年第3期。

蔡文伯、杜芳：《冲突与整合：对新疆双语教育与中华民族文化认同的几点思考》，《兵团教育学院学报》2011 年第 4 期。

常永才、韩雪军：《全球化、文化多样性与教育政策的国际新近理念——联合国教科文组织文化互动教育观评述》，《民族教育研究》2013 年第 5 期。

陈彩燕：《双语教育：跨文化教育功能及其实现》，《教育导刊》2005 年第 7 期。

陈志霞、廖建桥：《知识员工工作压力源的主成分因素结构分析》，《工业工程与管理》2005 年第 4 期。

成世勋：《简析新疆察布查尔锡伯族多语现象成因及双语教育现状》，《民族教育研究》2005 年第 3 期。

戴庆厦、董艳：《中国少数民族双语教育的历史沿革》（上），《民族教育研究》1996 年第 4 期。

董明、桂弘：《谈谈好教材的标准》，《语言文字运用》2005 年第 S1 期。

杜丹、程丽：《我国教师压力的研究现状及展望》，《现代教育科学》2007 年第 12 期。

冯晨昱：《美国双语教育之争》，《教育评论》2009 年第 2 期。

冯广兰：《美国双语教育政策嬗变及其实践》，《民族教育研究》2008 年第 1 期。

冯小钉：《美国的双语教育与双语教育的政治性》，《世界民族》2004 年第 1 期。

高一虹：《跨文化交际能力的培养："跨越"与"超越"》，《外语与外语教学》2002 年第 10 期。

郭天翔、孟根其其格、唐苏格：《对内蒙古自治区"双语"、"三语"教学改革的思考》，《内蒙古师范大学学报》（教育科学版）2003 年第 1 期。

郭卫东：《论双语教育的功能》，《新疆师范大学学报》（哲学社会科学版）2004 年第 3 期。

国务院法制办公室：《国家中长期教育改革和发展规划纲要（2010～2020 年）》《中华人民共和国教育法典》注释法典新 4 版，2018 年。

何波：《论我国法律架构中的民族双语教育》，《民族教育研究》，2009 年第 2 期。

何波：《权利视野中的双语教育》，《当代教育与文化》2009 年第 6 期。

何波：《双语教育的文化解释》，《教育学报》2009 年第 6 期。

何自然：《语言中的模因》，《语言科学》2005 年第 6 期。

黄岳辉：《略论新加坡的双语教育》，《外国中小学教育》2004 年第 6 期。

王鉴：《多元文化教育：西方少数民族教育的实践及其启示》，《广西民族研究》2004 年第 1 期。

江畅：《论本体论的性质及其重构》，《哲学研究》2002 年第 1 期。

姜宏德：《关于双语教育评价的理性思考》，《开放教育研究》2005 年第 6 期。

姜宏德：《论双语教育目标定位中的几个关系问题》，《中国教育学刊》2003 年第 4 期。

姜宏德《对双语教育学科定位问题的认识》，《重庆教育学院学报》2011 年第 1 期。

蒋惠琴：《教师文化：从积淀到创建》，《江苏教育》2005 年第 11 期。

孔繁霞、姜姝：《DMIS 模型与跨文化冲突解决关系》，《青海社会科学》2014 年第 4 期。

蓝秀华：《教师的职业压力和职业倦怠》，《江西教育科研》2003 年第 5 期。

雷经国、苗学杰：《双语教育目的定位与实施路径》，《中国民族教育》2010 年第 10 期。

李茶、隋铭才：《复杂理论：二语习得研究的新视角》，《东北师大学报》（哲学社会科学版）2012 年第 5 期。

李定仁、赫志军：《试论民族高师教育的特殊性问题》，《民族教育研究》1995 年第 4 期。

李福军：《从白族双语教育中语码转换看双语双文化现象》，《云南师范大学学报》（哲学社会科学版）2002 年第 2 期。

李洁、王英、韩炯：《从锡伯族教师语言态度看锡伯族双语教育体制》，《民族翻译》2011 年第 2 期。

李泽林：《我国民汉双语教师培训面临的困境与突围》，《西北师大学报》（社会科学版）2014 年第 2 期。

刘春明、程耀忠：《论柯林·贝克双语教育模式及其对双语师资培养的启示》，《教育与职业》2011 年第 33 期。

刘电芝、王德清：《影响学习策略掌握和运用的因素》，《学科教育》1997 年第 11 期。

刘静：《中国传统文化模因在西方传播的适应与变异——一个模因论的视角》，《西北师大学报》（社会科学版）2010 年第 5 期。

刘孟兰、郭颖：《论双语教育与双语教学》，《继续教育研究》2005 年第 6 期。

刘五景：《"泛政治化""去政治化"抑或"中性化"——对政治与教育关系的再思考》，《河南师范大学学报》（哲学社会科学版）2011 年第 1 期。

刘学惠：《跨文化交际能力及其培养：一种建构主义的观点》，《外语与外语教学》2003 年第 1 期。

刘瑛、田兴江、隗峰：《公益视野下新疆学前双语教育的实践路径》，《学前教育研究》2011 年第 12 期。

陆敏、孔娜：《美英德法四国的双语教育》，《新疆教育学院学报》2009 年第 3 期。

孟兵丽：《多元文化政策下的澳大利亚民族教育》，《民族教育研究》2005 年第 6 期。

孟凡丽、巴战龙：《新疆维吾尔族基础教育发展滞后的原因与对策研究》，《民族教育研究》2000 年第 3 期。

孟蕾、王瑾：《加拿大和美国的双语教育及其对中国的启示》，《学理论》2011 年第 35 期。

苗东霞：《双语教师的新型角色》，《民族教育研究》2011 年第 6 期。

欧阳常青：《双语教育的多维背景探究》，《当代教育与文化》2012 年第 4 期。

帕丽达·阿哈斯、王善安：《对少数民族双语教育幼小衔接的思考》，《新疆教育学院学报》2012 年第 3 期。

潘章仙：《对我国双语教育的几点思考》，《教育研究》2003 年第 12 期。

朴泰洙：《朝鲜族教育发展的历史特点与基本经验》，《延边大学学报》（社会科学版）2003 年第 6 期。

苏德：《少数民族双语教育研究综述》，《内蒙古师大学报》（教育科学版）2004 年第 11 期。

苏德：《少数民族双语教育研究综述》，《内蒙古师范大学学报》（教育科学版）2004 年第 11 期。

孙丽曼：《论我国少数民族双语教育的特征及功能》，《喀什师范学院学报》2011 年第 4 期。

滕星：《中国少数民族双语教育研究的对象、特点、内容与方法》，《民族教育研究》1996 年第 2 期。

滕星：《壮汉双语教育的问题及转向》，《广西民族大学学报》（哲学社会科学版）2012 年第 2 期。

滕星、海路：《壮汉双语教育的价值取向及实现路径》，《广西民族研究》2013 年第 2 期。

万明钢：《论民族教育研究中的双语问题》，《教育研究》1997 年第 6 期。

万明钢、刘海健：《论我国少数民族双语教育——从政策法规体系建构到教育教学模式变革》，《教育研究》2012 年第 8 期。

王本华：《从"汉语文"到"汉语"，汉语教学理念的更新与发展——浅谈少数民族汉语课程改革》，《民族教育研究》2006 年第 6 期。

王斌华:《澳大利亚双语教育——贝诺瓦州立中学后期部分沉浸式双语教育》,《教育实践与研究》2004 年第 6 期。

王嘉毅:《试论我国民族教育观念的现代化》,《中国民族教育》1996 年第 5 期。

王鉴:《当前民族文化与教育发展所面临的主要问题及对策》,《民族教育研究》2010 年第 2 期。

王鉴:《论我国少数民族双语教学的模式》,《贵州民族研究》1999 年第 1 期。

王鉴、黄维海:《少数民族双语教师跨文化适应问题研究》,《民族教育研究》2008 年第 5 期。

王丽娟:《跨文化适应研究现状综述》,《山东社会科学》2011 年第 4 期。

王洋:《从语言态度的角度透视新疆少数民族双语教育》,《民族教育研究》2007 年第 2 期。

王玥、黎颖:《朝鲜族汉语教材研究》,《文学教育》(上)2011 年第 4 期。

王志国、王顺玲、刘天云:《从语言习得理论谈儿童双语教育》,《济南大学学报》(社会科学版)2002 年第 2 期。

吴国军:《民族地区双语教师教学能力研究综述》,《当代教育与文化》2011 年第 5 期。

夏新军:《多元文化中的新疆双语教育》,《新疆社会科学》2011 年第 5 期。

肖云南、杨璐:《模因理论在第二语言环境下运用的可行性理论研究》,《湖南大学学报》(社会科学版)2009 年第 1 期。

许力生:《跨文化能力构建再认识》,《浙江大学学报》(人文社会科学版)2011 年第 3 期。

杨翠娥、黄祥祥:《民族地区中小学教师职业压力及原因探析》,《湖南师范大学教育科学学报》2008 年第 1 期。

杨连瑞:《第二语言习得的临界期及最佳年龄研究》,《外语学刊》

2004 年第 5 期。

杨恕、曾向红：《文化视野下的法国骚乱及其启示》，《世界民族》2006 年第 4 期。

杨小青：《教师职业压力及自我应对策略》，《经济与社会发展》2003 年第 2 期。

姚明发：《国外双语教育透视——社会语言学视角》，《内蒙古师范大学学报》（教育科学版）2005 年第 5 期。

张梅：《新疆多元文化认同教育与民族关系研究》，《新疆社会科学》2012 年第 6 期。

张新贵：《对教师专业化的理念、现实与未来的探讨》，《外国教育研究》2002 年第 2 期。

张贞爱：《少数民族多语人才资源开发与三种语言教育体系构建》，《延边大学学报》（社会科学版）2007 年第 6 期。

郑新蓉：《语言、文化与认知：少数民族学生教育质量若干思考》，《广西民族大学学报》（哲学社会科学版）2012 年第 4 期。

周奎英：《新疆召开中小学多民族学校管理工作会议》，《中国民族教育》2012 年第 9 期。

周庆生：《中国双语教育类型》，《民族语文》1991 年第 3 期。

周瓦：《从多学科研究视角论双语教育的本质》，《高等农业教育》，2007 年第 4 期。

周瓦：《论双语教育的本质——多学科研究视角》，《杭州师范学院学报（社会科学版）》2006 年第 5 期。

周之南、张大铸：《从心理语言学看双语教育》，《黑龙江高教研究》2003 年第 2 期。

朱丛书、申继亮、刘加霞：《中小学教师职业压力源研究》，《现代中小学教育》2002 年第 3 期。

三 学位和会议论文

达万吉：《民族中小学双语教师质量研究——理论探索与田野呈现》，

中央民族大学博士学位论文，2013。

敖俊梅：《少数民族高等教育政策招生探讨》，中央民族大学硕士学位论文，2004 年。

季茂岳：《新疆少数民族小学汉语文教师课堂教学语言选择与运用的研究》，新疆师范大学硕士学位论文，2010。

于影丽：《文化自觉视域下新疆少数民族双语教师培训审思》，全球化背景下的多元文化教育国际研讨会，2012。

郑新蓉：《语言模式、文化认同与教育发展——少数民族教育质量提升的路径比较》，全球化背景下的多元文化教育国际研讨会，2012。

四 外文文献

Appleton, N., *Culture pluralism in education: theoretical foundations* (New York: Longman, 1983), p. 186.

Beyer, L. E., Apple, M. W., *The curriculum: Problems, politics, and possibilities* (Albany: Tatted University of New York Press, 1998), p. 81.

B. D. Ruben, "*Human Communication and Cross-cultural Effectiveness*," *International and Intercultural Communication Journal*, No. 4 (1976), pp. 95 – 105.

Johnson, D. W. & Tjosvold, D., *Constructive controversy: the value of Intel lecture opposition. the handbook of conflict resolution* (San Francisco: Jossey – Bass, 2000), pp. 65 – 85.

Larissa. Aronin, "Theoretical Perspectives of Trilingual Education", *International Journal of the Sociology of Language* 2005 (171): 7 – 22.

Larsen-Freeman, D. Chaos, "complexity science and second language acquisition", *Applied Linguistics* (1997): 141.

Leonard S. Cahen, et al., *Class Size and Instruction* (New York & London; Longman, 1983).

Miku, IWASAKI and Goihan. "Issues Facing Ethnic Minority Education in the Inner Mongolia Autonomous Region in China: Expectations for English

Language Education and the Crisis of Mongolian Language Education", 2008.

Spindler, G. D. , *Ding the Ethnography of Schooling*: *Educational Anthropology in Action* (New York: Holt, Rinehart & Winston. 1982), p. 24.

Turner, D. W. , "Building legislative relationships: A Guide for Principal," *Here's How* 1995, 13 (5): 1 – 4.

UNESO, International Labour Organization (ILO), Recommendation Concerning the Status of Teachers (Adopted by the Special International Conference on the Status of Teachers, Paris.

图书在版编目（CIP）数据

少数民族双语教育理论与实践新论／苏德等著. －－
北京：社会科学文献出版社，2020.8
ISBN 978 - 7 - 5201 - 6220 - 3

Ⅰ.①少…　Ⅱ.①苏…　Ⅲ.①少数民族教育 - 双语教
学 - 教学研究 - 中国　Ⅳ.①G759.2

中国版本图书馆 CIP 数据核字（2020）第 029852 号

少数民族双语教育理论与实践新论

著　　者／苏　德　林　玲　袁　梅　张　莞　等

出 版 人／谢寿光
责任编辑／王　展

出　　版／社会科学文献出版社·皮书出版分社（010）59367127
　　　　　地址：北京市北三环中路甲29号院华龙大厦　邮编：100029
　　　　　网址：www.ssap.com.cn
发　　行／市场营销中心（010）59367081　59367083
印　　装／三河市龙林印务有限公司

规　　格／开　本：787mm×1092mm　1/16
　　　　　印　张：22.75　字　数：345千字
版　　次／2020年8月第1版　2020年8月第1次印刷
书　　号／ISBN 978 - 7 - 5201 - 6220 - 3
定　　价／128.00元

本书如有印装质量问题，请与读者服务中心（010 - 59367028）联系